地方設計

萃取土地魅力、挖掘地方價值，日本頂尖設計團隊
公開操作秘訣，打造全新感動經濟！

蔡奕屏——著

地方設計 目錄

LOCAL DESIGN

LOCAL DESIGN

作者導言——一起來為地方設計吧！

近幾年，日本有越來越多的雜誌、網路媒體開始關心「地方設計」（Local Design），不管是設計領域的媒體開始將觸角伸向地方，或是鄉村類別的媒體開始關注設計的力量。

地方設計的背景

相信大家一聽到「地方設計」，一定會先問地方設計是什麼，但由於這是個近幾年被創造、被使用的詞彙，也就是還是一個正在進化的概念，還未有一個明確的定論，因此不時有著「地域設計」、「在地設計」的分身，又常被類比「社區設計」，又偶爾被拉向「地方品牌化」、「創意產業」等領域。

日本江戶川大學的名譽教授，同時也是設計師原研哉與梅原真好友的鈴木輝隆教授，曾經試圖定義地方設計：「除了地域景觀和產品的型態設計之外，還有在傳統文化手工藝中，以及在人們在追求更豐富生活過程中所展現之觀察力、創造力、戰鬥力、幽默感、與此而生的行動與在產品中所展現的地域個性之凝聚與表述作用。」[1]

鈴木教授更說明，地方設計在近年被重視的背景是，設計在塑造地域的第一印象、意象提升上，進行非常多的發揮，不管是吉祥物（キャラクター）的創造、活動舉辦、名產的介紹、地方全域的情報推廣等面向，再加上網路普及、社群媒體普遍化的助長下，在過去主流媒體之外，地方的發聲能動性增加，情報設計的價值日趨擴大。

除了鈴木教授的觀點，本書透過採訪的案例，則是循線找出近期地方設計的促發：或許短期可以回溯至二〇一一年的三一一東日本大地震[2]、二〇一四年的《地方消滅論》[3]與「地方創生」[4]政策，在自然災害、人口減少的社會危機中，原先東京一極集中[5]的目光開始有了變化，不少人、不少設計師開始將目光轉向過去背井離鄉的「地方」。

近代地方設計的脈絡

儘管地方設計浪潮是在十年前左右的時間點推向高點，但若要往前追溯吹起號角的開拓期，那麼一定不能遺漏的設計師是：早在距今四十年前、幾乎快半世紀之久的一九八〇年，就毅然返回家鄉高知的「始祖級地方設計師代表」——梅原真。或許，梅原真並非地方設計的第一人，但他透過設計拯救了地方絕體絕命事業的事蹟，以及各種找出地方本質的洞悉力，都帶給後輩的設計師一定程度的影響。他自己也曾開玩笑的說，以前不少人都會怪他，看了他的故事之後也興起返鄉的念頭，最近則是漸漸好轉，不少人開始說，「託梅原眞的福」而返鄉。像是本書中位於山形的akaoni設計事務所小板橋基希，便曾深受梅原眞啟發，梅原眞在訪談中就提到，小板橋基希在山形開設設計事務所之後，有次員工旅遊就從東北的山形一路開車開到四國的高知拜訪梅原眞。

接著，便是二〇〇八年雷曼兄弟事件、二〇一一年的三一一東日本大地震，人禍天災的到來，間接促使這近十年間，成爲地方設計在日本遍地開花的活潑局面。本書的主幹，便是採集了這一個時代中，十一個地方設計當代重要設計師、創意人、設計團體，這些設計師們在不同的機緣下到了日本地方、扎根於地方，在不同的都道府縣運用設計進行著許多有趣的計畫與提案。

另外，講到地方設計，還有另外兩位不能忽略的代表性大師：一位是經手多項以日本四十七個都道府縣設計爲題之計畫，橫跨零售、出版、餐飲、旅宿、博物館策展等領域的D&Department代表長岡賢明；一位是西日本設計要角，進行多個經典日本地方品牌化計畫的graf代表服部滋樹。雖然兩位都不是駐點日本鄉村，一位駐點東京、一位駐點大阪，但兩位都是地方設計年譜上極具重要性的設計師，更是地方設計脈絡上開拓性的要角。

不諱言，「地方設計」一詞目前在日本還未有定論；而設計師之外亦有更廣義範圍的「創意人」、「創意總監」，大範圍的指涉地方上的各種有關設計、有關創意營造的各種活動。因此，長岡賢明和服部滋樹這兩位跳脫典型設計的「地方設計」大師，便讓我們對於地方設計，擁有更開展性的想像。

穿越灰暗另闢蹊徑

二〇一五年，是日本的地方創生元年；四年後的二〇一九年，是台灣的地方創生元年。台灣的地方脈絡、設計產業脈絡與日本或許截然不同，但希冀本書的日本經驗能成爲台灣實作時的一點參考，並成爲台日間交流的一個節點。

寫這篇導言的時間點，是日本新冠肺炎迎來第三波的二〇二〇年十二月，面對未知又險峻的未來，雖然難免不安，但若是綜觀書中的設計大師們，便可以看到這些現今在地方上閃耀的案例，許多都是在雷曼兄弟事件的經濟風暴、三一一東日本大地震之後，在看似灰暗的時代下，開創出另闢蹊徑的成果。

期待各地，不管是日本或是台灣，都會在灰濛的危機過後，長出更多耀眼的花。

蔡奕屏　二〇二〇年十二月於日本千葉

註⑴　鈴木教授之原文如下：地域の景観や産物の形態デザインにととどまらず、伝統文化や工芸、より豊かな暮らしを求める人々の自然を観る力、創意工夫や格闘、ユーモア、そこから生まれる人の営み、プロダクツの中に現れてくる力強い地域個性の凝集・表出作用。（引用自《みつばち鈴木先生ーローカルデザインと人のつながり》，二〇一四，原研哉編，羽鳥書店）

註⑵、⑶、⑷、⑸　參見本書「關鍵字小辭典」。

梅原設計事務所　梅原真

1

高知

負 x 負 = 正

始祖級設計師，為地方找回元氣、找回風景

#設計土著感 #地方絕對價值 #挖掘土地本質 #一級產業 × 設計＝風景 #負負得正

地方設計的概念或是意識的興起約是近幾年的事，但是在距今四十多年前，在那個設計可能還不被大眾認識的年代，在那個「到都市發展」才是主流的年代，自美國壯遊回日的梅原眞，彷彿要跌破大家眼鏡般，毅然決然回到家鄉高知縣獨立開業，創立了梅原設計事務所。

四十年，比我、或是也可能比現在正在閱讀本書的你的人生都還要長。在這樣漫長的經歷中，梅原眞所累積的經典設計作品遍布全日本，更有一本專訪書、四本著作、以及無數報章雜誌等採訪。

無印良品藝術總監原研哉就曾說：「梅原眞的設計是，如果被簡簡單單的介紹，可能會給人家一種『啊不就這麼簡單，好像我也做得出來』的感覺，然而實際上是一點也不簡單，而是非常的困難。他創造的是一種和大家『位數不同的經濟』。我每次看都覺得，啊贏不了了，徹徹底底贏不了了。」

面對這麼始祖級的人物，在浩瀚的經歷當中，該節錄出什麼才能夠眞實反映梅原眞的輪廓？本章或許只能是刻畫梅原眞的小小一筆，但期待能成爲引介認識這位日本始祖級的地方設計實踐者的一個入口。

圖片來源／梅原設計事務所

㊤ 梅原真於事務所辦公室。（圖／作者攝）

梅原真｜梅原設計事務所

一九五〇年生於高知縣高知市。原本升學時以大阪藝術大學為目標，最後卻進了大阪大學經濟系。畢業之後回到高知，在電視台的美術部門就職。二十五歲休職至西班牙遊學，二十九歲辭職完成橫越美國之旅並短居於舊金山。辭職時，少了「工作稱謂」的梅原真想了想該給自己取一個怎樣的頭銜，「設計師」的名稱浮出了腦海。

一九八〇年，三十歲的梅原真自美國歸日，回到出生地高知縣，以「一級產業 × 設計 = 風景」為理念，開立梅原設計事務所。二〇一六年榮獲每日設計賞特別賞。現亦擔任武藏野美術大學客座教授。

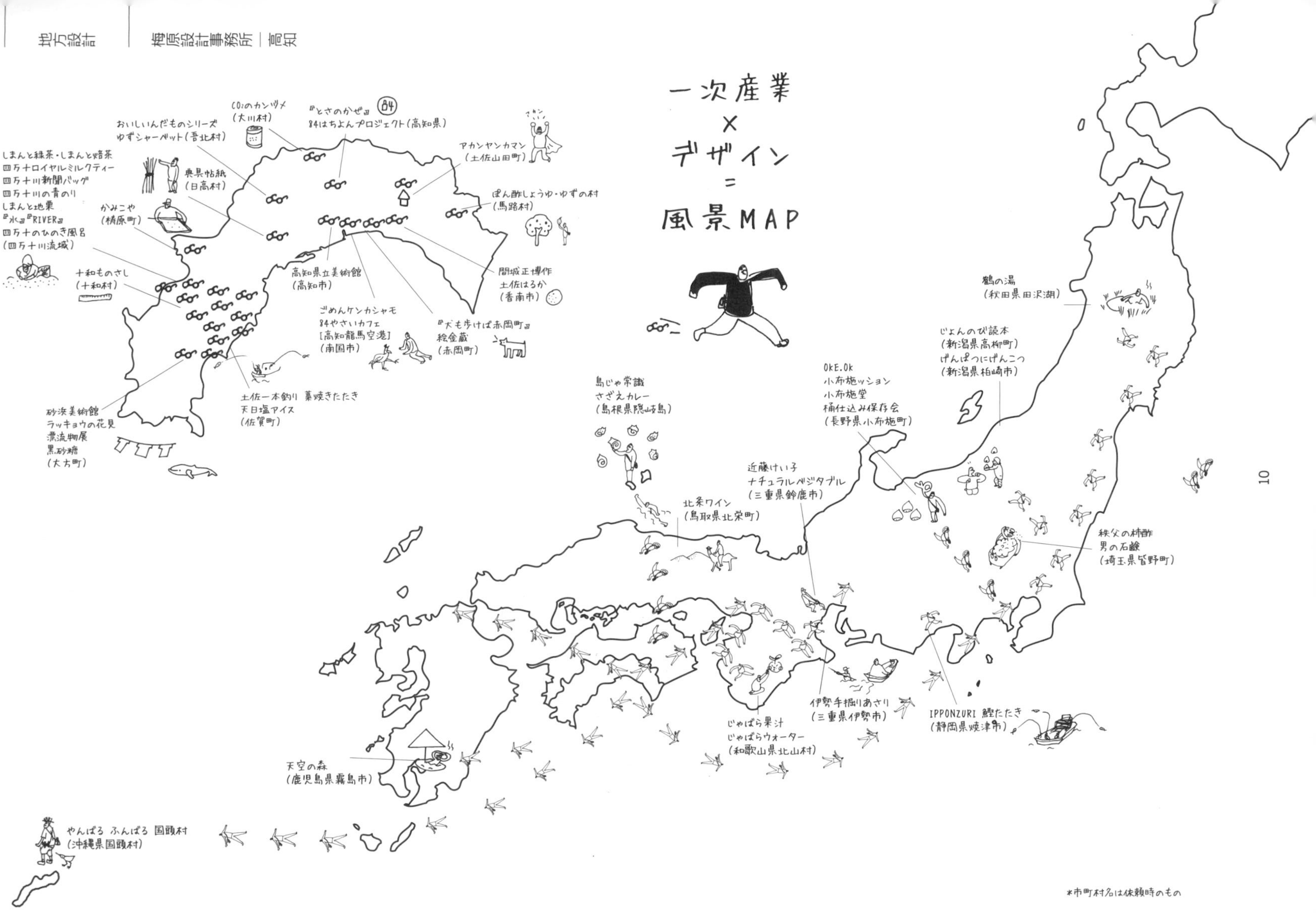

*市町村名は依頼時のもの

生活感：
對家鄉的愛，孕育設計的根

身高一八二公分，戴著一副粗框眼鏡，濃眉，嚴峻的寬肩，梅原眞總是給人一種凜凜的威嚴感。但採訪的短暫接觸，感受到的是梅原眞耿直豪爽的個性，不時讓人想起梅原眞著作中，總是不乏操著一口方言、直言直說的場景。

這樣豪爽的個性，在被詢問對於高知的情懷時，一樣表露無遺。有別於許多設計師帶著害羞，或是推辭的說「沒啦，也不是說有那麼的熱愛這裡」，梅原眞則是毫不保留的說「如果不在高知的話，是不行的！」，甚至是「如果不在高知的話，是會死的！」這種程度，表達著對高知的深愛與狂熱。

翻開著作《不可能的設計》（ありえないデザイン，二〇一三），從第一章就可以看到高知對於梅原眞的意義。不管是高知城、夏天的鏡川、晴空艷陽和徹響的蟬鳴，還有與祖父母的回憶，這些都是梅原眞喜愛並感到幸福的風景，更是梅原眞自稱的「起點」。

或許，那些高知的風景與回憶，是高知對於梅原眞的召喚。而說到設計、說到高知帶給梅原眞的設計啟發，就屬有著三百二十年歷史的高知市週日早市。每週日，在高知市的追手筋，全長一公里的街道沿路上有五百多家農產品、農作加工品、日用品、乾貨、工藝品、古董品、植栽、地方小吃等，包羅萬象的產品齊聚一堂。有趣的是，對梅原眞而言，深深吸引他注意的不是令人眼花撩亂的商品，而是那些用麥克筆寫在瓦楞紙板上的產品價目板、宣傳板，「我種的西瓜很甜」，或是攤位旁邊出現了一隻小貓「小貓免費，請帶走！（我想應該是公貓）」等，這些直爽、趣味橫溢的字句充盈著這一公里的早市，而對梅原眞來說，走一圈早市，彷佛就是泡在各式宣傳標語的競技場上，能夠獲得充足的靈感與啟發。這些早市上的收穫，梅原眞說都是他「設計的根」，如果他的設計常常被說充滿著「土著感」、「生活感」，那麼就是源自於這一個生氣勃勃的早晨市場。

極致的幽默感：
有趣，讓訊息的傳達更可親

若說早市的招牌透露著高知人的幽默感基因，那麼梅原眞肯定繼承了這份總是令人莞爾的幽默能力。「84Project」就是一個極致幽默感的事例。

「84」，是什麼意思呢？其實這是高知縣內森林面積的覆蓋率，高達八十四％，是全日本森林覆蓋率最高的縣。超高的森林覆蓋率，也同時意味著平地少、難以進行開發等經濟活動。因此，對於「84」，大部分人看到的，是負面的那一面，覺得森林就等同於赤字、等於缺乏開發、等於沒有競爭力。但梅原眞卻不認爲如此，他毫無疑問選擇看到另一面的價值；不僅如此，他說「84」就是高知特有的個性，我們應該要重新思考「84」的意義，把「84」變成一個炫耀的標誌，帶著它、誇耀它。

舉例來說，他曾提議「就把縣政府裡的森林政策課改成84政策課吧」，當然，名片上面也要印著84政策課，所以當被問「啊不好意思，84政策課是什麼？」的時候，就可以回答他：「什麼？你不知道嗎？高知縣現在都把森林的代稱改成84啦！」在高知縣，已經沒有「森林」這個詞了，大家都是「84、84」的稱呼，而且打招呼的時候也說「84～」，電子郵件的開頭也要說「84～」，乾杯的時候也是「84～」，然後在機場下飛機搭計程車跟運將說「84～」的話可以打八折。這樣一來，我們就能在各種說著「84～」的場合中感受到無比樂趣，翻轉過去對於森林的想法。

雖然高知縣的森林政策課，最後沒有採用這個大膽的建議改成84政策課，但是梅原眞用自己的力量推廣著「84哲學」。二〇〇九年，梅原眞和從高知縣廳退休的「異端分子」市原先生，兩人合資共兩萬四千元，決心以「沒有藍圖的錢創造藍圖」，創立了「84Project」，在八月四日舉辦「84會議」，透過演講和討論會的形式，討論森林的各種議題。

在84Project的官網，梅原眞所設計的LOGO就大方的放在上面供大家下載，沒有著作權的設定，讓大家下載之後可以自由使用，T恤、貼紙、手帕等等，都可以自由下載使用製作，期待不只是

㊦「84Project」讓嚴肅的森林議題變有趣。

Ⓘ 84%比例圓餅圖的餅乾造型。（圖／作者攝）

高知，「84哲學」也能在日本全國各地擴散。近期，更著手開發「84餅乾」，有別於一般圓形的造型，八十四%比例圓餅圖的餅乾，硬是在正圓中減去那十六%，呈現眞眞實實的84比例，讓大家能在這個調皮的餅乾造型設計中，透過吃餅乾的過程，眞實感受高知的高森林覆蓋率。

至於幽默感有什麼效用、能夠創造什麼效益，84Project的理事長西岡謙一說：「就算很認眞的、一生懸命的做，好像還是難以獲得大眾的共鳴。比起那樣，重要的是如果能做的好像很有趣，人就自然能聚集。一旦有人們聚集，活動就會充滿元氣，想傳達的訊息也就會變得比較容易傳達。」換言之，幽默感讓嚴肅的議題變得有趣，降低了訊息傳送的門檻，令人更容易親近。

地方的「真實」：

沉下橋的啟示，重塑設計的觀點

在採訪之前，詳讀有關梅原眞的幾篇專訪，都可以感受到在他生命中，「移居到沉下橋附近」這個決定，對他來說是一個新的體悟，或許也可以說影響了他日後的設計觀，甚至是價值觀。

距今約四十年前的一九八九年，當時日本在一片欣欣向榮的泡沫經濟時期，國家的財政也是既寬裕又大方，各種土木相關的建設改建都能分撥到大筆款項。高知縣的十和村也不例外，當時的村長把建設大橋當作自己重要的責任。

為什麼要蓋大橋？原本的橋呢？這條被稱作「日本最後清流」的四萬十川，如果包括支流在內，一共有四十七座大雨來了就會被淹沒的「沉下橋」。梅原眞說，沉下橋就是生活的橋。在沒有橋的時代，要到對岸時必須渡舟，而爲了要解除這樣不便的交通困擾，居民與地方政府共同出資蓋了這些沉下橋。

沉下橋之所以叫做沉下橋，是因爲大雨來臨、河水上漲之後，橋面就會消失在湍急的河面中。另外，雖然是鋼筋混泥土製，但爲了減少洪水來臨時的抵抗，並沒有設計欄杆，而橋的寬幅也僅有三公尺寬。正因爲這樣，橋對於洪水的抵抗力低，因而成爲不易損壞、能與洪水共存的橋。只是，種種便利性、安全性的考量，都讓村長不論如何都想要拆除沉下橋，建造新的大橋。

但梅原眞的想法是，橋在暴風雨的時候消失，風雨過後又若無其事的露臉，不就是四萬十川特殊的風景；另外，橋的消失正同時傳遞著敬畏自然的訊息，對人類來說彷彿是另一種提醒的存在。於是，梅原眞跑去找村長，向村長提議：「這座橋不是應該要讓它繼續在那裡嗎？」但村長以「你從都市來，也不住在村裡，你沒有發言的權利」，當場回絕。

村長以及村裡的許多村民，都把沉下橋的一切

↑ 四萬十川的沉下橋。

看作是負面的，這讓以正面態度看待沉下橋的梅原眞「非常火大」，因爲他深信，如果不珍視現在所擁有的東西，只想著要追求最新的東西，這樣是行不通的。

於是，他打聽到橋的附近有一幢空房，儘管在一片荒煙蔓草中、儘管屋頂還有個大洞、儘管地板老舊不堪、儘管那空房簡直如廢墟般，但當下他就決定要移住到那裡，更立刻到村莊裡的木材行訂下了整修的建材。問梅原眞怎麼這麼毅然決然，他說：「拿著標語抗爭是一種設計，而我搬到那裡去也是一種設計。如此一來，選一個比較有趣的方式不是比較好嗎？」

花費半年整修，終於搬去時已經是一九八九年年末，那之後的村落會議或是活動，梅原眞都不缺席。雖然一年中偶有三、四回沉下橋會因爲沉進洪水中，有三天左右必須要繞道到三公里距離的上游才能渡河，但仍阻擋不了他保衛沉下橋的初衷。最後，沉下橋成功被保留下來，而當時完全想不到的是，沉下橋現在成了當地的觀光特色，每個假日都有多台遊覽車載著遠道而來的遊客來看這座古老的橋。

梅原眞在沉下橋一共生活了四年的時間，對他來說，這段時間讓他眞正且具體的體會了鄉下地方的豐富以及相對的貧瘠，這兩者都是對於鄉下地方的眞正理解，因爲不管是對地方懷有一昧的憧憬，或是對地方不便的一面感到一面倒的反感，都是遠離著地方的「眞實」。而這段時間，更像是重新定義了他對於設計的觀點：「只是個要『橫渡』的東西，所以只要有橋面可以走過去不就好了，就不用去硬要違抗河流的力量。像是『設計』，我覺得也是就大概這樣就好了，這座橋是個範本。」

沉下橋的啟示不僅反映在設計的價值，對梅原眞來說，還上升到人生的價值觀。「如果要比喻爲人的話，我覺得像沉下橋那樣的生活方式不是比較好嗎？不是爲了勉強要抵抗自然，然後花幾十億元造一座新的大橋，而是風雨來了就靜靜等待，然後等洪水收束之後再浮現出來。像這樣的方式來思考社會、思考作爲一個人的方式，沉下橋不是很好嗎？」

㊧ 梅原真強調地方要自立思考。（圖／作者攝）

地方自己思考：

地方要真正創生，就先找回自立思考的能力

和梅原眞聊日本有關地方再造、地方振興的政策，他最常舉的例子是三十多年前的「故鄉創生計畫」，國家發給每個市町村一億元，讓地方在故鄉創生的目標上，自行決定經費的用途。這花在日本一千七百多個市町村的一千七百多億元，最後留下了些什麼呢？梅原眞帶著微慍又無奈的說，高知的中土佐町用黃金打造了一個「黃金鰹魚」，還有些地方設置了卡拉OK吧，簡單來說，他認爲許多地方沒有將這一億元用在讓地方自立的事情上。聽到這樣的回應，讓人不禁追問：那當今日本政府大力推動的地方創生呢？

「講到地方創生，國家政府沒有什麼不好，有問題的是『坐等著的』地方。」坐看日本這三十多年的地方活化政策，梅原眞一針見血的說。「如果有經費會撥下來，就會演變成發包給外面的顧問公司，而全部交給『外面』的結果就是，地方自己一點也不會思考。這是我覺得最大的問題。換言之，『錢太多』的結果就是地方自己的思考能力會越來越低落。」因此，不管政策的名稱再怎麼變，面對地方的創生課題，他只有一個建議：「地方請自己思考！」過去因爲仰賴著都市顧問公司的地方，已經漸漸失去了自己思考的能力，但地方若要自立，一定要找回自己思考的能力。

儘管毫不留情直指地方創生的核心就是「地方」，並嚴厲的要「地方自己思考」，但梅原眞其實是愛之深責之切。當卸下嚴肅的另一面，他說「鄉村不豐裕的話，一個國家也不會豐裕」、「隨意看看腳邊就能夠『發現什麼』的國家，才是豐裕的」，也因此比起我們拿紐約、倫敦、巴黎、東京相比，梅原眞更覺得應該是拿國家的鄉下來評比，這一比下來，他最推崇法國的鄉村，因爲法國的政府爲了保留鄉村既有的風景投注了許多努力，因此田園的風景得以長存。

另一方面，梅原眞也從來不覺得「豐裕」只有一種定義，他常常把這句「什麼才是豐裕」（なにがユタカなことなのか）如座右銘般掛在嘴邊提問，「豐裕」（ユタカ）這個詞，更是都特別使用片假名標記，有強調以及別有所指之意。在這個充斥著太多、甚至過多的物品，到處都有各種免費資訊的社會，似乎並沒有變得比以前更豐裕，相反的怎麼好像變得更加貧乏了。因此，地方的本質是什麼？豐裕的定義又是什麼？他總是提問，然後把問題留給每個地方、每個人自行思索與回答。

香魚是高知的溪魚代表。（圖／作者攝）

「什麼都沒有」的潛力：
切換思路，轉化被埋沒的「絕對價值」

製造業的經濟價值評比，高知是日本四十七個都道府縣敬陪末座的墊底生，但這並不代表「這裡什麼都沒有」。從梅原眞的視角看來，高知有長達四公里的美麗沙岸，因此造就了一座屹立三十年以上的「砂濱美術館」；這裡的「日本最後清流」四萬十川，有著新鮮的香魚，於是用香魚向許多文化人邀稿，製作了《水之書》（一九九七）等出版物；這裡有高達八十四%的森林，因此孕育了有趣的「84Project」。

不只是高知，許多鄉下地方的人們總是把「我們這裡什麼都沒有啦！」掛在嘴邊。但一個地方，從來都不會「什麼都沒有」，重點是有沒有找出一個地方上其實一直都存在、只是一直被埋沒的「絕對價值」，有沒有透過思考的轉換，把大家覺得「負面的」，轉化爲無法取代的魅力。因此梅原眞說：「大家都說哎呀鄉村不行了啦，但只要看看自己腳邊，就會發現怎麼有這麼有趣的事。然後如果能透過設計跟大眾社會順利連接上，不就是能長出新的價值了！」

梅原眞曾經設定自己要在五十歲退休，但至今已經七十歲了，仍舊在各個地方活躍著。他說比起被賦予的工作，更多是「必須做的事」，像是因爲森林的問題所發展的84Project等，他就一邊「妄想」一邊想辦法實踐，像是工作又像是玩耍般，用設計的力量，爲日本的地方找回元氣、找回風景。

“

守住地方的獨特性，就是成為時代最尖端的道路。

——梅原真

↑ 高知山川風光。(圖／作者攝)

梅原流的10個設計方程式——從土地中萃取的設計

① 一級產業×設計＝風景

要說梅原眞最核心的設計方程式，非「一級產業×設計＝風景」莫屬。在眾多的設計業務中，梅原眞所經手的設計作品絕大多數與一級產業有關，這些與大自然息息相關的農業、林業、漁業，更是與一地的風景有著緊密的連結，若是產業面臨困境，一地的風景也就有了消失的危機。

高知的手釣鰹魚風景、栗子園風景等，都是自古習以爲常、當今卻漸漸消失的風景。「這些風景若是消逝，高知的意義也會隨之消失。」因爲抱持著這樣不願家鄉獨特風景逝去的心，梅原眞展開了以設計保留地方風景的任務，以設計爲一級產業加乘，力挽產業連同風景一同消失的狂瀾。

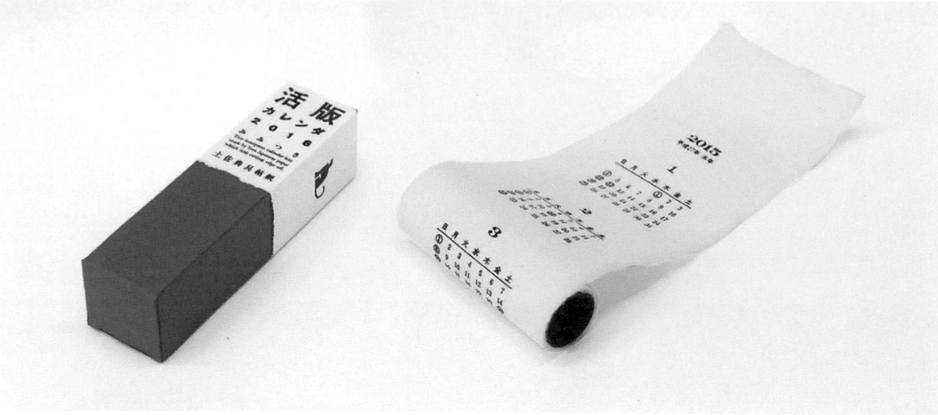

↑ 和紙活字年曆是負負得正的成功案例。

② 地方的「絕對價值」

高知縣是個森林覆蓋率日本第一、高達八十四%的地方，這樣的條件下，想當然爾不適宜發展工業，因此工業製品的出貨排名，高知縣敬陪末座。但是，「不適合工業」的另一面是，這裡具有豐富的個性，具有高度的「絕對價值」。換言之，經濟指標只是「相對價值」，地方的個性才是只有那裡才有的「絕對價值」。

日本各地各有著獨一無二的「絕對價值」，但長時間追求高效率的經濟相對價值，造成了一個被均一化、走到哪裡都充滿跨國連鎖店、各地方越來越相像的日本。梅原眞的目標，是在逐漸均一化的日本風景中，找出地方「絕對價值」並乘上設計，除了留住日本各地獨特的風景之外，更因爲他深信「守住地方的獨特性，就是成爲時代最尖端的道路」。

③ 負×負＝正

「缺乏效率的手釣鰹魚×缺乏效率的稻草燻製＝漁師手釣、漁師稻草燻燒的鰹魚」、「面臨傳承危機的和紙×逐漸消失的活字印刷＝手捲人氣和紙活字年曆」，這些都是梅原眞貫徹「負×負＝正」的成功案例。不僅創造驚人銷售佳績，更保衛了這些面臨消逝危機的地方風景。

只有一個「負」是不夠的，要再乘上另一個「負」，讓負負得正，新的價值應然而生。

④ 絕體絕命的覺悟

梅原眞曾在著作中回顧自己所經手的設計作品，發現大半都是被他稱爲「絕體絕命的設計」，也就是產

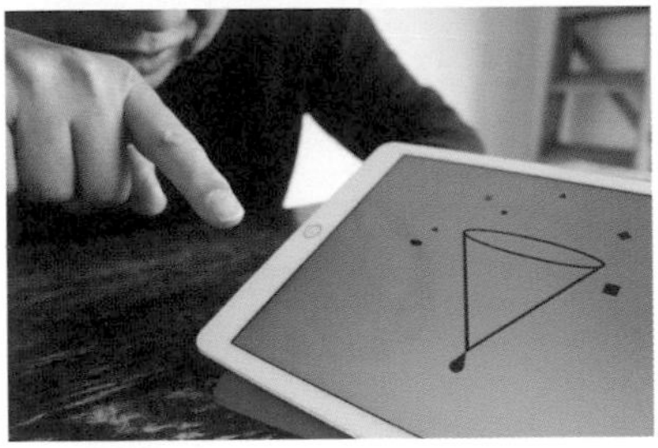

設計是現場獲得的資料經過萃取之後才能產出，宛如三角錐的最後一滴。（圖／作者攝）

品面臨了如立於懸崖邊的絕境，是既一籌莫展又窮途末路的產品。在這樣的窘迫中，業主便不得不拿出奮力一擲的勇氣，而梅原眞也就在這樣的同船共濟中，與業主們一起激盪出創造新價值的契機。

此外，梅原眞更是相信，如果設計師與業主各拿出一〇〇%的動能，那麼加起來能夠創造的能量就不只是二〇〇%，而是三〇〇%。相反的，若是沒有一〇〇%的動能投入，那麼也絕對不會成功。也因此，儘管曾有許多大資本的企業找上梅原眞，但他總是毫不猶豫地回絕，因爲他比誰都清楚，沒有雙方都同等投入並出心出力的話，無法有撼動市場的機會。

⑤三角錐的最後一滴

如果沒有資料的搜集和累積，是無進行設計的。因此要到現場去，特別是一級產業，絕對要走進一級產業的工作現場，去了解這些人是怎麼生活，去設身處地體會這些人的周遭，讓人願意敞開心房分享各種事，不管是生產的辛勞，或是面臨的困境。而就是在這樣的對話當中，眞正解決問題的設計才有可能成形。從現場回來之後，則是要把獲得的資料分類、整理，經過一定的萃取之後，才能進到設計的階段。

梅原眞認爲，設計界有很多沒有經過資料累積就產出的設計，想著只要做得「像東京的設計」就好，因此店裡商品一排開來，大家都長得莫名的像，這就不是土地的設計。

⑥忘掉設計地做設計

設計師的腦子裡，要忘記設計師的頭銜，把「想要最新潮的設計、最帥的設計」這種爲了設計而設計的念頭放下。在都市裡面做著地方商品設計的案例，失敗的原因多是在這裡。

梅原眞說，這種爲了要看起來很酷的設計其實是相對較簡單的，而另一方面，眞正要傳達地方魅力的設計反而是比較困難的。

梅原真設計的秋田縣形象海報，以當地祭典為主視覺，搭配幽默文案「Any bad kids?」，在推特上造成轟動。

⑦ 幽默感

梅原眞認爲，設計就是需要帶點「違和感」，因爲「設計就是要打動觀者感情的溝通，不管是讓他們生氣、哭泣、大笑，要在有限的時間裡提供最多的情報，並且打動觀者的心」。而他最常採用的，是讓觀者發笑，只要讓觀者能不小心噗哧一笑，那麼這個溝通便是成立的。而要如何讓觀者不小心笑出來呢？幽默感絕對是有力的武器之一。

但如果只是讓人笑一回，那麼購買也就只停留在一回，不會引發第二次的購買，因此幽默之外，更要想如何才能達到持久的幽默。

⑧ 讓人投入購物籃內的設計

平面設計是以「告知」爲目的的設計；而包裝設計是以「讓消費者購買」爲目的的設計。如果一個商品讓消費者從架上取下、細看，然後讓消費者心想「原來如此啊」，最後放回架上而離去，那麼這就是一個沒有達到包裝設計該有之目的的設計；相對的，一個好的包裝設計會讓消費者將商品投入購物籃，並願意在收銀機前排隊等待。而這之間的差別就是，一個設計究竟是平面設計的思考，抑或是包裝設計的思考。

因此，包裝設計其實是一種消費者的心理學，要試圖站在消費者的立場，並試圖解讀消費者的心理，讓設計或是宣傳的文字，達到「原來如此，而且現在非買不可」的結果。

⑨ 妄想力

要解析梅原眞的妄想力，「砂濱美術館」是經典的一例，除此之外「報紙紙袋計畫」（參見P.36）也是不得不提的例子。

一開始，是因爲一只在四萬十川出現的塑膠袋，後來引發了「用報紙把四萬十川包起來」，也就是「用報紙包裝四萬十川流域的物產」的想法。接著，他還推算，若以百貨公司所使用的單價七元的紙袋換算，如果一千戶人家每天做十個紙袋，一天就是一萬個紙袋，一個月就是三十萬個紙袋，那就是一個月二百一十萬、一年二千五百萬的產業，說不定可以變成一個「報紙紙袋的社會企業」。這樣還不夠，除了「用報紙把日本的四萬十川包起來」之外，他更大膽的想像「用報紙把地球包起來」的可能。這些看似「妄想」的異想天開，最後都成了推動新聞紙袋計畫的原動力，雖然沒有實現用報紙把地球包起來的終極目標，但是報紙紙袋到了美國的博物館、美術館，包起了那裡的紀念商品。

梅原眞補充說，妄想是設計重要的部分沒錯，而「將妄想現實化」，更是設計思考中重要的一環。

⑩ 挖掘土地的本質，走向世界

在高知這樣一個再鄉下不過的地方，砂濱美術館卻走到世界十六個國家，報紙紙袋的足跡也橫跨歐美兩大洲，爲什麼這些可以走向世界呢？

對梅原眞來說，關鍵就在於有沒有找出土地的「本質」，不管是栗子山的栗子、手釣文化的鰹魚、還是柚子山的柚子。挖掘出土地的本質之後，再運用設計轉化爲商品或是其他有趣的形式傳達信念，將土地的力量傳達至對方、傳達至世界。

日本設計之旅推薦｜高知篇

土佐之日曜市

這個著名的週日早市，是一個有著三百多年歷史的市集，被梅原真比擬為自己的「設計之根」，讓他的設計充滿了幽默感、土著感。每週日，高知市追手筋長達一公里的街上，匯聚數百個生產者，吸引近兩萬名在地人與外地遊客。不像台灣到處都有菜市場，在日本，市場的形式顯得既少見又稀有，而這樣具有歷史、又活潑生猛的早市，更是稀奇又獨特。

●地點：高知縣高知市追手筋。自高知站徒步約10分鐘。
●營業：每週日06:00-15:00
●公休：日本新年期間（1/1～1/2）、八月日本盂蘭盆節（8/10～12）

馬路村農協 · 柚子之森

馬路村，原本是一個只剩九百村民人口、差點被合併的小村落，在既有的林業逐漸沒落之後，地方的農協將眼光轉向原本只是自種自食的柚子，並在柚子產品的調味料還未被大眾認知的一九八六年，開發出了明星商品「柚子之村：柚子醋醬油」。三十多年前，「柚子之村」的品牌命名，以及包裝，正是出自梅原真之手。

原本只是家庭內手工生產，馬路村農協隨著明星商品的熱銷而逐漸擴大規模，目前已建設多個榨汁工廠、食品加工工廠、化妝品加工工廠、堆肥中心、直販所，以及觀光工廠「柚子之森」。讓人完全想像不到，在高知的深山中，竟然有這麼一片現代化柚子加工園區。順帶一提，馬路村的名產除了柚子之外，還有馬路村溫泉，因此參觀完觀光工廠、買足柚子土產之外，更別忘了再泡個溫泉。若不方便前往山間園區，高知市內也有馬路村農協所開的天線商店umaji可以逛逛。

馬路村農協 · 柚子之森
●地點：高知縣安芸郡馬路村馬路3888-4
●營業：08:30~17:00
●公休：年末年始

馬路村農協天線店 umaji
●地點：高知縣高知市南久保740
●營業：09:30~18:00
●公休：週三

圖／作者攝

延伸閱讀

梅原真之著作

《重塑日本風景——一級產業×設計=風景》

（ニッポンの風景をつくりなおせ——一次産業×デザイン=風景）

2010

以「一級產業×設計=風景」為核心，「創造新價值」為目標為主軸，集結許多梅原真經典設計案例的首本著作。透過各種圖文、以及設計委託人的角度，還原了眾多設計委託案誕生的現場。

《梅原的設計是正直坦率的！》

（梅原デザインはまっすぐだ！）

2011

梅原真與十年好友原研哉共著，收錄了二〇一〇年《重現日本的風景》發行紀念活動上兩人的對談。書中不僅有對談的內容，連觀眾問答時間的內容也一併完整收錄。

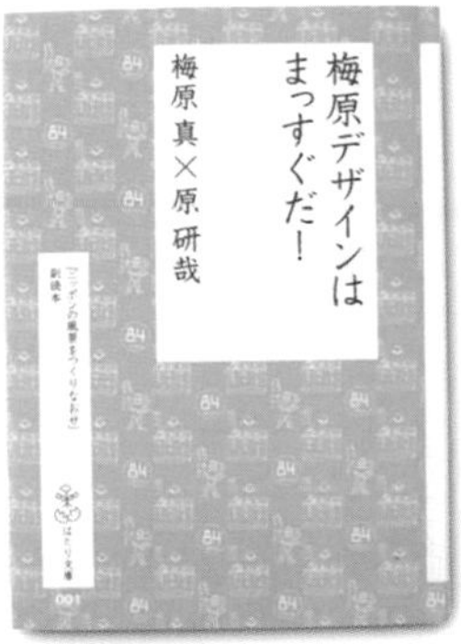

《不可能的設計》

（ありえないデザイン）

2013

梅原真設計方程式公開之書。在許多的經典案例之外，更能夠親炙梅原真的筆觸，更了解高知對他的意義、以及設計師率直真誠的一面。

《設計好味道》

（おいしいデ）

2018

委託案大半是一級產業的梅原真，經手過許多與「吃」有關的案例，更曾說過「如果不是好吃的東西的話，是沒有動力的」，而這本便是集結了「好吃」元素的設計案例書。封面的題字是梅原真自己用蠟筆所繪，好友原研哉則是在書籍裝幀上助陣幫忙。

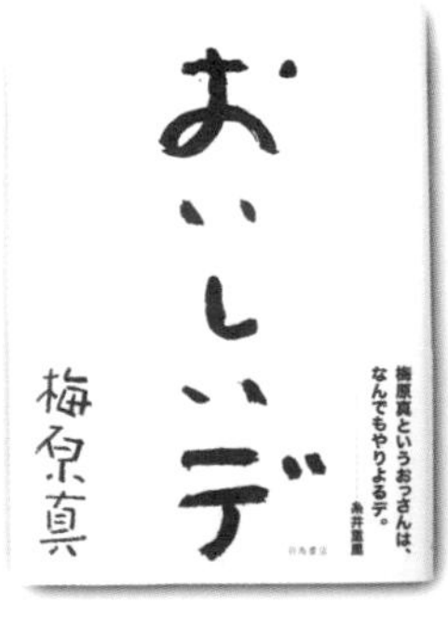

地方設計櫥窗 × 梅原設計事務所

"或許比起說是設計，這更像是為這些不願逝去的東西加油。

——梅原真

代表作品 1

海螺咖哩／島上常識

1997

透視弱點的魅力面

在島根縣海士町，這個日本的離島上，咖哩幾乎等同於「海螺咖哩」，對梅原眞等外地人覺得新奇的海螺咖哩，在當地理所當然地存在著，但島上的人對這項料理卻是十足羞赧，他們總會說「啊，比起牛肉咖哩……」。

因此，當梅原眞決定要以此作爲當地特產開發時，大家都困惑不已，甚至出現「這太可恥了，拜託換個品項吧」的評價。沒想到，最後上市之後引起電視等媒體爭相報導，成爲了一年兩萬銷售量的人氣商品，此外又催生了更多當地的海產商品，而當地甚至建設了一座「島上常識」物產館。梅原眞將地方的人覺得羞赧、難爲情的「弱點」，轉化爲誰都無法取代的魅力。

Ⓣ 海螺咖哩。(1997)

「柚子之村」柚子醋醬油

1986

從土氣變自豪，挖掘地方獨特性

代表作品 2

↑「柚子之村」出品地馬路村。（圖／作者攝）

馬路村農協所銷售的台柱商品，不僅一年販賣四百萬瓶，更創造高達十五億的銷售額。梅原眞說，當初在這個柚子醋醬油還未爆紅前，農協組長拜託他策劃商品名稱與包裝，於是他提出了「柚子之村」的提案。但組長一看到「村」這個字一臉爲難，因爲生於馬路村、長於馬路村的他深知，「村」字在大家心裡存有自卑感，總覺得既土氣又落伍。

但梅原眞不這麼認爲，在幾次町村大合併之後，全日本僅剩百多個「村」，高知也僅剩六個「村」存在，「村」不正是變成了一個稀少又珍貴的意象嗎？於是，他說服組長，讓「柚子之村」順利上市，讓村民們正面面對自身既有的自卑感，並轉化爲榮耀的自豪。

梅原眞透露，後來組長也跟他說還好當時沒有捨棄「村」，因爲這成就了柚子之村系列商品無可抹滅的獨特個性。

㊤ 馬路村的柚子和打包作業廠。(圖/作者攝)

㊨ 梅原真設計年譜上的第一個設計之作：
「柚子之村」柚子醋醬油。(1986)

漁師手釣、漁師稻草燻燒的鰹魚

1987

創造一級產業「負負得正」的新價值

代表作品 3

㊤ 實踐「負負得正」的高知燻燒鰹魚。

日本有許多地方都有鰹魚，和歌山有、枕崎有、銚子有，但爲什麼高知的鰹魚特別好吃呢？因爲高知的鰹魚是一尾一尾手釣的鰹魚。一尾一尾釣起，鰹魚也是一尾一尾上鉤，和網撈鰹魚大量被壓迫擠壓而死去不一樣，味道就完全不一樣。但是，手釣鰹魚的補貨效率完全無法與網撈鰹魚比拚，因此二十多年前，在圍網捕魚法成爲主流之後，土佐的手釣鰹魚業被認爲效率過低、不合時代，因而出現魚價低迷的蕭條狀況。

從梅原眞的視角看來，「效率低迷」的另一面是「對環境友善」的優勢，除此之外，與當今炭火或是瓦斯的燻燒不同的是，他從小看到的是，大家用身邊既有的稻草燻製，而這是這片土地上大家公認最好吃的製法，也是在東京漁獲市場或海鮮餐廳辦不到的製程。

用設計力應援瀕危產業

於是，「漁師手釣、漁師燻製」的畫面開始浮

↓ 鰹魚的包裝設計單純直白。(1987)

現，漁師釣起鰹魚，確認是美味的鰹魚之後，燒製稻草燻製成高知才特有的稻草香鰹魚。光想到這一連串的畫面，梅原眞就深信其中絕對具備絕對價值。

不久，「土佐一尾手釣・稻草燒製鰹魚」的產品誕生。梅原眞認爲不管是商品的名稱，或是包裝設計，若是太花俏、太過設計的話，就無法感受鰹魚的美味，因此商品的命名、包裝設計的風格，都單純又直白。

乍看缺乏效率的手釣魚，再加上也被視爲過時的稻草燻製，卻大大翻轉了原本要消失的當地手釣鰹魚、稻草燻製的風景，更創造了八年二十億、二十年五十億的驚人銷售成績。這個案例不僅實踐了「負負會得正，新的價值應然而生」的法則，亦印證了梅原眞設計中「一級產業×設計=風景」的核心理念。

代表作品 4

砂濱美術館

1989

把惱怒代換成設計思考的行動力

在泡沫經濟日正當中、日本地方政府大興土木建設各種大型設施的一九八〇年代，高知的政府也構想著要在海邊建造大型度假園區。梅原眞聽聞此事，心想「這是在開什麼玩笑」，花費大筆預算的度假園區，再找來都市的演藝人員創造一日的狂歡人數，一日之後什麼都沒有留下，這一點也不是他所樂見的。惱怒之後，他用五頁A3的紙幅，寫了一份「砂濱美術館」企畫書：我們的小鎮沒有美術館，美麗的砂濱就是美術館，鯨魚是館長，綿延四公里的砂濱、林木、海龜就是藝術品，照明來自太陽與月亮，背景音樂是海浪的聲音，這絕對是都市模仿不來的魅力空間。

「如果只是惱怒，什麼也開始不了。」如果只是生氣、只是反對，而沒有提出新的想法，就只會被當作是抱怨，但若是把自己想像的提案整理、書寫下來，儘管可能一開始只是妄想，但或許就有被傳達的機會、就有被開展被實踐的可能。這樣心念的轉變，就是在惱怒中置入設計思考的能力。

走出國境的T恤藝術展

一九八九年，「砂濱美術館」及「T恤藝術展」一齊開展。T恤藝術展翻轉了展覽在室內的定律，T恤成了畫布，印上自各地募集而來的照片，千件以上的T恤一齊在海濱上排開，海風吹來之時便隨著海風的吹拂翩翩飄蕩。隨後，這個展覽不僅在高知舉辦，更與日本許多其他市町村合作，在各地舉辦T恤藝術展。而至今超過三十多年間，T恤藝術展更走出日本國境，在蒙古、夏威夷、迦納等約十六個異國之地開枝散葉。

地方上的人，常常不太自信的說著「我們這裡什麼都沒有」，而梅原眞的法則是，要翻轉這樣負面的想法，將「什麼都沒有」轉換爲「都市學不來的價值」。

⊙ 1989年首屆舉辦，至今已持續超過三十年的砂濱美術館。

水之書／川之書

1997 / 2019

香魚、栗子發動的寫作事件

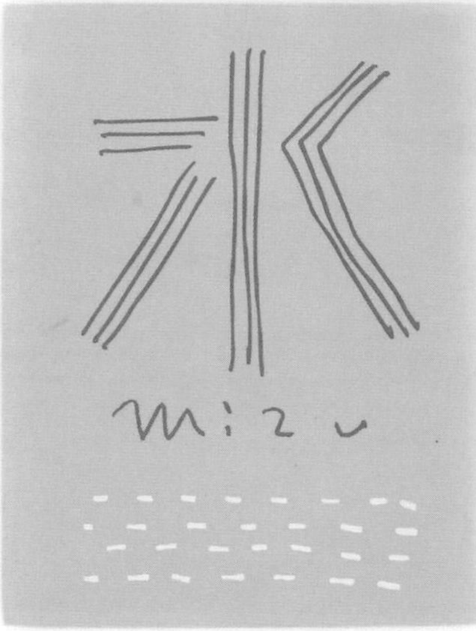

代表作品 5

這個出版品的背景是，與梅原眞有著許多合作的農協職員畦地履正，離開了農協，成立了第三部門組織「四萬十DORAMA」。在成立之初，爲了確立這間位在四萬十市、四萬十流域的「四萬十DORAMA」，能夠有更明確的識別，因此梅原眞提出了以「水」爲主題的出版提案：透過省思水的價值、意義，進而更確立組織的價值觀。

引發共感的「稿費」

不管是稿件的委託、發刊詞、編輯、設計等，都由梅原眞一手包辦，而其中最有趣的是孕育這一本《水之書》的手法：相對於全部自己撰寫，梅原眞羅列了五十名想要邀稿的東京文化人。「雖然現在多少認識一些名人，但當時根本連一個東京文化人都不認識。」縱使如此，梅原眞還是面對這五十個素未謀面的名人，寫了封信請對方針對水的主題撰稿，而稿費則是三年間奉上一公斤的四萬十川香魚。「或許這個計畫，也可以說是一個讓對方的心產生震動

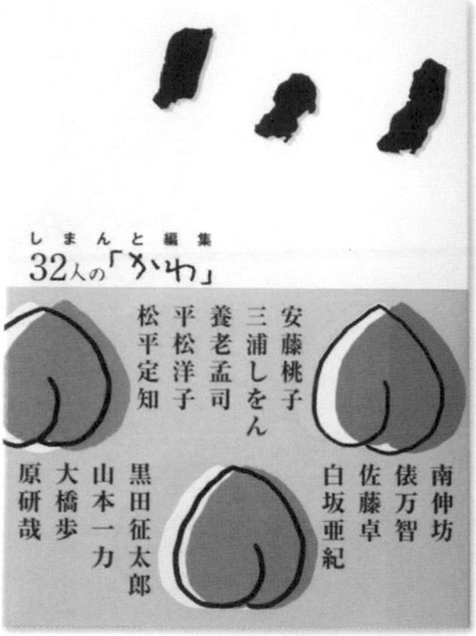

的『事件』（コト）設計」。最後，共有十八人回信，費時一年時間製作，完成了這本《水之書》文集。

二十多年後，爲了重新省思水的時代意義，這個計畫再度啟動，而這次，從《水之書》來到了《川之書》。不變的是，一樣是向各界邀稿，而不一樣的是，這次的稿費除了香魚之外，更隨著「四萬十DORAMA」組織的發展，而多了自家出產的栗子和茶品，此外，因共感而響應徵文的作者也成長到三十二人。

提到製作這幾本書籍的初衷，梅原眞提到其中其實還有另一個用意，是爲了「讓地方自行思考」。在地方上，總是有不少人懷有「像是那種厲害的事，鄉下是不可能辦得到」的想法，所以身邊的事情就習慣委託給東京的顧問公司、東京的專家，慢慢地自己也就不再思考了。而爲了打破這樣的迷思，《水之書》、《川之書》刻意跳脫讓東京專家來編輯的慣性，而是由地方自己來編輯這些從東京送來的文稿，嘗試錯位過去的主客定律，培育地方長出自行思考的能力。

四萬十川報紙紙袋

2004

代表作品 6

環保的日式美學，打開國際市場

當梅原眞遷居沉下橋附近時，有一天發現河岸旁的樹上勾著一只超市的塑膠袋，而再仔細觀察河岸，就發現塑膠袋垃圾無所不在，這一幕一直在梅原眞的腦中揮之不去。於是他想起小時候和母親去魚店的時候，老闆都用報紙把魚包起來，媽媽再將其放入購物菜籃中的畫面，對他來說，用報紙包起的東西，都是美味的代名詞。

因此，他開始發想，有沒有可能用舊報紙摺成紙袋，作爲塑膠袋的替代再利用，然後達成「不再製造四萬十川的負擔，四萬十川流域的物品都用新聞紙包裝」的可能，如此一來不僅可以展現日式摺紙智慧，傳達日本惜物愛物的文化，更能結合資源永續利用的環境意識。

集合素人的「摺」創意

這個發想，在二〇〇四年成爲「四萬十報紙紙袋」（しまんと新聞バッグ）計畫。最初，道之驛(1)的臨時職員伊藤小姐，一聽到梅原眞「用報紙包裝產品」想法，雖然認同，但稍微站在消費者的立場，便覺得如果只是包裝的話，一來不便，二來容易破損，消費者大概不會買單，於是下班回家後在家裡研究百貨公司的紙袋，做了很多試驗，隔天帶了加了把手的報紙紙袋雛形到道之驛，梅原眞看到時，著實被這樣的創造力給震撼住了。

於是，這樣的新聞紙袋開始在道之驛使用，不

↑ 使用當地新聞紙所製之紙袋

↑ 舊報紙化身紙袋，展現日式摺紙智慧又環保。

僅很堅固耐用，紙袋的設計更會因爲新聞紙的不同而有許多變化。此外，因爲有許多人想要學習怎麼摺出這樣的紙袋，更開設了紙袋摺紙教學、紙袋指導員訓練講座，還舉辦了從全國各地募集各種紙袋摺法的比賽。

二〇〇六年夏天，當道之驛到紐約進行四萬十川的茶葉推廣宣傳時，眼尖的買家注意到這些印著漢字的有趣新聞紙袋，「這個會大賣喔」「請提供報價表」等回饋與需求湧入，大家的目光都被新聞紙袋而非茶葉給吸引，出展的道之驛夥伴雖然微有失落，但又十分興奮。

之後，在美國的文具禮品展上，新聞紙袋獲得了許多好評，並開始在紐約的高島屋販售，波士頓、洛杉磯的博物館以及MOMA美術館等，兩年間一共賣出了五千個紙袋，這樣的消息傳回日本，新聞紙袋也開始在國內受到矚目，訂購訂單如雪片飛來。

註(1) 道之驛是一種日本公路設施，類似休息區、服務區，但結合了用路人休憩、提供觀光訊息、提振地方發展的功能。

四萬十地栗

代表作品 7

2008

假時尚靠邊，亮相土地的個性

四萬十栗子產業面臨的狀況和多數的一級產業危機相近：中國的廉價栗子來襲，養壞了糕點業者只想要越來越便宜的栗子。從前有著八百噸收成量的栗子山，因為價格腰斬，二〇一三年跌落到只剩下十八噸的低迷。因此，有越來越多的栗子園只能被迫被放棄，十五年之後，變成一座座荒廢的山丘。

十多年間被放任不管的栗子山，被農人認為「不行」的栗子山，在梅原真看來，卻是一處沒有受到農藥污染「零化學的栗山」。零農藥，正意味著「安心」，安心，則又象徵了這座栗子山的機會。於是，新的品牌應運而生——「四萬十地栗」（しまんと地栗）。

原先，四萬十的栗子一點知名度也沒有，而栗子的復耕也一點快步不得，要讓四十歲年齡的栗子老樹能夠再生，得花十年以上的時間，才能慢慢恢復到以前的生產量。即使緩慢，即使要大老遠從岐阜請來專業的果樹剪定師輔導，但若這一切都是必經的過程，也就要一步一步踏實的慢步累積。

呈現「從山裡出品的表情」

而說到產品的包裝設計，梅原真不諱言，他曾經一時想要以日本和菓子名店「虎屋」為目標，但有次從栗子山回來之後，重新省視之前試做的包裝設計，就覺得太時尚得令人起疑了，心裡出現了「怎麼會做出這種東西呢」的聲音，並開始反省怎麼目標會變成追求「高級繁華感」的設計呢？他想，不是應該要真實呈現「從山裡出品的表情」，把山裡人們的生活方式、山裡誠實所做的產品，傳達給全國都市裡的消費者？

在栗子山上，他看到的是「地道」（中譯為質樸踏實之意）的計畫正在執行，於是下山之後，他把山裡獲得的啟發，用一個圓圈起「地」字。地，是地域、當地、大地之意，「地面上，有東西萌生而出，然後我們領受那些價值而生活。」於是，這個「地味」十足的設計應運而生。

二〇一六年秋天，東京新宿伊勢丹百貨的食品展中，「四萬十地栗」受到極度好評，大家都說「這

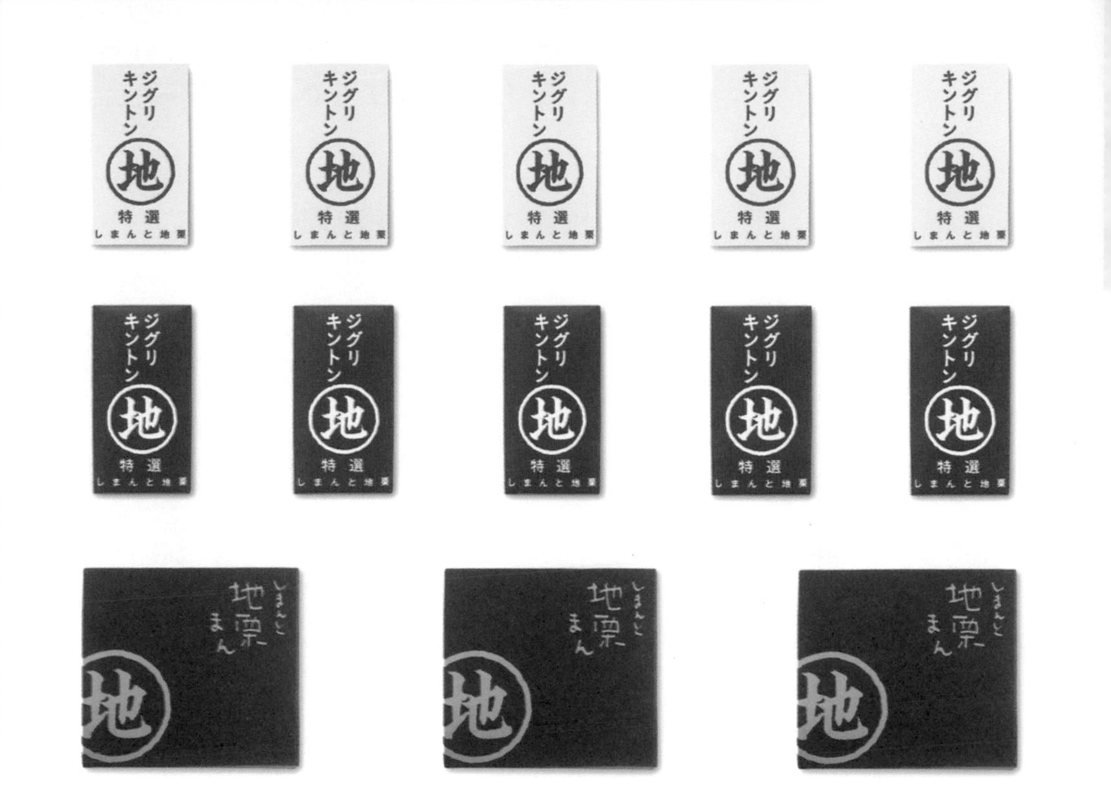

㊤ 傳達地域、大地、最在地的「地栗」設計。(2008)

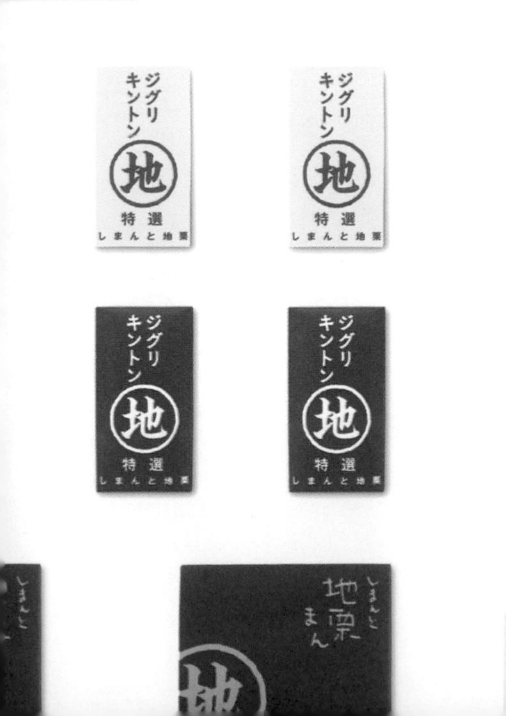

就是栗子眞正的味道」、「雖然有點貴，但覺得沒有被騙」。於是，栗子園開始復甦，從谷底的十八噸低迷，上升到了五十噸收成量的成果。

在日本，有七十三%的土地面積是非常難進行農業的「中間山地域」，梅原眞明白，自己的力量不可能改變全日本這七十三%地域，但他冀望至少透過四萬十地栗，能夠展示一種可能：找出土地的個性，像是山裡有栗子樹，那我們就將栗子發揚光大，而當我們注力於山林，讓栗子開始流通，山林就能夠恢復活力，當地的人也就能夠因而依此而生。

代表作品 8

山國小魚乾

2010

設計師欽點代表作，守護日本本質文化

快破產、快倒閉的「絕體絕命」公司，來拜託梅原眞的案例一點也不在少數。位於香川縣觀音寺市的沙丁魚乾（いりこ）老店山國（やまくに），是個明治二十年創業的老店，縱使有悠久歷史，仍敵不過近年飲食生活的改變，使用小魚乾慢火熬煮湯底的家庭越來越少，因此經營每況愈下，到了隨時都要破產之時，工廠裡僅剩下老闆與女兒兩人，快走投無路的老闆透過奈良選物店的主人石村由起子女士，找來梅原眞救援。

梅原眞到了現場，發現工廠已經不在，而是借了一小塊空間繼續勉強製作、勉強度日。儘管窘迫，但還是在狹小的製作現場中，看到老闆與女兒父女倆在製作上的各種堅持，像是選用漁獲量僅有〇．五％、捕獲期僅有七月間的兩週、帶有完整鱗片的「銀沙丁魚」，此外，爲了達到完美的味覺呈現，與料理研究家多次試驗研發與試吃，決定採用手工撥開魚身挑出魚兒腹部內臟以及頭部血塊，並且進行長達兩小時以上的焙煎。爲了最理想的味道保證，沙丁魚一隻這麼小，還要以手精巧的解體魚兒，再小心翼翼的取出會破壞鮮味的內臟和血塊，一點也不合乎大量生產的邏輯，但在味覺的呈現上，老闆絲毫不容妥協。儘管面臨破產邊緣，這些手工作業依舊，只是就得找來年邁的爺爺奶奶來充當人力。

梅原眞驚訝這般對於味覺的固執，更感慨是這樣的耿直與堅持，默默的支撐著日本的高湯文化。而感動之餘，便是感到設計上的難度，在現今烹大師等速成高湯粉成爲普遍的時代，該如何透過設計來傳達從小魚乾開始熬煮高湯的如本質般的日本文化？老闆六代，代代相傳對於食材、無添加的堅持，又該如何呈現？

極簡設計傳達本質風味

於是，梅原眞用免洗筷削尖，畫了好幾張新鮮的沙丁魚乾。老闆說新鮮的沙丁魚魚背會呈現「く」的造型，因此畫作上的魚乾，都是「く」造型。此外，瀨戶內海、明治老鋪等資訊，都盡量極簡呈現，以不過多、不過度張揚的設計，用最低量的資

㊧ 梅原真手繪的「く」造型沙丁魚乾。（圖／作者攝）

訊，呈現一種「眞實、實在、實話」的設計。

至於爲什麼會聊到這個設計，那是因爲問了梅原眞在這麼多的作品中，覺得哪個是自己的代表作，他毫不猶豫就選了這個。

生活裡最基本的味增湯，最傳統的味道，就是從熬煮高湯開始，而山國的六代老闆們，就是這麼以不妥協的精神，守護著最樸實無華、卻也最精湛的高湯味道，支持著日本家庭裡味增湯的底味。如果這樣的基本，要被化學湯粉取代，從市場上被迫消失，那是再令人難過不過的了，「設計就是要爲了這樣最『底邊』、生活裡最基本的東西而做，不是嗎？」後來，梅原眞又改口，「或許比起說是設計，這更像是爲這些不願逝去的東西加油。」

這樣的委託，就像是和時代的變化拔河般，一邊是化學湯粉，一邊是傳統的高湯文化；或一邊是手釣鰹魚，一邊是網撈鰹魚；又像是一邊是無農藥栗山，一邊是量產至上栗子。而梅原眞不諱言，自己喜歡的總是代表著日本生活本質、卻又面臨要被時代和市場淘汰的那一邊。也因此，許多時候，面對這樣絕體絕命、又絕不希望他們消失的產業，梅原眞選擇捲起袖子與業主們一同拔河；但與此同時，設計費的高低設定，就又是另一個令人頭大的問題，有時最後會在許多的討論中導入梅原系統，以一年間的營業額的比例來抽成，例如山國就是十年間、一%的約定。雖然「基本上就像是做志工一般」，但不過就是希望能用設計的力量，力挽面臨消失危機的風景。

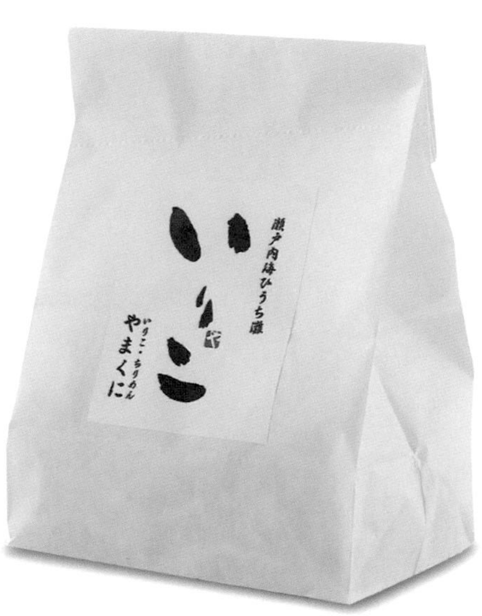

㊤ 梅原真認為山國小魚乾設計案是自己的代表作。(2010)

「沒有『沒有東西』」的海士町

2011

直面島嶼主體性，定位「沒有」即「有」的幸福

代表作品 9

從四國的高知要到島根的海士町，梅原眞說他要先翻山、渡海、再翻山、再乘風破浪，才到得了，不僅一路艱辛，最後更是一邊暈船嘔吐才能抵達離海的這座小島。在海螺咖哩（參見本節代表作品1）上市之後十五年，海士町再次找上梅原眞，這次是海士町的形象設計。

過往的海士町標語是「LOVE ISLAND 海士」，看著這個形象定位，梅原眞一陣感歎，這完全是個面向都市的設計，只是吶喊著「我們是有愛的島嶼，你們快來吧」的訊息，但是自己卻對於這座島嶼的主體、想法、定位，一概不知、一概不明。海士町是個沒有紅綠燈、沒有便利商店、沒有遊樂場、幾乎什麼都沒有的地方，從梅原眞的角度來看，因爲「沒有」反而「什麼都有了」，反而離幸福更近了。後來，梅原眞提出了「沒有『沒有東西』」的宣傳文案。

「不管你想要尋找什麼，這裡都沒有『沒有東西』」，雙重否定之下，「沒有『沒有東西』」就是「全部都有」之意，雙重否定的句法，更加強調海士町的豐富性。耗費了半年時間和島上的行政人員來回說明、溝通，最後從地方公所職員的名片、職員證、信封等，只要有海士町文字出現的地方，都掛上了「沒有『沒有東西』」的LOGO。此外，梅原眞更把此宣傳標語製作成許多宣傳海報在島上各處張貼，讓島民們將「沒有『沒有東西』」作爲自信、自傲的榮耀。

近年，人口只有二千三百多人的海士町成爲一個有多達二百五十名以上I-turn(1)者的異例，更受邀在香港召開的國際生活品質研究學會（International Society for Quality-of-Life Studies）與國際分享。

註(1) I-turn是形容都市出身且在都市完成學業的人，選擇前往鄉下就業。（詳見本書「關鍵字小辭典」）

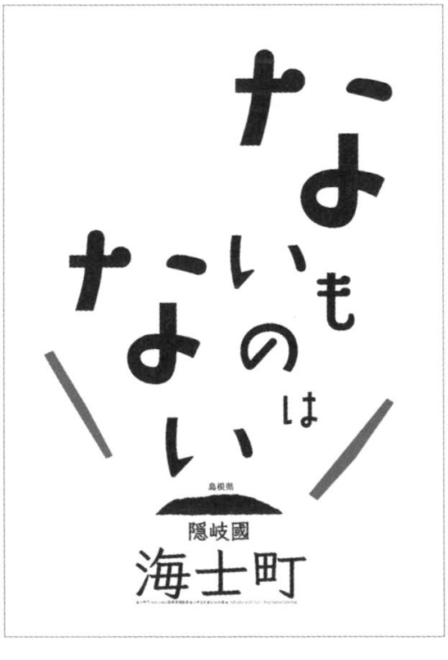

↑「沒有『沒有東西』」的海士町形象設計。(2011)

香草茶tretre

代表作品 10

2016

絕對價值先行，有機的提案合作模式

一對U-turn⑴回到高知的竹內夫婦，移住到高知仁淀川上游的山間，預計以地方上的野生香草製作香草茶品牌。

收到設計邀約的梅原眞第一次驅車去現場「場勘」時，到達之後的第一句話就是「眞的是非常非常鄉下」，而在一片看似荒煙蔓草、雜草叢生的荒郊中，竹內先生對著梅原眞說：「就是這裡了，這裡就是香草園。」另外還熱切的說：「爲了要創造更多地方的工作機會回饋地方，目標是想要開創成三億元的產業。」一般人看著這片「雜草野地」，又聽到如癡人說夢的目標，或許會啼笑皆非，但梅原眞卻覺得這跟他的「絕對價值」觀點太契合了，在一片僻壤的野地裡，轉換視點，看到這裡因爲標高七五〇公尺，附近既沒有施用農藥的農家，也沒有車輛的廢氣，是一片有機栽種絕佳環境的絕對價值。梅原眞看到，竹內先生有著轉換負面價值爲新的絕對價值的眼光，於是儘管竹內夫婦兩人的預算有限，梅原眞還是接下了委託。

這個委託案以業主參與型的方式開展。商品的攝影等素材準備，由竹內夫婦兩人完成，而梅原眞則是擔任網站的統籌，另外商品的包裝，亦是採用公版的包裝袋、再由梅原眞設計標籤讓竹內夫婦可以自行黏貼的簡樸方式作業。除此之外，梅原眞更接受了竹內先生的付款提案：第一年是聲援期無償，第二年開始每個月一萬，第三年每個月兩萬，之後逐年增加，十年間預計支付三百萬。至於梅原眞接受這樣提案的理由爲何，他笑著說，這樣他就有努力長壽的理由了。

註⑴ U-turn是形容鄉下出身、後來前往都市完成學業的人，選擇回到故鄉就業。（詳見本書「關鍵字小辭典」）

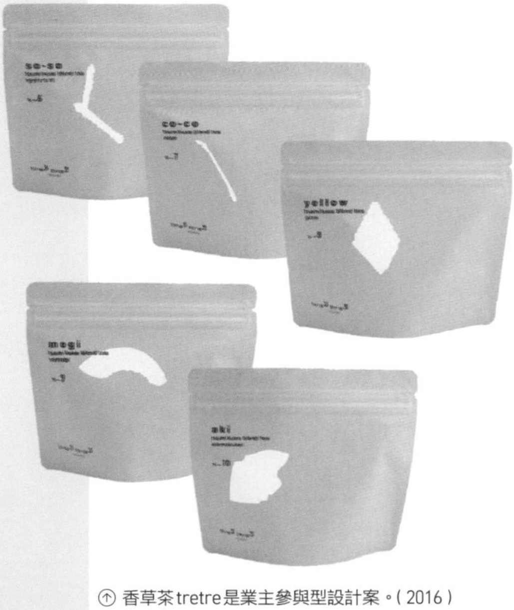

ⓘ 香草茶tretre是業主參與型設計案。（2016）

D&Department　長岡賢明

2
四十七都道府縣

長效設計

由設計出發的地域交流，撐起日本47都道府縣

#地域品牌化 #生活提案 #編輯策展 #選品 #設計活動家 #夥伴關係 #可持續發展 #設計是意識

若只能在日本的地方設計案例中選出一個最具代表性的組織、活動，無疑就是D&Department。縱觀全書受訪的設計師，幾乎都可以追溯到與D&Department的關聯——如曾受邀至d47 Museum或店鋪內展覽（TSUGI、Helvetica Design、鰻魚的睡窩等）、向長岡賢明請益成了獨立開業的契機（Trunk Design）、曾與長岡賢明對談（akaoni、BEEK DESIGN）、或是擔任長岡賢明的地方引路人（地域編輯室）等。D&Department就像是一張大網，把在四十七個都道府縣的地方設計師們串連起來，有如匯聚日本地方設計的各種支流，再透過編輯與策展的方式，梳理並定位這些在各地進化的地方設計。

一般認爲設計師的使命就是創造許多新穎的設計，但長岡賢明推崇「長效設計」，他並不大刀闊斧開發新設計，而是挖掘世界上與日本各地存在已久的經典設計，致力於以設計的觀點找尋地方的個性，並以各種方式編輯與呈現。他不自稱設計師，而是「設計活動家」（デザイン活動家）。若要了解他的核心哲學，就要從「長效設計」說起。

圖片來源／D&Department及其官網

Ⓣ 長岡賢明於D&Department東京店。（圖／作者攝）

長岡賢明｜ D&Department 株式會社

創辦人長岡賢明，以「設計活動家」自居，持續對設計界進行「何謂正確的設計」之提問。

長岡賢明生於一九六五年的北海道，成長於愛知縣。一九九〇年，任職日本設計中心，隔年參與原研哉的「日本設計中心——原設計研究所」（日本デザインセンター原デザイン研究所）設立。一九九七年退社之後獨立，以「長效設計」（Long Life Design）為關注核心，尋找下一個世代的設計可能性。

二〇〇〇年創立設計與環保融合的新事業「D&DEPARTMENT PROJECT」，於東京世田谷開設一號店鋪。爾後則是以日本四十七個都道府縣為架構，尋找四十七個地域的地方性，以及長存當地的設計，並透過選品店、旅遊指南、食堂、博物館等方式，進行梳理、實驗、提案。

二〇一四年於「每日設計賞」獲獎。有多本個人著作，其中《D&DEPARTMENT開店術》繁體中文版在二〇一四年於台灣出版。

長效設計：
關心環繞物品的設計環境，強調長期製造與使用

獨立開業之前，長岡賢明從事平面設計工作，期間他不斷思考著「何謂正確的設計」。後來他發現身邊有許多歷經十多年仍舊持續生產的產品，他想著這樣歷久不衰的商品，經過了時間的考驗與證明，這樣長壽的「長效設計」（Long Life Design）」，似乎就能夠回答「何謂正確的設計」的提問。對他而言，長效設計，即是所謂正確的設計。

而長效設計的概念，也就成了長岡賢明對於設計的核心論述。有別於只注重物品的形狀與設計，「長效設計」的概念涵蓋環繞物品的設計環境，更關心設計物周邊與上下游，包含產業、生活方式。因此在設計物本身之外的製作與販售等，都強調以長期製造與使用為前提。

二〇〇〇年，長岡賢明曾從十個要件為長效設計下了定義：

1—修理：具有透過修理能夠持續使用的體制或方法。
2—價格：價格是能夠維持繼續生產之經濟狀態的價格。
3—販售：在販售現場有意願傳遞生產者的想法。
4—製作：製作者具有製作物品的愛。
5—機能：功能簡單實用，不強加最新的機能。
6—安全：安全且無危險的要素。
7—計畫：不追求流行，而是立基於自己所訂定之生產計畫。
8—粉絲：在生產者、販售者、使用者之間提供支持。
9—環境：具有環境意識。
10—設計：美的物品。

二〇一九年，這十項修改為以下四個定義：

1—扎根：於土地扎根，讓屬於在地的東西自然成長，而非將外地的東西唐突的進行移植。

㊦ D&Department所選出的長效設計商品。

2—健康健壯：讓所有事物能夠共榮共存，並具可持續性的發展。例如健康的設計、健康的商業、健康的觀光。

3—夥伴：明確知道誰是夥伴。有別於大量製造、大量賣給不知道是誰的消費者，而是謹愼看待每一段關係，讓夥伴間的關係性能夠更豐富。

4—歷史：知道過去、理解當下、預想未來。和過去的歷史聯繫，便能夠感受當下，並能夠開始尋找面對當下問題的回答。

於是，長岡賢明從核心概念「長效設計」出發，在二〇〇〇年展開D&Department Project計畫，創立了D&Department選品店，作爲傳達地方長效設計的場所，並在店內附設咖啡館或食堂（d食堂），藉飲食傳遞地方特色，對他而言，D&Department Project不僅僅是開店，而是一種策略性的「商店式活動」。之後，他以日本四十七個都道府縣爲架構，爬梳各個地域的地方性以及長存當地的設計：二〇〇九年發行旅遊雜誌《d design travel》，每期以一個地域爲主題；二〇一二年在東京澀谷創立d47，是「博物館（d47 MUSEUM）、食堂（d47食堂）、商店（d47 design travel store）」三概念合一的複合空間，展示並販售具有地方魅力的設計產品、風土料理，讓大眾透過五感來體驗日本的新風格。此外，還舉辦與長效設計的地方性有關的各種學習活動（d school）、由旅遊刊物延伸的導覽小旅行（d tour）等。他所率領的D&Department團隊與事業，從銷售、飲食、展覽、出版、觀光、學習交流等多面向地探索地方的本質，以及在各地進化的地方設計。

設計活動家：
不必做設計，但把好的設計師連結需要設計的人

——能否請長岡先生簡單介紹自己的設計背景，以及獨立開業的契機？

其實只是非常簡單的緣由。從國中開始就非常喜歡的設計師，田中一光、橫尾忠則、永正一正，高中之後查了三個人，發現大家都到「日本設計中心」（日本デザインセンター）上班，因此我就想說如果要成爲設計師的話，不到那裡是不行的，後來就以進入那裡爲目標。

進入日本設計中心之後，位子旁邊是原研哉(1)，一年之後，原研哉被公司說「你可以自己開一個研究室了」，然後我就被原研哉說：「你也一起來吧。」就跟他兩個人一起在日本設計中心之下成立了「原設計研究所」。而至於爲什麼獨立開業的理由，是因爲在原研哉旁邊，徹底的覺得「論平面設計是絕對贏不了這個人」，所以就獨立開業了。

——您總是以「設計活動家」自居，請問這是怎麼樣的一個身分？

我非常喜歡設計，但是無法超越原研哉那樣的設計師，所以就想是不是有可能「不做設計但繼續和設計圈保有關係」，像是孕育出設計之前的階段，是不是有可能用設計做些什麼。在日本，我偶爾會被說是「不做設計的設計師」，的確是如此，正是這麼做著設計之前預備階段的工作。也是因爲這樣，不太方便說自己是「設計師」，就開始用「設計活動家」這個稱呼。

與其做一些不夠好的設計讓世界徒增許多不夠格的設計，或許能有像「設計活動家」這樣的人與工

註(1)　原研哉爲日本當代重量級設計師，現任日本設計中心社長、無印良品藝術總監、武藏野美術大學教授。

㊧ D&Department東京店二樓。

作出現，把好的設計師和需要設計的人連結，而其他人看到之後，也會發現原來世界上有這樣的工作存在、有這樣的工作似乎也滿不錯的，不用人人都想當設計師。我自稱「設計活動家」，有部分也是帶著這個意圖，雖然講起來有點不好意思。

——目前類似「設計活動家」的人有增加的趨勢吧？無論都市或是鄉村皆然？

我想是有的，特別是鄉村，因爲在鄉村沒有「設計師」這種專門的職位，什麼都要做，所以我想類似「設計活動家」這樣的人是有增加。雖然如果坦然自稱「我是設計活動家」的人增加的話我會很開心，但這麼直白的人好像現在只有我。

長壽的設計物：

關注生活根本，重新發現長久既存之物

——您為什麼會開始關注長效設計呢？

不管是設計師或是生活的人，大家總是把眼光面向「全新的東西」，因此我就想說有沒有可能把目光轉向「既存的東西」，讓大家也開始對這些既有的東西產生興趣。

——長效設計和地方的關係是什麼呢？

在人口越少的地方、在受流行潮流越少的鄉下地方，那些長久既存的東西被放任著，結果越是能留存下來。

——長效設計的定義在二〇一九年由十條定義修改為四個，理由是什麼呢？

二〇一九年以前，日本對於長效設計的概念還未生根，因此需要較爲細節的定義。但現在這樣的必要性漸漸消失。另外也是想要讓這個專業領域以外的人，能較沒有門檻的進入，因此就濃縮爲四個「與生活根本有關」的面向。

D&Department：
沒有界限，展售長效設計新舊品與傳統工藝

——能否請您聊聊D&Department的發展脈絡？

在我決定以「設計活動家」爲名稱獨立的時候，就決定當一個「不做新東西」的設計師。而自那時候，我就決定要以「長效設計」的概念爲核心，要重新發現這世界上長久存在的設計。

而爲了要推廣與說明長效設計，因此就開了店（D&Department Project，參見P.66）。但在開店的時候，因爲買新品要花很多錢，而當時沒有錢，但有古物商的資格，所以就這樣以自己立下的定義與標準，收了許多長效設計的二手物品，以這樣展示形式開始了店鋪的經營。所以坦白說，我並非想要開一家二手店所以才開店的，而之後因爲店開始有營收了，也就開始進新品，現在大概有八成是新品。

而那之後，開始發現日本的傳統工藝，就覺得這些不正是「設計」嗎？以前大家說設計，都是說美國、歐洲這些外國的東西是設計，但我就覺得，也把這些日本從以前就有的傳統工藝視爲「設計」，不是比較正確嗎？所以之後店裡就開始進工藝相關的產品，而我們更開始了「NIPPON VISION」，以日本四十七個都道府縣爲單位，嚴選各地的長效設計工藝等產品，在D&Department的各分店、還有百貨公司松屋銀座裡舉辦展示會⑵。

後來這些成了一個重要的座標，因爲在「NIPPON VISION」而開始了四十七個都道府縣的發想，雖然非常辛苦但是非常有趣。在那之前，不管是傳統工藝還是其他主題，從來沒有日本人把四十七個都道府縣攤開來一起看。畢竟像是傳統工藝，有工藝盛行的地方、也有不盛行的地方，要強制把四十七個縣同時擺在一起，不管有沒有名氣的縣，都用同樣的展示規則與限制、同樣大小的展台，不管什麼主題，工藝也好、地方啤酒也好，一個主題之下收羅四十七個展品，這也就成了d47 MUSEUM（參見P.74）的雛形。那之後，澀谷

註⑵　松屋銀座的展覽名稱爲「DESIGN BUSSAN NIPPON」。
註⑶　澀谷的Hikarie是位於東京都澀谷區的綜合商業設施，集百貨商場、美食、文創空間、劇院、辦公室於一身。

的Hikarie(3)聯絡我們，如果想要有一個空間持續舉辦那樣的展覽的話，他們可以提供，於是便有了在Hikarie八樓的d47 MUSEUM。

所以回到原本的問題，爲什麼會從中古家具轉向日本地方，其實就是因爲以長效設計爲概念，因而開了長效設計的店，從中古開始，再加入新品，之後又著眼傳統工藝，而現在是，不管是二手還是新品，或是傳統工藝，只要是常有存在的好東西，都沒有界限的狀態。

d47 MUSEUM：

提供常設平台，均一展示日本各地方設計工藝品

——均一地看日本四十七個都道府縣是個非常開創性的做法，但實際上操作的時候，是不是會遇到許多困難？

有的有的。但要說起我們的d47 MUSEUM想做什麼的話，其實是想要把那些不興盛的地方推出去，也就是給他們勇氣。因爲要和那些厲害的縣一起站在同樣的舞台上，很多時候其實會滿膽怯害怕的，但其實就是提供一個大家都一樣的舞台，然後能給那些沒有自信的地方一些力量。

因此，就算自己心裡明白，知道這個縣的傳統工藝比那個縣厲害很多，但不是說只稱讚這個縣就跟那個縣說「啊你不行啦」，而是說「你也很棒的」。北海道、沖繩可能很厲害沒錯，但北海道有這個，另一方面山形也有那個呢，而我認爲習慣性的帶著這樣的視角是非常重要的。就像是埋下一個有著四十七種顏色的調色盤一樣，讓大家能夠四十七個縣均等的看，我想這樣日本的水準也就能夠一公分、一公分的提升。

——《長岡賢明和日本》（ナガオカケンメイとニッポン）這本書中，有一張用設計把整個日本抬起來的圖，是這個意思嗎？

沒錯，正是如此。

d47是「博物館、食堂、商店」三合一概念的場域，希望用設計支撐日本。

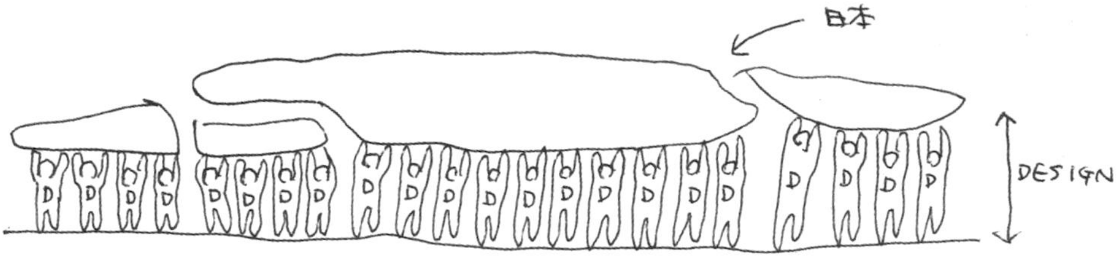

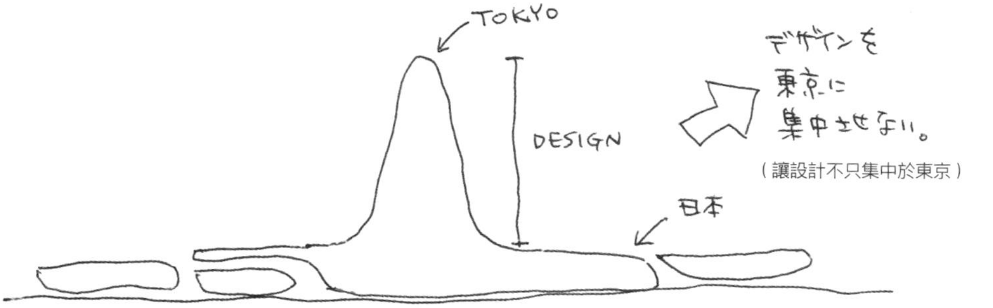

圖片引用自《ナガオカケンメイとニッポン》。創美社發行，集英社發售

——您認為d47 MUSEUM是一個什麼樣的存在呢？

常常被感謝的是，在澀谷的中心能有一個常設的發表場所，不管什麼時候去，都有四十七張桌子。例如假設我是福井人的話，不管什麼時候去都有個展示福井的空間，或許展的是和我無關的主題，但在許多主題之下，福井有許多被看見的機會，許多在地人看到都覺得很開心。

東京是有著最多外地人口的地方，所以像是福井人，我想這裡大概也有幾萬人，而這樣的人就會期待說下次展覽主題是什麼，我也去看一下我的縣有什麼被展出，然後這些人看了之後就會在twitter上面分享。像我自己是在愛知長大，所以就會偏愛愛知的那張展台，也會想在社群媒體上分享。也因爲這種對地方的愛，促使話題的擴散能夠成立。

我們常被說這些不是國家或是其他公部門該做的事嗎？眞的是這樣沒錯，我們做這些也不是想要賣自家產品，付了房租，搜集也不是自己居住地的東西，然後就這樣一直辦了下去。所以我們也常被說，你們到底在做什麼？做這些有任何的利益或好處嗎？但我想，這就是設計活動的一種方式，是能夠提升設計水平的一種方式，所以我會在還有能力之前都盡力去做。

現在，東京的設計師們有在討論，說想要在東京弄一個像MOMA一樣的設計博物館，我在想如果真的有了，在那裡面有一個像是d47的展廳應該很不錯。

Ⓤ Ⓓ「d食堂」會依各地特色開發定食，店內也會不定期搭配農夫市集活動

—— 那就把d47 MUSEUM直接搬過去？

對、對。但在東京應該是弄不了。京都可能還有機會。東京設計師的一個缺點就是都沒在考慮經濟面。

博物館沒有設在觀光地的話，就只能靠政府的高額稅金投入了，沒有稅金支持的話便無法生存了。像上野是經過很長時間，才成了以博物館聞名的觀光地，所以才能聚集人流。

所以說在東京做像是MOMA那樣專門以設計爲題的博物館，觀光客和一般大眾是不會來的喔。雖然悲觀，但我其實不喜歡設計師對於設計過度保護，覺得只要是夠帥的設計賣不好也沒關係。相反的，我寧願是有點「泥濘」的設計，但是扎實在地上匍匐那樣的設計，不這樣的話是不行的。

—— d47 MUSEUM的主題與四十七件展品是怎麼選定的呢？

主題的話，還是要合乎時代的東西，如果不切合的話是不行的。比現在稍微再更超前一點的，或是現在日本大家正要開始做的什麼。另一方面，也是因爲帶著要活化市場的意識，因此不能只是像是藝術品一樣讓大家鑑賞，而是要讓大家看完之後，必須對那些都道府縣的當地經濟起作用。

至於展品的選擇，就是根據我自己的思考。以身爲一個設計師的角度，選出那些想要讓大家「視爲設計」的東西，那些我認爲該稱作設計的東西。該怎麼說呢，這有點像是每個人對於拉麵的偏好，我覺得最喜歡的拉麵，別人不一定會喜歡，但我覺得這樣也沒關係。對我來說，公平性什麼的，我一點也不在乎。像是如果重視審美的話，美的標準就是最重要的，但如果要公平均等的介紹的話，焦點就會被模糊。也因此，在d47 MUSEUM裡面，我們很公開地說明選定的基準，因爲哪些理由所以選了哪些展品。

—— 您目前也會加入展品的選定嗎？

會的，d47 MUSEUM所有的東西都會。這其實是個非常嚴苛又殘酷的過程，因爲最終雖然只會選出四十七件展品，有時候有些縣會有多達二十到五十個候選品項，因此每次幾乎都是從四、五百個品項裡挑選出四十七個。

我們爲了d47 MUSEUM的展覽，在臉書上創了四十七個都道府縣的社團，每個社團裡有五十至三百個成員，每次決定主題之後就在社團裡跟大家公布，然後大家再幫忙提供意見或照片。

每一次辦展覽的心情，除了自己想看之外，另外更多的部分是，覺得大家也可以看看、也應該看看的內容。我們下次的主題是民藝性的當代設計展（民藝的な現代デザイン展，展期爲二〇二〇年十二月四日至二〇二一年二月八日），這次是我自己非常想看的主題，很想看看現今日本的民藝、傳統工藝走到什麼階段了，設計又發展到什麼階段。

設計旅遊誌《d design travel》：

在不同地域，思考不同個性的設計

——能不能聊聊《d design travel》創刊的背景？

最一開始是D&Department在日本各地要開店的時候，想著店裡也要販售當地的產品，在查各地有什麼好物的時候，就有了這個旅遊誌的發想。帶著店也可以是「設計觀光資訊窗口」這樣的意識，在第一家加盟店北海道店開幕的時候，想著那麼也來做旅遊誌的北海道號吧，於是《d design travel》（參見P.72）也同時成立了。

↑《d design travel》千葉號。

註⑷ 《d long life design》是D&Department首次發行的出版品，二〇〇五年創刊，發行至二〇〇八年。相較於《d design travel》叢書系列以特定都道府縣爲主題，《d long life design》是以長效設計爲核心，邀請當代不同設計師，進行長效設計之思考與討論。

—— 咦，所以《d design travel》的創刊不是從《d long life design》⑷ 而來嗎？

這麼說好了，《d long life design》就像是一個基礎，在那個基礎上發展出D&Department的店，也發展出《d design travel》，然後之後則是d47 MUSEUM，在MUSEUM之前都是一個縣一個縣的拓展，但MUSEUM則是一次收攏全部四十七個縣。

然後其實《d long life design》一直有自己發展的路線，從《d long life design》發展到《d news》，然後最近是因爲創立了「長效設計之會」，所以又轉回《d LONG LIFE DESIGN》，成了像是會員誌的刊物。

至於爲什麼會要走向會員制，是因爲如果不透過會員制來結交志同道合的夥伴，那些長效設計的東西說實在也很容易被經濟、流行等因素影響，這樣一來其實滿苦惱的，所以就想說不如創立一個長效設計之會，讓大家一起支持長效設計的產業。

順帶一提，《d design travel》每次出刊之後就會換不同的縣，所以《d news》是《d design travel》出刊之後，繼續追蹤那些受訪地點現在又發生什麼事的情報報紙。這個後續追蹤的工作非常耗時，也要花很多錢，每次都是一邊募集贊助一邊製作，所以後來就想說，把這些贊助的人集合起來，一起創立長效設計之會，所以就走向會員制了，現在也持續募集會員中。

—— 那麼《d design travel Workshop號》呢？

《d design travel》是我們主要的設計活動之一，以「外來者」的視角重新凝視地域，然後以縣爲單位一個縣一個縣的製作旅遊誌，並定期出版。而看到這些成果的中央政府或是地方政府，就來找我們問說是不是能以更小的單位，像是縣下面市町村這樣的單位，以同樣的視點製作類似的東西，於是就促成了《d design travel Workshop號》。類似這樣的委託變得非常多，《d design travel Workshop號》的製作也就增加不少。

註(5)《d design travel》的編輯概念爲：(1)首先自費消費；(2)沒有感動的話不成立；(3)很棒但有點缺陷的話，則推薦之外也指出問題；(4)讓受訪對象進行文稿確認、核對事實；(5)以長效設計的觀點，選出長久存在的事物；(6)照片不做特殊處理；(7)發刊之後，持續與受訪對象交流。取材對象的標準爲：(1)具有當地性之物；(2)傳遞當地重要的訊息；(3)當地人經營之事物；(4)價格合理；(5)具有設計性。

Ⓣ D&Department東京一號店。

以前大家會覺得設計就是指東京的東西，也就是在人很多的地方、以消費爲基礎的創作就是設計，但這樣的時代已經差不多要結束了。以前以東京爲中心的設計就是一直往外看，像是美國、歐洲等，但時代逐漸改變了，現在的設計，逐漸變成是要把四十七個都道府縣各自的「個性」找出來。現在，是個在不同的地域，思考著不同個性設計的時代了，也因此，就算是在東京，我現在也很常被各地召喚，接受各地的工作委託。

——雖然是不同團隊，但取材的標準等規則都是一樣的嗎？

是完全一樣的規則、完全一樣的編輯思考。不是用同樣準則的話就沒有意義了。不管是《d design travel》和《d design travel Workshop號》都一定有這麼一頁，說明編輯的思考，以及取材對象選取的標準(5)。然後這些就成了「長岡式」的地方品牌化法則。

——不管是《d design travel》或《d design travel Workshop號》，都是地方住民會參與一起編輯嗎？

《d design travel》會舉辦公開編輯會議，每次約有五、六十個住民參與，大家在討論中提供具有地方特色的取材點。在那之後，《d design travel》編輯部會到當地駐地兩個月進行取材，駐地期間透過SNS（社群媒體）等方式，持續和住民們保持聯繫，並接收當地情報。

《d design travel Workshop號》則是有十到三十位的地方住民以編輯部成員的身分參加。在一年左右的時間中，一邊接受《d design travel》編輯部的課程，並一同製作Workshop號。

來客預約制：

因應新冠肺炎疫情，順勢調整店鋪經營模式

——二〇二〇年新冠肺炎爆發之後，D&Department店鋪的經營是否有什麼改變？

現在東京店改成預約制，要預約才能入店，不然就要到櫃台登記。其實，說眞的，我們的店開在這麼一個偏遠地方的理由就是「爲了讓大家特地到來」，而這本身其實就和預約制、和現在普遍出現的入場限制非常地相近。你想想，當要去美術館的時候，在出家門之前就已經決定要去美術館了，不是嗎？但普通的購物不是這樣，出門之後才這裡看看那裡看看。像是這樣的客人，我們覺得那就算了。相反的，那些帶著強烈要來D&Department想法的客人，有非常高的可能性會購物。所以這有點像是京都有些店有著「謝絕生客」（一見さんお断り）的想法。然後，其實在二〇〇〇年開第一家店的時候，我們就有想過預約制，就是把鑰匙交給預約的客人，讓客人自己進來。現在雖然沒有鑰匙，但能夠眞正實行預約制，我眞的很開心。

——就算新冠肺炎結束之後，預約制會繼續嗎？

是的，會繼續的。但肺炎我覺得沒有結束的一天。

——怎麼會這麼悲觀呢？（苦笑）

我其實覺得正是肺炎讓大家強制回到一個本來

該有的狀態。到目前爲止就是太過自由了，而現在正是一個時機，讓大家在有限的時間與金錢的前提下，更加謹慎思考要和誰見面、要買什麼東西。

因此，就算肺炎結束了，人和人的距離還是會繼續保持，見面的時間也會更謹慎的決定。像受訪也是，以前就是「啊！好啊」然後就受訪，現在則是會覺得，在如此的情況下還有這樣的採訪，就覺得非常感激，也會更仔細面對每個問題(6)，順便整理我們自己，更可以回到自己的初心。覺得是一個非常棒的機會。

東京依存：

疫情下，地方重新省思與東京的關係

——那都市和鄉村呢，您覺得肺炎之後會有什麼變化？

那些不知道怎麼發展過來的東西，之後應該就會開始被更謹慎看待吧。以前可以輕易的移動、和誰見面，那些以前輕易可以做的隨意感開始消失之後，事情應該會被更謹慎思考，像是怎樣不要造成別人麻煩、如何要更減少使用能源，應該會有許多新的發想出現吧。

過去這十五年之間，所有的東西都往東京集中，在東京做品牌、創造附加價值、然後撒在東京，可以說是非常「東京依存」，但肺炎之後，地方則是盡量不去東京了。因此如何在自己的土地上生存，許多不同的發想開始在地方出現，而且是以一種驚人的速度增加。在某種程度上，與肺炎同比例增加的，是地方的人重新省視地方的個性。像是就算沒有觀光資源，如何讓「有意識的人」的人來旅遊等等。

而像我們這樣在東京的人，現在去鄉村其實滿被討厭的。雖然這是肺炎時期大家出現的反應，但我覺得這像是在隱喻什麼。有點像是，我們自己明明就在地方很認眞的做，你們這樣東京的人就別來了，更別把病毒帶來。

其實如果繼續依存東京的話，日本的各個鄉鎮是不會幸福的，所以就趁這個機會，好好的思考與

註(6)　訪談前，公關部的清水小姐便遞給我三張紙，上面羅列了我預先提供給他們的九大類主題共二十七個訪談問題，以及針對這二十七個問題，長岡賢明所擬的簡答。

東京的關係，在巧妙的利用東京的優勢同時，也嘗試找出自己地方的個性，如此一來肺炎就是一個正面的力量。

兩極化趨勢：
東京「活動會場化」，在家遠端工作風氣持續

—— 您曾經用「兩極化」的發展來預測肺炎之後的日本，那又是什麼意思呢？

其實東京的利用價值，之後還是存在的，只是要如何更巧妙的借助東京的力量，這是接下來會逐漸被深思熟慮的問題。畢竟東京人口多、媒體基地也多，還是一個資訊發送的大據點。只是我覺得東京就會變得「活動會場化」，換句話說就是一個物品和情報的聚集點，然後漸漸不是一個適合居住的地方。

然後另一方面，非都市地區的地方有著自然、新鮮空氣等，再加上因爲肺炎，許多人開始不必到東京的公司上班，像是新聞就報導有許多公司還補助購買在家工作的電腦、事務椅子等，然後這些一個月有三分之二都在家遠端工作的人便開始想，好像不用住在東京也沒關係，像是東京近郊的逗子、鎌倉，和東京稍微有點距離的地方，一方面租金便宜，生活環境也比較好，也還是可以偶爾去東京上班，最近有這樣想法而搬家的人增加非常多。

—— 但緊急事態宣言解除之後，就慢慢回到以前的狀態了？

我覺得回不去了。像是我們公司也實行遠端工作，大家都發現「咦！這樣不是很不錯嗎」。雖然有一些公事上最低限度的運作還是在事務所工作比較方便，但那之外許多工作都意外地可以遠端進行，大家開始注意到這點之後，就回不去了。

—— 那麼東京的租金會走下坡嗎？

我覺得不會。畢竟兩極化就是說，東京還是一

個情報資訊收集的大據點，東京會變得更東京，只是原本期待在東京宜居的想法會逐漸被放棄，轉而開始追求非都會地區的宜居生活。

——所以說，D&Department的店鋪經營也正是會朝兩極化發展？

是的，正是如此。我們在澀谷的Hikarie有據點，而像是鄉下的這裡（位於東京世田谷區的本店，D&Department TOKYO）也有據點。

澀谷的據點就是一個重要的發表場所，不管是刊物的發刊、定食的開發等，要發表、要有傳播力的話，還是要在一個人多的地方。

從求「量」改重「質」：轉換觀光行銷思路，用心招待有心的來客

——另外，肺炎之後的觀光，您覺得會怎麼改變呢？

至今的觀光，大概可以用東京的「滿員電車」來比喻，就是非常非常的集中，只要有很多人來，就被認為是成功。日本的地方也是，也是在競爭著如何讓上萬的人來，但卻沒想過要怎麼吸引高品質的客人。

㊤小旅行「茨城縣食之旅」。

但未來就不是一個追求有多少觀光客的時代了，而是一個高品質的觀光時代，要讓不管是來的人或是在當地的人都能夠開心。所以，現在說不定是一個理想的時間點，像是現在有各種自肅、各種跨縣移動的限制，但總是還是有不管怎麼樣還想要去的客人，那麼這些人或許就是真的非常想去，可以好好用心招待。

肺炎期間，我們店也因爲緊急事態宣布停業一陣子，但就有常客說想要挑椅子所以請我們開店，結果那個客人最後消費了非常高的金額。所以說，在肺炎期間，如果是和客人有良好聯繫，就能夠在肺炎過後存留下來。

——意思是以前追求的是「量」，今後追求的是「質」？

是的。以前就是不管誰要來都好，然後爲了商業做了許多不必要的行銷等，某種程度上追求著一個不自然的方向。但地方眞的需要那麼多人去嗎？還有製造了很多垃圾等等的問題。所以我認爲今後會朝一個「正常化」的方向改變。

地方創生「誰來統籌」的意識：

主事者應以均等視角，提升全體的意識水平

——D&Department 近年也開始在觀光與旅宿業投注心力？

坦白來說，我們並沒有要積極拓展那些產業的念頭。

D&Department 店的拓展，也沒有要大舉展店的企圖。最初其實有積極展店的想法，但在加盟店北海道店開幕之後，意識到建立合作夥伴關係的重要性，因此發現過去的想法錯了，於是就放棄了。所以我們增加新店的模式都是，在那些地域，若有人想要挖掘在地的個性，有那樣的人舉手，那我們就出借我們的力量一起幫忙。

所以韓國濟州島旅館，也是韓國的夥伴想要開旅館，我們也覺得很有趣，就把概念一起分享，也

“

以前大家會覺得在人很多的地方、以消費為基礎的創作就是設計，
但現在，是個在不同的地域，思考著不同個性設計的時代了。

——**長岡賢明**／ D&Department

↑ 韓國濟州島店的旅館。

→ D&Department所舉辦之岩手縣拭漆體驗小旅行。

想說如果當地的年輕人、物產產業等能夠因此活化也是很棒。

— D&Department最近也開始跨足旅遊業，像是小團體的「Share Travel」、「Close觀光」？

（公關部清水小姐）和展店的邏輯一樣，相較於我們積極的推動，也期待有共感的人出現一起規劃推動。

— 那有來台灣的想法嗎？

其實，有許多台灣人向我招手。我具體就去台灣看過三次現場，我們也曾經在台灣開過一次快閃店。說眞的，我很喜歡台灣，喜歡台灣的街道、喜歡台灣人，也想過如果能在台灣開店的話應該很不錯。只是雖然我去看過三次現場，但最後都有點困難，像是店面空間的問題、和政府有牽連等等。但若是有非常想要一起試試的台灣朋友出現，請務必讓我們一起嘗試看看。

— 台灣現在也正在推動台灣版的「地方創生」，可以請您分享一點建議嗎？

因爲我也算是在相關的領域，因此我想很重要的是，要有一個誰來統籌的意識，若不如此，很容易出現明星地方和非明星地方的差距，然後就變成凹凹凸凸的狀況，也陷入觀光客的爭奪戰中。而這樣一來，和流行一樣，等風潮一過之後，熱潮一下子散去，就只是造成當地居民的許多困擾。因此，爲了避免這樣的狀況，必須要有誰來做類似把台灣全體的意識水平提升的事情，若沒有這樣的人或是這樣的統籌意識出現的話，我想是行不通的。

會這麼說，是從我們自己推四十七都道府縣的經驗中，我們非常習慣於以非常均等的視角看待日本，也因此當有某個縣的委託來的時候，我們也是在一邊和其他縣比較的狀況下，省視這個委託。簡單來說，我們不是想要創造一個明星的縣、也不是一個短暫的人氣景點，而是想要一個可持續性發展的日本。

設計的本質與未來：

合作非設計專業人才，讓設計持續進化

「設計」是什麼？未來的設計該往哪走？

我認爲設計是「意識」。設計可以是物的設計，也可以因應意識的不同，讓設計有不同的使用，而讓許多不同的事情發生。我認爲設計在未來，將越來越脫離只是討論顏色或是造型的這個範圍，而加入科技等面向。具體來說，是要讓人的生活能夠有更好的狀況而作，將會變成一種高度化的工作。

也因此，MIT（麻省理工學院）或是東京大學，開始有了設計等等的加入。若沒有這些聰明的人讓設計持續進化的話，設計就會變得像是民藝一樣，停留在討論造型的層次就結束。現在的設計就是還在一個做LOGO、做海報、做網站、讓照片變得更美的層次，沒有太多的進化，因此就必須有更多科技、物理方面的專業加入，讓設計持續進化才行。

另一方面，我想，設計過往的規則也會崩壞，而個別國家、地域的東西則是會漸漸長出來。

意思是未來的設計師必須要和不同專業合作？

是的，也就是團隊合作。

像是目前在富山的砺波就準備成立一個新的民藝館，而那之中的團隊不是全是民藝相關的人，而是有建築、自然能源、音樂、還有地球科學背景的人。想說的是，創立一個民藝館這種看起來老掉牙的計畫，但若能以最新的科技切入，就會造就有別於過往的思維。而這樣的思考，就是一個設計師必須要具備的。

（本篇採訪時間爲二〇二〇年八月）

地方設計櫥窗 × D&Department

“設計是「意識」。——長岡賢明／D&Department

代表作品 1

和當地住民，一起挖掘與傳遞長久存在的事物與用品

D&Department選品店，是個以「長效設計」概念爲本，嚴選日本與世界長效設計商品，加上各地域的分店以獨到視野發掘之「地方的長效設計」商品。在店裡，可以明確地看到嚴謹的選物標準：

1—認識製作／生產者。
2—在販售之前自己先使用。
3—多年後依舊具有收購價值、不依存流行潮流的產品。
4—可被修理而持續使用。
5—製作者有持續改良而生產的意願。

各地域的分店是由認同長效設計的地方夥伴所經營，經營者非常多元，例如設計事務所、百貨店經營者等，自二〇〇〇年東京的一號店開幕以來，目前全日本共有七家店鋪，並以此爲長效設計的活動基地。除了做爲選品店之外，這些立基於地方的D&Department分店更附設咖啡館等空間，甚至商品開發、地方小旅行等，以多樣形式展開由設計出發的地域交流活動，因此可見D&Department的定位不只是店鋪，而是一個「傳達的場所」，和居住於當地的住民們，一起挖掘與傳遞土地上長久持續存在的事物與用品。

日本本土的七家店鋪之外，二〇一三年於首爾開設海外第一家分店，二〇一八年於中國安徽的碧山村開設第二家分店，海外分店也都延續長岡賢明主張的地方特色，在日本製商品之外，都有固定比例的在地產品。二〇二〇年，濟州島的韓國二

傳達：D&Department Project

號店開幕，此店鋪不僅有選品販售，更首度開創D&Department的旅宿產業。

↑ 中國安徽碧山村店。

↑ 韓國濟州島店。

D&Department 特色店鋪選輯

◎東京一號店

D&DEPARTMENT TOKYO／始於二〇〇〇年

D&Department的基地，也是二〇〇〇年開幕的第一家店鋪。三百坪寬闊的空間，展售約一千五百件的長效設計商品，並設有長效設計書店，除了D&Department自家出版的旅遊誌、圖書，以及會員制刊物之外，亦有許多長效設計相關書籍。另外，一樓是咖啡館「d Taberu Lab」，定期推出四十七個都道府縣的定食料理，以及每個月依不同主題的季節料理，更以「食的長效設計」概念出發，不時舉辦相關料理活動。

◎一號加盟店——北海道店／始於二〇〇七年

D&DEPARTMENT HOKKAIDO by 3KG

由經手札幌交通IC卡「SAPICA」、札幌市官方LOGO「SAPP_RO」的設計事務所3KG夥伴所經營的北海道店，是D&Department的首家加盟店。店鋪設有一展覽空間，定期舉辦長效設計相關展覽。

◎京都店

D&DEPARTMENT KYOTO／始於二〇一四年

由D&Department以及具有八百年歷史的佛光寺共同合作與開設，是第一間開在寺院內的D&Department，更是當地居民互相交流、觀光客到訪的重要據點。

◎富山店

D&DEPARTMENT TOYAMA／始於二〇一五年

由富山縣政府成爲當地夥伴之契機所開設的直營店，店鋪位於富山縣民會館一樓，不僅是產官合作的新里程碑，更有著透過長效設計理念來打造「新公民館」之目標而備受期待。

◎琦玉店

D&DEPARTMENT SAITAMA by PUBLIC DINER／始於二〇一八年

經過《d design travel 埼玉》以及《d design travel WORKSHOP熊谷》一連串的緣分，位於埼玉縣熊谷的喫茶店「PUBLIC DINER」也舉起手成爲D&Department的埼玉夥伴，特別的是，這是全世界最小的D&Department店鋪，雖然僅有兩坪的空間大小，但同樣是長效設計與埼玉在地設計的重要據點。

↑ 首爾店。

↑ 東京一號店。

↑ 京都店。

↑ 琦玉店。

代表作品 2

飲食：d食堂

藉由當地飲食，傳遞地域長久累積的風土

對D&Department而言，使用當地收穫的食材製作成美味的料理、進行飲食文化的傳達，亦是長效設計之一。因此D&Department加盟店有一條規則，就是要在選品店之外，亦附設咖啡館或是食堂。除了用當地食材、以當地的料理方式製作有地方味的料理之外，也不時舉辦農夫市集或料理教室等飲食相關活動。

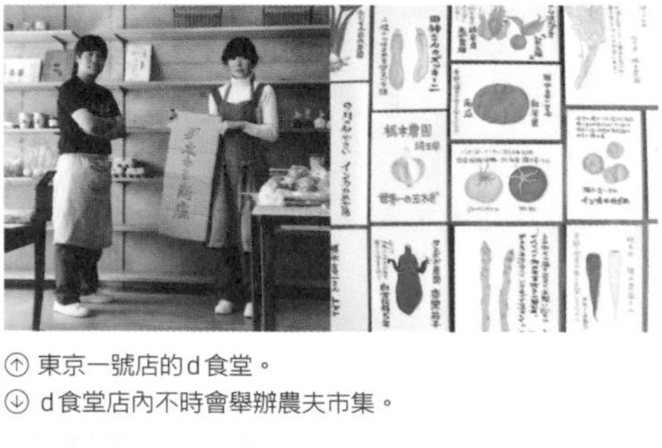

Ⓐ 東京一號店的d食堂。
Ⓑ d食堂店內不時會舉辦農夫市集。

代表作品 3

學習：d SCHOOL

向長久存在的事物學習，思考其理由以及永續性的未來

透過d SCHOOL、小朋友d SCHOOL、dd SCHOOL各種形式的學習活動，將各地長久存在的長效設計之「地方性」，和日本的縣內外、國內外的大眾分享。也許地方上的人認爲的「普通、理所當然」，對外來眼光而言，卻是重要的地方個性。

↑ d SCHOOL希望與大眾深入分享長效設計之「地方性」。

D&Department 學習活動

◎d SCHOOL

以D&DEPARTMENT選品店所販售的物品爲中心，針對其製作方法、歷史、產業等背景知識，或是產品使用方法、保養方法、隨季節更迭的使用樂趣等主題，邀請相關的講師進行分享。

◎小朋友d SCHOOL（こども d SCHOOL）

這是一場主角是孩童的學習會，培養孩童從小就關注長效設計的視野。

◎dd SCHOOL

起源於D&Department工作夥伴的內部讀書會，後演變爲D&Department粉絲們也共同參與的交流型讀書會。

旅行：d design travel

代表作品 4

駐地採編求深度，地方性巡禮的旅遊誌

《d design travel》是一本二〇〇九年創刊的旅遊誌，每期選定日本單一個都道府縣作爲主題，以設計的觀點，萃取出該地域特有之個性。收錄的景點或是店家必須符合五項取材規章：具有地方個性、傳達在地訊息、當地人所經營、平價實惠、具有設計力的注入。依據這樣的原則，每期皆選出具有當地色彩的景點與店家，集結成一本「D&Department流」的設計導覽手冊。

↑ 各期《d design travel》。

每一期除了編輯團隊在當地駐地長達兩個月進行採訪與編輯之外，更舉辦讓當地住民參與的工作坊，可謂都是編輯團隊耗費許多時間、精力，親力親爲採訪的嘔心之作。因此每年約只出版兩刊，自創刊起截至二〇二〇年共出版二十八刊，二十九刊的《茨城號》預計於二〇二一年二月出刊，自此刊之後，將轉爲不定期出刊之刊物，依預算到位之狀況製作。

D&Department 出版品及小旅行

◎《d design travel》

以「觀光、餐廳、購物、咖啡館、住宿、關鍵人物」六大主題，每個主題選定四個品項的設計旅遊誌。除了選定名單與介紹之外，每篇更以三個關鍵要素解釋選定之理由。

◎《d design travel WORKSHOP號》

有別於以都道府縣爲層級的《d design travel》旅遊誌，《d design travel WORKSHOP號》聚焦日

本的「市町村」，地理範圍縮小之外，地方居民也加入以編輯成員身分進行取材採訪。

◎《d news》

季刊雜誌《d news》是《d design travel》的延伸，也就是《d design travel》出版後，被介紹的人或是空間，有了哪些新改變、新的情報，都藉著《d news》來更新最近的消息。二〇一九年之後改版進化爲《d LONG LIFE DESIGN》。

◎Guruguru小旅行（ぐるぐるツアー）

《d design travel》發刊之後，會舉辦串連刊登景點的印章搜集小旅行，在紙本之外，讀者更跟著遊程一起實際走訪這些被精選的地點。

◎d TOUR

由「d官方導覽」所帶領，解析地方個性的設計之旅。

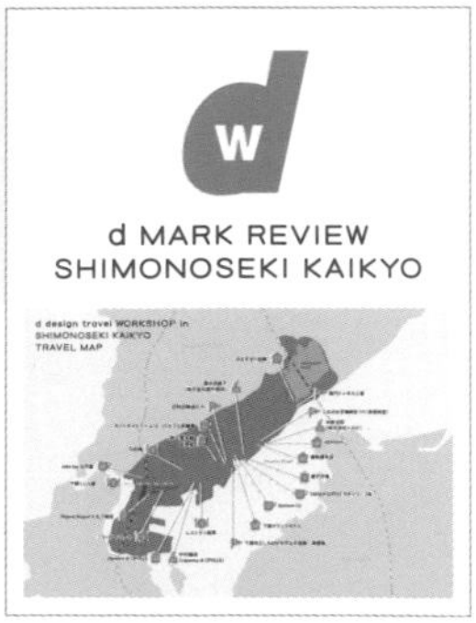

㊤ 以山口縣下觀海峽為主題的《d design travel WORKSHOP號》，地方居民也參與編務。

㊤ 岩手縣設計之旅。
㊦ 茨城縣小旅行。

代表作品 5

感受日本：d47

在三個空間裡，縱覽四十七個都道府縣所組成的日本

爲了以五感方式傳達日本當今的感性、實力、個性，因此二〇一二年，D&Department在澀谷的指標性商業設施「澀谷Hikarie」中創立了「博物館、食堂、商店」三個概念合一的d47。

◎d47 MUSEUM

博物館代表「d47 MUSEUM」，以「日本四十七個都道府縣的博物館」爲定位，策展主軸聚焦於旅行、物產、地方問題等主題，定期舉辦呈現日本都道府縣的展覽。每次展覽皆鎖定單一主題，並由四十七個都道府縣的代表之作在九十×九十平方公分的展台進行展示。自二〇一二年開始的歷屆展覽主題，類別涵括旅行、設計、產業等等，例如介紹都道府縣設計旅行的「Nippon Design Travel」、地方如何透過特色商品解決地域問題的「P to P STORE」、地方工藝／食物如何透過設計轉型的「Design Bussan」等等。

◎d47 食堂

食堂代表「d47食堂」，目標是呈現日本四十七

⊙ d47 MUSEUM的長效設計展「LONG LIFE DESIGN」。

個都道府縣的飲食文化。從菜單的編排與設計，就可以看出食堂「以地方出發」的菜色設計邏輯，像是呼應隔壁博物館的「d47 MARKET」展覽而推出的d47麵定食，或是配合旗下《d design travel》地方旅遊雜誌所推出的「益子定食」，而其他的常態菜色也都以地名出發，並附上地圖說明，讓大家身在東京，但得以味覺實際體驗當地。

◎d47 design travel store

商店代表「d47 design travel store」，是以「d design travel編輯部之店」為主題的選品店，搜羅了日本各地的長效設計商品，而由於位處d47 MUSEUM與d47食堂之間，因此不管是博物館的展品、食堂料理的食材或調味料等，都可以在此選購。

⊙ 博物館「d47 MUSEUM」。

⊙ d食堂定食。（攝影／山崎悠次）

⊙ 商店d47 design travel store。

d47 MUSEUM 展覽選輯

P to P STORE
四十七個都道府縣之從地方問題而生的產品
2014

傳統工藝後繼者不足、自然環境遭破壞、產業衰退等問題在日本各地發生，而此檔展覽即是聚焦四十七個都道府縣的社會問題，以及其相應的設計製品，因此展覽主題名「P to P」是「Problem to Product」之意。但這不僅只是展覽，更是一個「STORE」，意即觀賞者得以於現場購買設計產品，透過消費一同為解決當地社會問題而努力。此外，此展覽結束後三年，出現了第二彈「P to P GIFT」，即P to P的禮品展。順帶一提，本書介紹的TSUGI設計事務所的眼鏡素材飾品品牌Sur，便是在此展覽初登場。

NIPPON的47人 GRAPHIC DESIGN
2015

二〇一五年的「NIPPON的47人」展覽，大概是和本書地方設計主題最為接近的一場展覽。展覽總監長岡賢明說，在未來「具有土地個性的設計」將會逐漸被期待，也越顯重要，因而透過此次展覽主題，選出了四十七位具有「在當地做設計之意識」的平面設計師，而當這四十七人同時齊聚一堂之時，便可以看見日本「地方設計」之可能性。本書介紹的多位設計師都曾在此展覽登場，例如akaoni的小板橋基希、BEEK的土屋誠、Helvetica Design的遠藤令子。

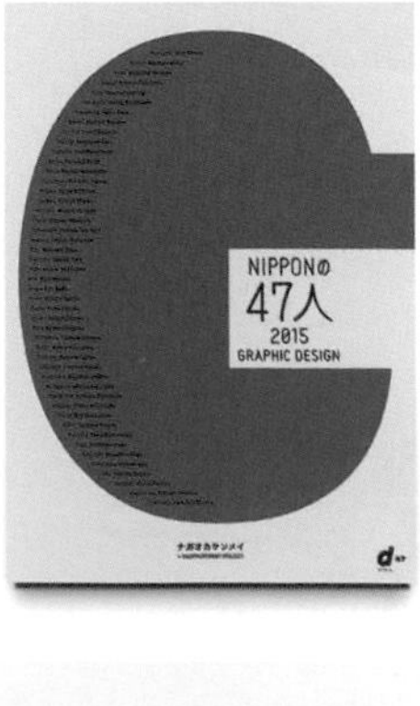

d mart 47
匯聚四十七個都道府縣當地產品的便利商店

2016

有別於充滿跨國企業商品的便利商店，這次D&Department在展覽期間開了一家只販售日本四十七個都道府縣產品的d mart 47便利商店。許多時候，我們是求便利性而到便利商店消費，但d mart 47這間便利商店卻是以「土地個性」、「長效設計」為選品標準，以一反常態的商品挑選邏輯，叩問現代的便利商店消費習慣。d mart 47雖然是以展覽的形式呈現，但也是一家真的便利「商店」，可以讓消費者在店內進行實際購買。

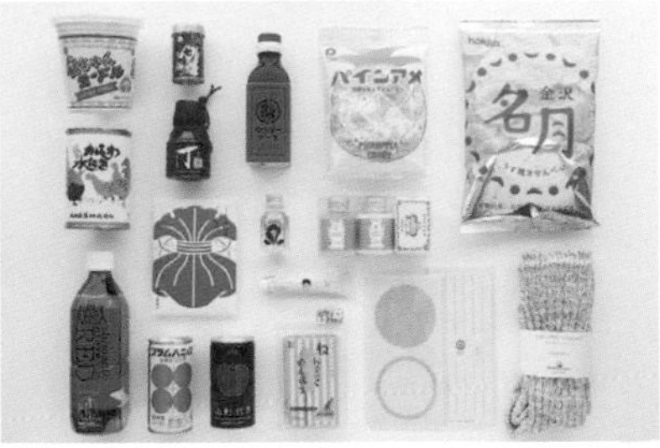

graf 服部滋樹

3

大阪

地域品牌化

找出地方的光，設計和大眾講述的方式

#地域活性化#地域調查課#經濟文化圈#伴走計畫#在地頻道#縣民驕傲

生於一九七〇年的大阪、出身於藝術大學雕刻系的服部滋樹，畢業之後適逢日本泡沫經濟後的不景氣，又遇上阪神大地震，遭遇大學宿舍倒塌、朋友離世的衝擊，因此深刻體悟到若不自立謀生是不行的。於是一九九八年與另外五名不同背景的友人，木作創作者、家具職人、產品設計師、影像攝影師、廚師，以漫畫「少年偵探團」爲意象，組成一個打破主流垂直型組織的平等式扁平團隊，並創立家具設計事務所graf。

雖然以家具設計出道，但由於graf的店鋪室內設計廣受好評，因此其室內設計亦受到關注。之後，設計委託的領域更呈現多樣發展，涵括視覺設計、商品設計、活動企劃等跨領域。近年則是以創意總監（Creative Director, CD）的角色，以設計爲日本地方縣市進行「地域品牌化」，代表地區包括淡路島、小豆島、滋賀縣等。

有別於本書其他案例，graf不是在日本鄉村駐點，但服部滋樹可說是地域活化、地方創生議題開始受注目之初，即以設計師身分擔任日本許多鄉村「地域品牌化」的創意總監，並開創出許多以設計進行地域品牌化的經典案例。

圖片來源／graf及其官網

⊕ 服部滋樹於graf。(圖/作者攝)

服部滋樹｜graf

西日本指標性設計事務所graf創意總監、設計師，京都藝術大學教授。一九七〇年生於大阪，藝術大學雕刻系背景，畢業後與五位友人創立graf。在家具、建築、室內相關設計之外，更參與許多品牌規劃，近年在地方創生等領域相當活躍，是「地域品牌化」的指標性推手。

服部滋樹是graf的負責人兼創意總監，也身兼京都藝術大學教授、日本指標性設計比賽評審等多種身分，所涉足的領域非常廣泛，家具設計、地方品牌規劃、工藝領域等都有所涉略；服部也是本書採訪收錄之設計事務所的「師父輩」師長，TSUGI的新山直廣是他的學生、Helvetica Design的社內設計師也曾在他的教鞭之下學習。可以說，服部不僅是「地域品牌化」的指標性推手，更是此波日本地方設計風潮的教育者。

本次訪談針對設計競賽評審、地域品牌策劃總監，以及藝術大學設計系教授三種身分進行訪問，以描繪他對日本地方設計趨勢的觀察與經驗。

地方設計：

找出在地視點，用設計傳遞當地個性的樣貌

——您作為日本優良設計大賞評審時，是否有感受到地方設計，即與地方有關的設計作品有越來越多的傾向？您認為這是一個當今的風潮嗎？

我不認爲這只是一個風潮，或是市場有變大，然而二十一世紀之後，大家追求的東西有了轉變。舉例來說，過去是個「全球標準」（グローバルスタンダード／global standard）的時代，但相對的是現在出現了「地方標準」（ローカルスタンダード／local standard）一詞。全球標準時代，大家思考的方向是「思考全球化、行動在地化」（Think globally, act locally）；然而地方標準的時代，則是轉變爲「思考在地化、行動全球化」（Think locally, act globally）。而爲什麼進入二十一世紀之後有如此的轉變呢，我認爲有三個背景。

首先，網路購物的人增加了許多，原本的貨物流通失去和消費者接觸的「接點」；然而進入二十一世紀的現在，日本有了個極大的變化，消費者開始探求生產產品的生產者是誰，生產者也開始想要接觸消費者。舉例來說，以前日本超市的蔬菜包裝，多是貼著料理的成品照，但是最近漸漸變成貼著生產者的爺爺奶奶照片，也就是以前多是傳達「使用方法」的意象，現在則是傳達「如何被生產」的意象，

而我覺得這是一個非常大的轉變。也就是說，現在大家對於如何被生產、被種植、在哪個產地生產有著更大的興趣。

另外，網路購物的搜尋方式，造成了大家習於只依照價格來選擇商品。例如在搜尋頁面輸入「蜂蜜」、「最便宜」，就會出現以價格排序的商品選單，而眞正想要的蜂蜜，可能會被排到十八頁之後。如此一來，人們也就漸漸失去「挑選的眼睛」（ものみる目）。在這樣的情況下，「在地的視點」漸趨重要，因爲當我們認眞的去認識作物栽種、物品製作的過程，我們就能找回原本失去的「挑選的眼睛」。

第二是，三一一東日本大地震帶來的反思。三一一之後，能源、流通的問題受到了極大討論，當時大家才發現，福島的核電廠發的電並不是爲了電廠周圍的地區，而是爲了送去東京，而這樣「生產與消費斷裂」的眞相震驚了社會，成爲一個很大的問題。日本其實自古以來都有「地產地銷」的觀念，也就是在地消費在地生產的東西，但當「超級都市」形成之後，都市無法提供如此巨大的生產量，便開始仰賴外地的輸入。對於這些問題的出現與反思，讓越來越多的人成爲有意識之士，對於地方的關心也越來越高。

關於第三點是，近期不只是日本，國外更是有越來越多關心社會設計（Social Design）的設計作品出現。例如對於日本，人口減少、高齡化是嚴重的問題，五年後超高齡者將邁向總人口的五分之一。因此，現在已經不能只考慮自己個人的未來，而是要連同之後未來的社會一起考慮。於是，我們開始要面對關於偏鄉的振興和活化、育兒等課題。而在這樣的背景下，也就有越來越多的在地行動、社會設計概念的作品參與優良設計大賽，我想這也正是反映了社會大眾的關心。

——從許多專訪感受到您經常思考五年後、十年後、甚至是三十年後的未來，請問您對於地方設計的未來，有什麼預測或是想法？

近期鄉下地方開始出現漂亮、時髦的精釀啤酒

© MINORI GELATO，graf的小豆島店鋪設計案之一。

店、咖啡店、土產店，但其實我對於這樣的景象感到十分違和。「爲什麼會在這裡出現這樣的店呢？」我總是感到很不可思議。連開車都不是那麼容易到達的地方，精釀啤酒的工廠就這樣突然出現，雖然我還是會去看看，但不禁會想「若不是開在這裡應該也可以吧」。

這些設計雖然維持了一定的商品水準，但是否能呈現出「當地個性的樣貌」（その土地らしい形），我想是否定的；而這些藉由設計來傳達的「生活風格」，是否只是從外地複製到當地、能否在地方扎根，也令我感到不安。

當生活風格的風潮過去之後，這些場所不知道該怎麼辦。五年後、十年後，這些漂亮的啤酒店不知道還能不能存在。當然，不是針對啤酒本身，而是這些店是否能以當地個性的形式根植當地，這是我懷疑也擔心的地方。

——但graf不是也在小豆島等地方做很多「漂亮的」店鋪設計嗎？

對，有做有做。但我們不是把都市的東西直接移過去，我們思考的是如何保留有當地個性樣貌的元素，我想這是最大的不同。

地域品牌化：

用設計找出講述的方式，並將之可視化

——您認為「設計」與「地域品牌化」之間的關係是如何？

關於設計是什麼，我認爲是一個這樣的過程：研究、調查、檢證、解體、編輯、再構築、輸出。大部分的人都只看到最後的「輸出」（output），也就是「廣告」（advertising）的部分，但說到設計的思考（Design Thinking）是什麼，我認爲是輸出之前的那六個過程，也就是「製作的過程」。

其實呢，不是在輸出的階段，而是在輸出之前的這六個過程才是「廣報」（即公關宣傳，public relations，簡稱PR，向公眾宣傳與溝通之意）。現今「廣報」越來越受到重視，若是要說明「廣報」是

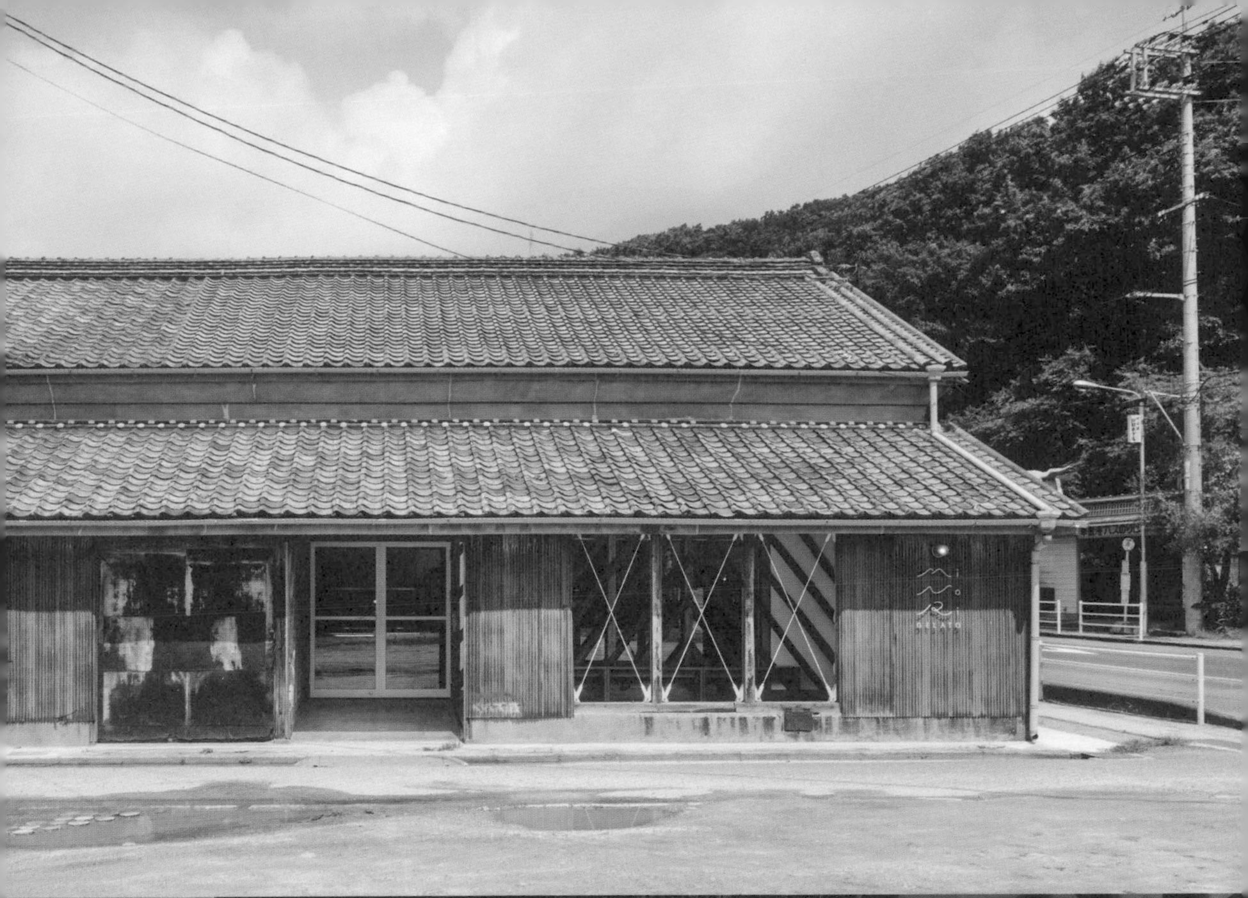

ⓥ graf經手的小豆島設計案眾多，
例如地方圖卡、茶品、禮盒等。

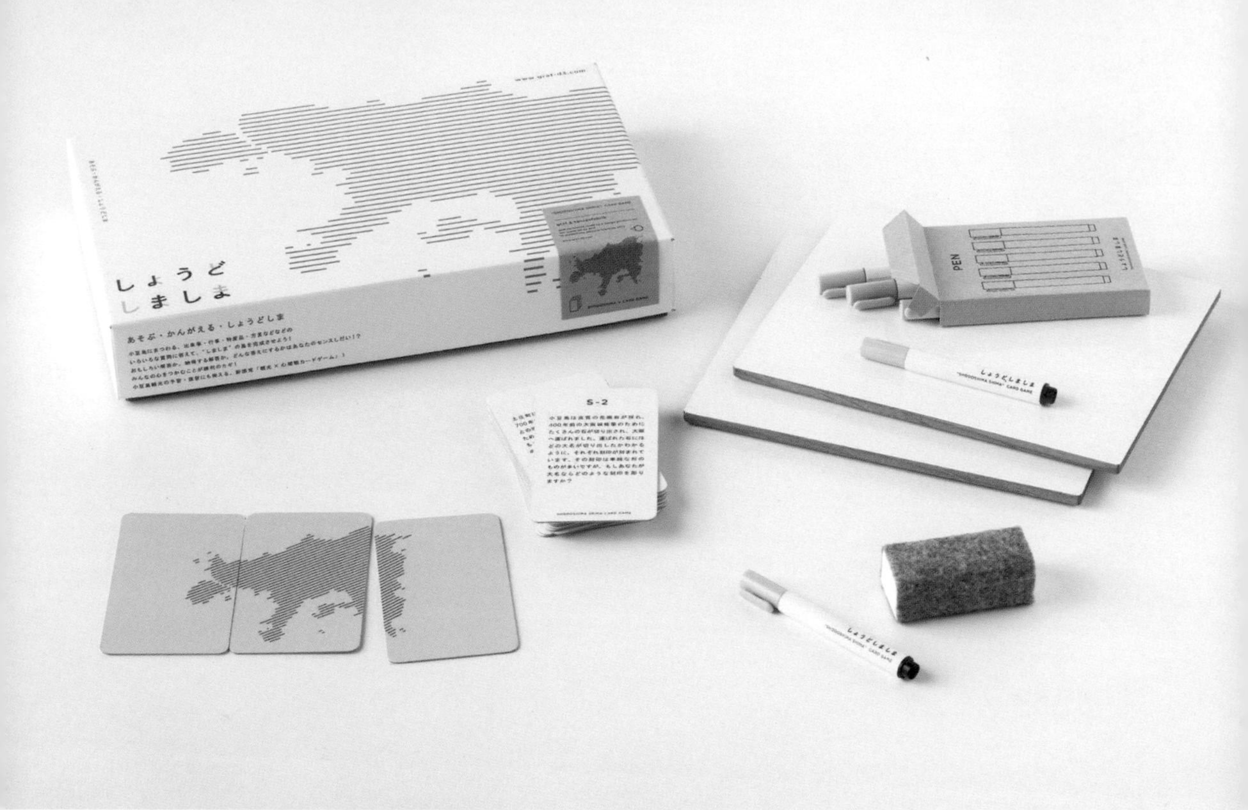

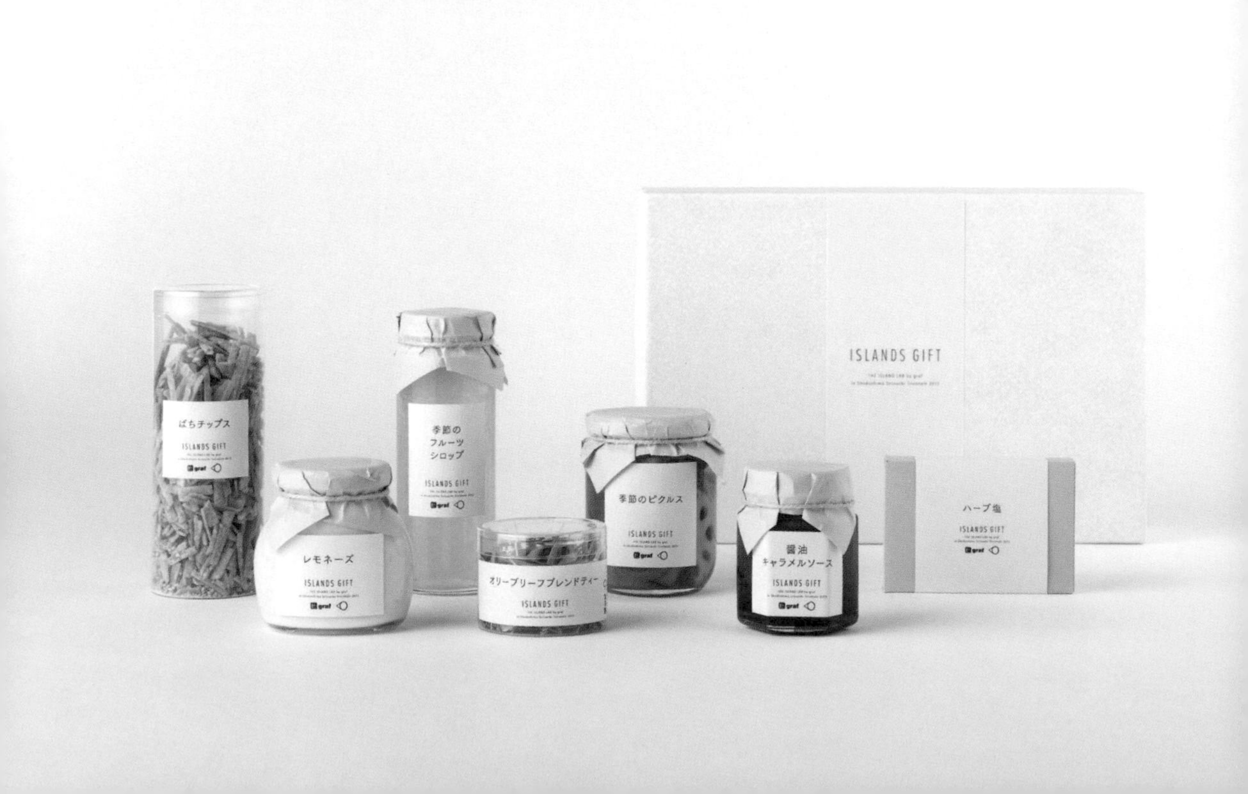

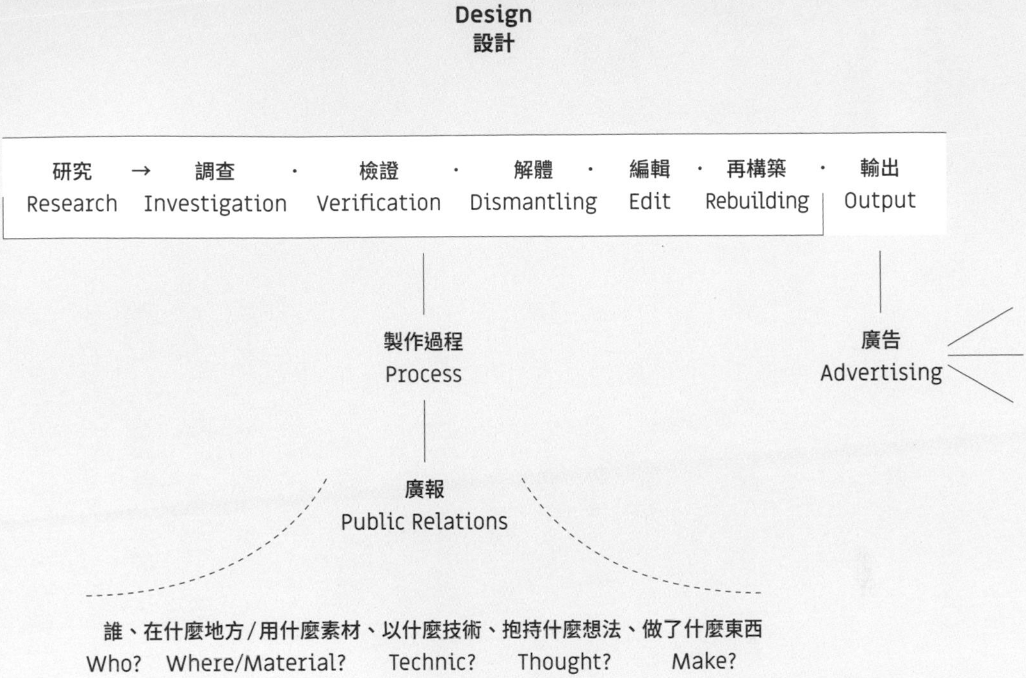

什麼，就是：將原本被埋沒的「訊息」——誰在什麼地方、用什麼素材、以什麼技術、抱持什麼想法、做了什麼東西——進行傳達。而剛剛提到的，把農友爺爺照片貼在萵苣包裝上，就是一個例子。

在「地域品牌化」的工作上，即是更加活用這六個過程的技能，並透過設計製作輸出，而設計師最擅長的，就是在這個部分將被隱藏的、看不到的部分，賦予具體的形狀，因此我認爲將「設計思考」的技能，運用在「地域品牌化」的工作上是非常重要的。

接下來，「品牌化」是什麼呢，我認爲是「物語」（中譯爲「故事」之意）。「物語」這個詞，包含了「物」（もの，物品之意）和「語」（かたる，講述之意）。以前，是「物品來講述」（ものが語る），現在則是轉變爲「講述物品」（ものを語る）。也就是說，以前，是看著物品，我們想像著這個物品是在什麼樣的背景下被製作；而現在，則是由我們來講述物品的背景，像是這個杯子是在一千六百年前就是陶瓷產地的有田地區、由第十六代窯主所製作的作品。

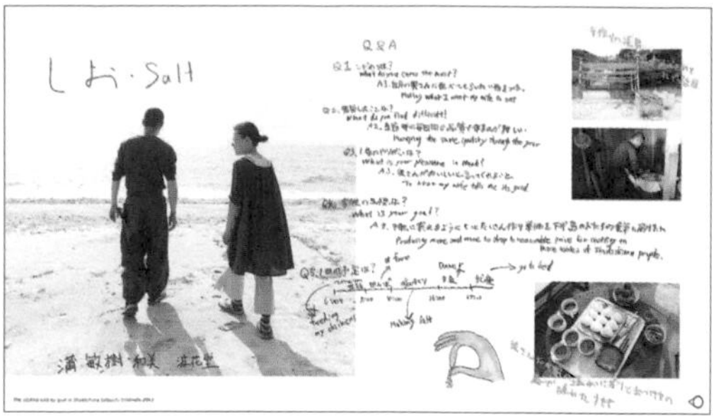

Ⓔ graf與小豆島食物生產者進行的訪談紀錄。

而在這個過程中，物品的背景能不能被完整地講述，其實是個困難點。因此不同的主體，講述的方法應該要有不同，而要選擇用什麼樣的講述方法，就是「品牌化」的工作。另外，若是不能有趣地講述的話，大家不會對此懷有興趣，而用有趣的方式講述，不正是設計的強項嗎？因此，「地域品牌化」可以說就是「設計講述的方式」，把過去未能順利被講述的，藉由設計者的技能轉換方式進行傳達。這裡所說的「講述」並非只是針對言語，而是包含選擇照片、設定關鍵字、設計宣傳文案等，也就是「可視化」的過程。

從以前的經驗上來看，有時我們進入一個地區，進入當地脈絡中，會發現課題自古至今似乎沒有什麼變化，但當我們以設計專業作爲進入地方的角色，則是可以提出大家沒有發現的地方，而我認爲這正是設計介入「地域品牌化」的意義。因此透過外來者的眼睛（外からの目線）所看到的觀察和建議，要如何進入地方、也被地方同樣意識到，我想這是非常重要的。

——您曾說「研究調查佔了設計的八十%」，是否可以分享您進行研究調查的方法呢？

關於進行設計之前的研究與調查，一共有五個方法：

1—尋找歷史等文獻資料；
2—搜集網路資料；
3—拍攝影片，並從影片中找尋問題；
4—訪談，聽取眞實的聲音；
5—運用身體感受，即用身體感受是否有不一樣之處，像是濕度、溫度、色調。

其中我認爲最重要的是訪談法。因爲透過訪談，能夠聽取「眞實的聲音」（生の声），而且幸運的話，就有機會能夠了解三代前、也就是一百年前發生的事，像是一百年前有怎樣的人、大家過著怎樣的生活。也曾經在訪談時，遇到感嘆著「啊這些事都不曾跟兒子說過呢」的受訪者爺爺。

而資料收集之後，再來要做的就是「找出概

念」（コンセプトを探る），而我認爲找出「只有當地特有的概念」是第一重要的。舉例來說，「居住在這個地方的居民是什麼時候遷移過來的？」「四百五十年前」，再追問下去「來這裡的理由是什麼呢？」「因爲這個地方有陶土」或是「這裡栽種水果」。如此，我們就能夠看到這個地方特有的「資源」。接著，若我們再追問、並瞭解了孕育資源的「條件」，例如「因爲這裡不會下太多雨」「這裡有從山上流淌而下的河水」等，我們就能夠漸漸找出「概念」。而找出概念之後，設計要做的就是，把這個概念「轉化」爲現代的人能夠輕易理解的語言，並讓大家產生好奇與興趣。

地域活性化：

把當地的光找出來，讓居民感到驕傲

您認為「地域品牌化」與「觀光」的關係為何？

我認爲「地域品牌化」和三個主題有關：觀光、生活、產業。講到觀光，把「觀光」這個詞拿去分析，就可以發現意思是把當地的「光」找出來。

小豆島曾經出現一個很有名的夕陽風景海報，但因爲那個印象太強烈了，反而讓大家有一種那裡就只有夕陽的印象，而且好像不親自去當地看也沒關係。像是當今的相機畫素越來越高，有時候照片或是影片甚至比親自用眼睛看還更美，這也會導致大家感覺好像已經去過當地，不需要再去了。

因此我認爲，如果風景的照片裡面出現了人，像是夕陽的照片裡出現了生活在當地的年輕人，那麼人們會在看到這張夕陽海報的時候，轉變爲出現「啊想要認識這個人」的想法，也因此就有可能爲了遇見、認識這個人，而去當地旅行。在日本，這樣對於某地區有興趣的人，現在被稱爲「關係人口」，而這樣與人產生關係的概念，是不是就有可能發展爲可持續性的觀光。因此，如何把土地上既存的生活方式作爲基底、進而發展成新型態觀光，這便是當今的課題。

⮌ graf為奈良縣天理市各種委託案設計了許多文宣品，例如手工業品牌輔導計畫、健行宣傳、駐村計畫、木作品牌等。

——您曾說「比起內容，脈絡更為重要」？

在我們到目前爲止所討論的背景之下，「內容」（contents／コンテンツ）指的是被準備好、被設定的概念，例如「食物」這個主題；而「脈絡」（context／コンテクスト），則是與食物主題有關的延伸子題，以及其前後關係，例如在地自古至今流傳的食譜、因應在地季節與物產所衍生的烹飪方法。若我們只偏重在單一的「食物」主題，忽略了相關的脈絡，像是當地特有的食材、料理方法、烹飪工具等，這樣一來食物這個主題不就缺乏更深的意義了。因此我認爲在單一主題的「內容」之外，也必須專注於周遭相關的「脈絡」，如此一來，更可以打開更多的客群，創造更多有興趣的受眾。

舉例來說，「健康」和「美容」這兩個主題是不相關的，但在日本現在被組合起來，成爲一個新的「如果不健康，就不能變美」的概念，因此在原本健康和美容既有的兩群受眾中，開創了加成兩主題受眾的受眾體，相應的社群、商業市場也就因而擴大。

——您認為進行「地域品牌化」時最重要的工作為何？

首先，需要的是「大家都能懂的語言」。像是最近很流行的「share、共有、共存」等概念，雖然說是流行的概念，但我認爲世界上現在也正朝這個方向轉變，大家越來越有要一起共存的共識，甚至成爲一種倫理準則。

比起爲了專家們而使用許多的專門用語溝通，如何讓不了解的人能夠產生興趣，這反而變得更爲重要。像是現在的博物館也開始調整展示的敘述方式，更換爲連學童們也能理解的語言，具體來說是怎樣的「語言」呢？就是讓有點初步興趣的人，能夠更加深其興趣深度的語言。而我認爲，爲了讓沒有興趣的人產生興趣，設計要如何介入、引導，對設計來說是一件非常重要的事。

因此，先前提到的設計思考，「研究、調查、檢證、解體、編輯、再構築」的過程，就是在做「事物的整理」，換言之就是要回答許多「爲什麼」，爲什麼在那裡出現了這個？爲什麼現在需要這個？而我

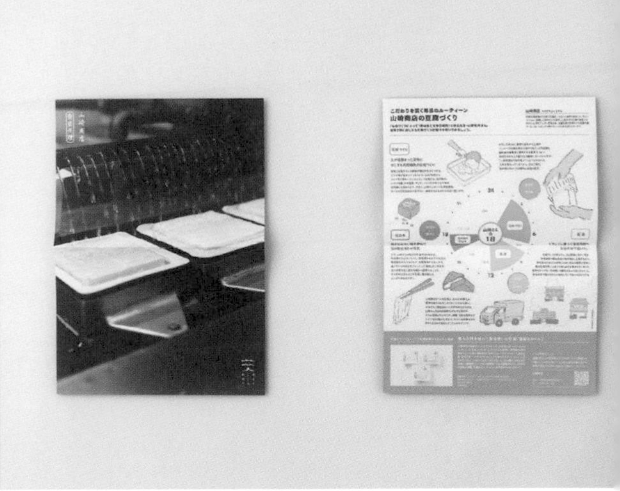

也有很多著手過的案子。

——日本現在有越來越多的「地域品牌化」計畫出現，這個現象與日本的「地方創生」政策有關聯嗎？

跟地方創生的政策有很大的關係，像是我們現在在神戶市進行的一個計畫，就與地方創生政策有關，是個「故鄉納稅」（參見本書「關鍵字小辭典」）的計畫。「故鄉納稅」是由總務省推動，目前為止推出的納稅贈品多是實物的商品，但現在正朝著活動贊助的形式轉變，也就是會類似群眾募資的形式。

——您認為「地域活性化」是否成功的判別標準為何？

我認爲是「縣民驕傲」（civic pride，シビックプライド，讓當地居民感到驕傲之意）。我想沒有縣民驕傲的話，就沒有住在那裡的意義，也就不會愛那裡了。

另外，我認爲「能不能讓居住在當地的人發現到以前沒有注意到的事物」，與地域活性化的成功與否

㊦ 福井縣鯖江市眼鏡博物館，由服部滋樹擔任藝術指導與室內設計。

有著很大的關係。「外來者的視線」因而很重要，像是我們進行淡路島計畫的時候，開了許多研究會，而每一次的成員，都幾乎是一半淡路島居民、一半外縣市的人。

地域發現課：

從三公尺到三百公里，進行不同尺度的練習

——您自二〇一一年開始在京都藝術大學資訊設計系任教，開設每週兩堂的「地域發現」課程，請說明這門課的內容、進行方式以及成果。

目前這門課已經進入第七年左右，我主要認爲，設計不是只是爲了解決問題而出現，而是在課題的「發現」上設計就應該存在。「發現」非常重要，因爲原本在當地一定有爲了一些社會問題而煩惱的人，而我認爲設計除了要試圖解決既有問題之外，「發現還未被發覺的課題」亦是非常重要。更深刻地說，解決的能力當然重要，但「發現」的能力是不是更重要呢？因此這一堂課是要大家練習如何避免落入「覺得理所當然」的常態，培養大家懷抱疑問、發現的能力。

這堂課是一門大三生的課程，一年間分四個階段的主題。第一個階段是以大學爲中心三公里的距離範圍，第二個階段是三十公里的距離範圍，第三個階段是三百公里的距離範圍，最後一個階段則是收斂到以個人爲軸心的三公尺內的微距範圍。

在第一個三公里的階段中，同學們的任務就是，在這個大約是騎腳踏車二十分鐘的距離範圍內，發現社會問題。雖然每年都是在同一個腹地中進行，但每年都會出現不一樣的主題，非常有趣。在這個以大學爲中心的三公里腹地中，有非常多的住宅區、一些商業設施、一點自然風景，像是曾有一組就發現明明是要預防小朋友接近的建築工地，圍欄卻畫著吸引小朋友目光的卡通人物圖案，因此這組就針對建築工地的圍牆，進行了新的設計輸出。

接著，是三十公里距離的階段，問題的類型就與三公里的階段有著很大的不同，因爲進入到三十公里的尺度，就會出現大型車站、大型醫院，

服部滋樹曾擔任二〇一〇年瀨戶內國際藝術祭直島劇場的創意總監。（直島劇場の写真：下村写真事務所）

同學們的主題也就跟著轉換成車站觀光地圖看板的設計、醫院的形象設計。再來，到了三百公里的階段，尺度更擴大並觸及到其他縣，問題也就會出現核能發電、過疏化地區（參見本書「關鍵字小辭典」）。最後一個階段，尺度瞬間縮小，限縮到三公尺的範圍，出現的是有關教室、住家，或是同學、朋友、家人、情人的問題。

總結來說，三公里的範圍，是找出社區裡的問題，三十公里是找出地方縣市的問題，三百公里是找出社會問題，最後三公尺則是找出個人的問題。有趣的是，同學們對於不同尺度的限制，也會有很不同的成果，例如有些人善於尋找大尺度的問題，對於小尺度的問題卻手足無措，這也就能很清楚的呈現出不同人的「視野」，並看出自己擅長或適合哪個尺度的角色。

——課程事前有先與地方上的鄰里組織、政府部門聯繫，還是自由讓同學們發展？課程結束之後的延續性又是如何？

“

如何把土地上既存的生活方式作為基底、進而發展成新型態觀光，這便是當今的課題。

——服部滋樹／graf

全權讓學生自由發展。有趣的是，像是在三公里的範圍內，爲了要推動新的設計提案，同學們必須去拜訪市公所，之後再被陸續轉介到教育委員會、在地小學等其他相關單位，最後與某個單位一同合作，而在這個過程中，同學們便會發現這個社會是如何運作的。有一些計畫在課程結束之後仍持續進行，像是針對學校垃圾處理問題而做的設計，至今仍持續使用；另外，也有人在大四的畢業製作延續當時的主題，持續深入探討、設計；最後，也有人畢業之後直接進入地方工作，或是返鄉工作。

（本篇訪談進行於二〇一九年八月）

日本設計之旅推薦｜大阪篇

graf studio (Shop & Kitchen)

包括graf自家設計的家具與產品、帶有graf理念的選品、貫徹graf對食物主張與精神的餐點、graf風的店鋪設計，都可以在這個Shop & Kitchen親自體驗。這裡可以說是graf設計的原點，也可以說是集大成的展示間，是深入認識、體驗graf的重要入口。

●地點：大阪府大阪市北區中之島4丁目1番地9號1樓
（自中之島站徒步約8分鐘）
●營業：11:00～19:00
●公休：週一

graf porch

graf porch是改建原位於Shop & Kitchen二樓的辦公室，二〇二〇年十一月一日開業的旅宿空間。如果一樓Shop & Kitchen只能短暫體驗graf家具、graf風生活風格，那麼graf porch則是一樓的延長，讓旅人們能夠有充分時間體驗專屬的graf時光。而除了旅宿空間之外，graf porch更規劃了藝術展覽空間、深入版的家具展示間，讓非住宿大眾也有一探究竟的機會。

●地點：大阪府大阪市北區中之島4丁目1番地9號2樓
（自中之島站徒步約8分鐘）
●公休：不定休
●網址：www.airbnb.jp/h/graf-porch

培育工作人口、創造工作場域、創造工作機會

地方設計櫥窗 × graf

“概念並非憑空創造，而是『找出來』的。為了把被落葉覆蓋的概念找出來，將落葉撥開的工作就是地方設計。

——服部滋樹／graf

計畫背景

淡路島，是位於日本瀨戶內海中最大的島嶼，雖然有著高達一三〇%的自給率，但是人口減少、高齡化問題亦日趨嚴重。在這樣的背景之下，厚生勞動省開始了以「創造就業」爲目標的「淡路島工作形式研究島」（淡路はたらくカタチ研究島）計畫，以培育工作人口、創造工作場域、更創造工作機會。而就任這個計畫的總監（supervisor, SV）之一，即是服部滋樹。

和過去不同的是，這個計畫並非像過往創造就業的計畫，僅是進行技術升級、商品開發，或只是追求創造多少個就業實績，相對的，這是一個從「工作是什麼」的提問出發，而且強調活用島上豐富的資源，支援創業等級的「起業計畫」。

操作流程

「淡路島工作形式研究島」的實行內容分爲兩個部分，上半階段，邀請了許多一時之選的講師召開「研究會」，針對不同背景的島民、有意移住的外地民眾，舉辦講座與工作坊。

有別於只是急著開發新產品、吸引移民、創造工作機會的慣有態度，這個階段的講師帶領大家思考想要創造什麼樣的工作，又想要建構什麼樣的生活方式。例如講師中脇健兒就在研究會上強調，持續性的維持動機不是賺大錢、也不是喧騰的熱鬧，而是這件事充滿了樂趣、讓人覺得開心。

一年之後，則是啟動了「淡路島獨有的附加價值商品開發計畫」（淡路島ならではの付加価値商品開

代表作品 1 淡路島工作形式研究島

2012 ~ 2016

↑ 在graf shop& kitchen舉辦的淡路島主題週活動文宣。

発プロジェクト），挖掘淡路島獨有的價值，進行高附加價值的商品開發實作，並支援其商品的創業。參與的主角是淡路島的島民，與外部的專家顧問、設計師組成團隊，在商品的企劃開發之後，一同步上銷售的階段。換言之，專家與設計師們並非商品開發完成之後就離開，而是陪伴島民一同邁向銷售階段，共同經歷完整的商品開發週期的變化與反饋。

以下，針對服部滋樹擔任顧問的三項產品的開發案例進行介紹。(1)

◎案例1
MACHIMACHI瓦（まちまち瓦）

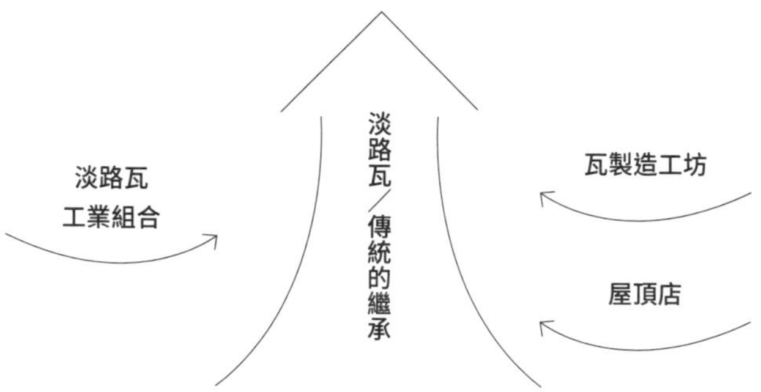

日本三大瓦之一、有著四百年以上悠久歷史的淡路瓦，是島上的傳統產業。其中，採用當地天然土製作、有著細緻「燻銀」斑點的特點，是淡路瓦迷人的特徵。只是，近年瓦片的需求低迷、瓦片產業製造者難擋銷售量減少之命運。而這個商品開發的專案，便是要重新定義瓦的魅力，創造出能夠融合於現代建築的新型瓦片。

在淡路島，依據瓦片的元件、製作工序，有著複雜的分工與分業，因此一座屋頂的瓦片，可謂是匯聚了多家工廠的心力。換言之，這次的專案，也是承繼了淡路瓦業全體的傳統，進行傳統技術的傳承與劃時代的創新。

商品化步驟——

1—淡路瓦現狀的掌握

針對淡路瓦，進行歷史梳理與現狀調查。

2—探索問題點

思索目前建材市場的瓦產業問題點。而爲了能夠更全面的了解瓦產業，因此與產業裡各種相關的人們進行會面與訪談。

註⑴ 案例內容與說明圖引自《地域×クリエイティブ×仕事：淡路島発ローカルをデザインする》，服部滋樹、江副直樹等編著，學藝出版社，二〇一六。

3—思索解決方法

爲了解決瓦片「過於強烈的和風印象、現代建築難以採用」的問題，因此提出了一個「平整瓦片」的提案。

4—造型選定

造型上，選定三種尺寸、光滑與線稿的兩種質感，透過不同的組合，就能夠創造豐富的表情。

5—邁向生產與販售

由於造型極簡，因此瓦片製造工廠的現有設備便能夠生產製作。

●顧問：服部滋樹、山田脩二（淡路島瓦房）
●設計：岡昇平、松村亮平
●販售：TATSUMI株式會社（株式會社タツミ）

◎案例2
淡路島禮品組合GOTZO

「GOTZO」一詞，取自淡路島的「多謝款待」方言。

由於淡路島冬天也溫暖宜人，因此是個農畜水產豐富之地，自古以來有著「御食國」的美稱。自御食國所孕育、經過繁複手續所製作的調味料，具備了料理的美味魔法，而「GOTZO」則是一款透過發現既有商品之魅力、再加上以新視點開發的新產品，透過統一的包裝，將新舊結合創造新的價值。

商品化步驟——

1—概念確定

以「在御食國想要送出的商品」爲發想主軸，在經過市場調查，和各個經營者、相關負責人商討之後，確定以「島內生產的調味料禮盒」爲主題，並選定具備淡路島特色的素材。

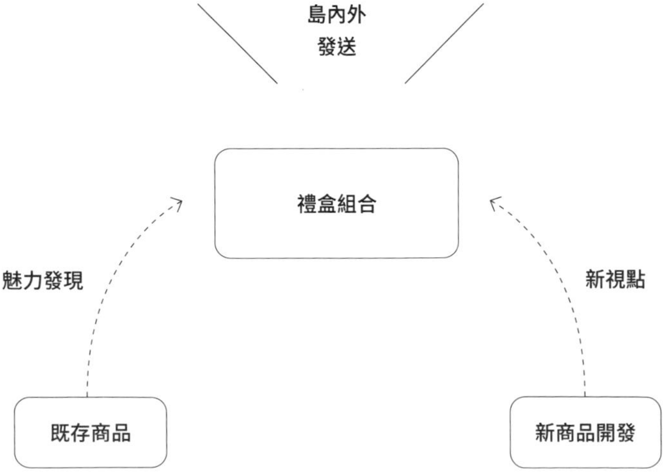

2—**結合食譜和設計**

爲了能更彰顯調味料的「本色」，因此包裝設計以簡潔定調，更與料理家合作，製作活用調味料的食譜。

3—**以系列化爲目標**

未來的發展以改變禮盒內商品內容，透過不同組合的變化，創造更多的系列商品爲目標。

●顧問：服部滋樹、料理家Doichinatsu（どいちなつ）
●設計：近藤聰（明後日設計製作所）
●販售：百姓市場株式會社

◎案例3
木蔭帽（こかげ帽）

以淡路島居民愛用的帽子爲基礎，透過設計師加入田野調查、訪談等過程收集的意見，進行帽子的改良性設計。不僅加上了能夠防止土塵的口罩機能，更發展出三種配戴方法，成爲一款男女通用、每日都愛用、甚至成爲淡路島新風景的農作業帽。

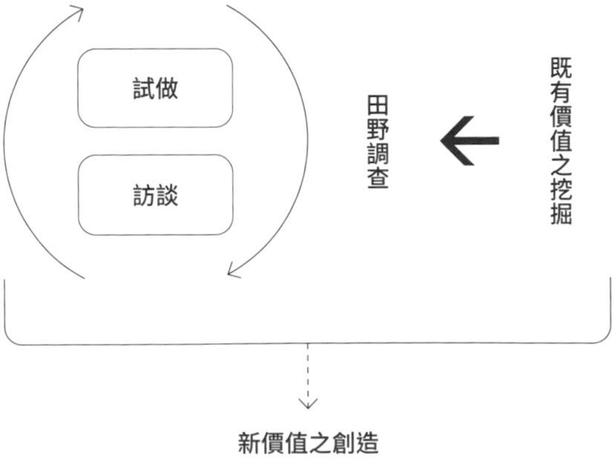

商品化步驟——

1｜透過田野調查決定主打品項

針對既有的農作服進行田野調查，之後設計師鎖定島上居民愛用的帽子爲題進行訪談。爾後決定的開發品項爲「每日使用」的農耕作業用帽子。

2 — 一邊試做也一邊訪談

以訪談的內容爲基礎，進行設計物的試作，並在試作物的基礎上，再進行二次訪談，試作、訪談、試作、訪談，不斷的來回修正改良。

3 — 帶著島意識的設計

以島內的農業資材店販售爲發想，因此包裝設計上也選擇簡樸、易懂的表現。

●顧問：服部滋樹
●設計：高橋孝治
●販售：木蔭屋（こかげ屋）

計畫成果

像這樣有時間表、有期程規劃的專案，一結案之後大家就鳥獸散、所有行動就落幕的結局是再普遍不過了。但淡路島的情況是，那些四年間開發的事業，最後出現了舉起手說「讓我來做吧」的後繼者！

是什麼成就了這樣有別於鳥獸散結局的成果，服部認爲是在地的行動者、地方政府、帶著外部視角的講師團隊，這三者結合並共同創造的。其中，地方政府內有著對於在地有熱情、有抱負的負責人，更是關鍵。

除此之外，這個計畫最後更留下一本紀錄片般的著作——《地域×創意×工作：由淡路島開始的地方設計》（地域×クリエイティブ×仕事：淡路島発ローカルをデザインする），詳細記載計畫流程與細節，更羅列許多讓工作與生活發生改變的島民臉譜。

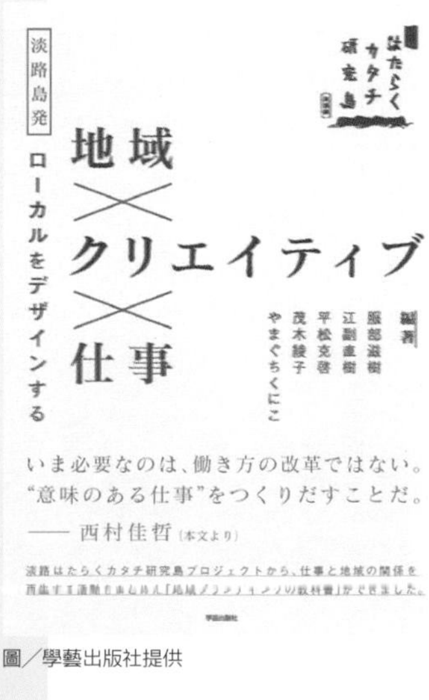
はたらくカタチ研究島
淡路島発
地域×クリエイティブ×仕事
ローカルをデザインする
編著
服部滋樹
江副直樹
平松克啓
茂木綾子
やまぐちくにこ
いま必要なのは、働き方の改革ではない。
"意味のある仕事"をつくりだすことだ。
── 西村佳哲［本文より］
圖／學藝出版社提供

MUSUBU SHIGA

2014～2016

代表作品 2

計畫背景

「和湖、和陸地、和人們。MUSUBU SHIGA」（湖と、陸と、人々と。MUSUBU SHIGA）計畫，是日本中心滋賀縣的地域品牌化專案，目的是希望能夠將滋賀介紹給日本其他縣，以及世界各地的人們。

自古以來，位於古代交通要道的滋賀，是個有著許多文化交流、歷史與自然資源豐厚的所在。至今，滋賀所孕育的品牌與計畫等不在少數，但由於都是各自宣傳與行銷，因此並無一個整合訊息、行銷整體滋賀的管道。

此外，日本的都道府縣地域品牌力排名，滋賀位於三十九名左右的後段班，但相對的都道府縣幸福度排名，滋賀卻位於全日本第五的幸福高度前段班，可見滋賀縣內外對於滋賀的想像存在著巨大的落差。

二〇一四年，服部滋樹被委託擔任滋賀品牌化的創意總監，帶領graf團隊以及外部的協力夥伴，透過調查、研究來再次發現滋賀的魅力，並將構築

和湖、和陸地、和人們，將縣民們成功「連結」（MUSUBU）在一起

出的新滋賀價值進行「設計化」，強化滋賀的品牌力，也激發滋賀的居民共同思考未來。

操作理念

◎在地頻道——發現地方被埋沒的魅力

在調查既往的滋賀品牌化案例後，服部發現由於「琵琶湖」被過度強化，反而使得滋賀縣民的輪廓被模糊化。因此，服部決定不使用這種「主流頻道」（メジャーチャンネル）的宣傳方式，而選擇另一種「在地頻道」（ローカルチャンネル）。在這個專案當中，他刻意避開「琵琶湖」的任何字眼，而專注於發現地方被埋沒的魅力。

◎訪談人物——畫出滋賀的輪廓

在計畫的研究調查階段，服部非常重視「訪談法」，這個計畫也不例外。對他來說，儘管滋賀縣以琵琶湖爲中心，但居於琵琶湖的東西南北之不同、被不同地域的個性所孕育，就會開展出不一樣「濃度」的性格。而透過訪談，從「人」開始切入，接著觸及人所經手的「事物」，最後便能夠貼近孕育事物的「土地」。換句話說，聆聽了不同個性的人們之後，便能夠隱約畫出滋賀的輪廓。

◎研究者計畫——調查階段就是宣傳（PR）

在專案的進行中，服部選定了「地方產業、食、觀光、手工藝、地景、歷史與文化」六個領域，並依據這六個領域邀請六位創意人與專家，成爲「研究者」（researcher），共同協力進行訪查。有趣的是，在訪查過程中的各種照片、影像等，都公開於官網上。換言之，這是個「手法與機能一體」（手法と機能の一体型）的過程，消弭了現在是調查階段、未來是宣傳階段的區別，而是讓調查的階段本身也成爲宣傳的一部分。

時間規劃

在接下這個專案之前，服部便表明希望這是

一個爲期三年的計畫，在他的規劃中，第一年是調查，第二年在調查之外加入開發，第三年則是成果的產出。

此外，自始他就將自身定位爲「伴走」的角色，也就是地方居民才是主角，他是從旁協助的角色。因此，在計畫第二年時，他便與當地的職人、農家等居民組成「創意滋賀」（クリエティブ滋賀）的團體，每兩個月到當地召開一次聯絡會，除了收集與整理資料之外，更希望透過這個團體，讓居民們透過外界的眼光重新省視滋賀，更能內發性的展開對於滋賀的認識、研究、宣傳。

計畫成果

評價，是地域品牌化工作的一大難題之一，不知道該檢視的是觀光客人口數、人均消費額、移住人口數，還是地方魅力度指數排名名次。對服部來說，感受到最直接的成果是，透過這個計畫，縣內的年輕人們開始多了許多交流，過去因爲座落於琵琶湖的兩岸，而鮮少交流的手工藝產業職人們，開始有了交流與互動，一起開辦展覽等合作也因而展開。

或許，地域品牌化的成功與否不易界定，但在滋賀的「和湖、和陸地、和人們。MUSUBU SHIGA」計畫中，至少如題的將縣內的縣民們成功地「連結」（MUSUBU）在一起。

↑《PAPERSKY》雜誌總編輯Lucas Badtke-Berkow受邀成為計畫之「研究者」，與服部滋樹一同進行調查。

FANTASTIC MARKET

代表作品 3

2010 ~

向土地學來的事，透過設計的可視化傳達出去

⊕ graf開墾菜園的經驗也回饋到設計本業。

風土食：以農產、料理、人為核心的體驗

graf創立之初的二〇〇〇年，結合辦公室、木作工坊、實體展示空間、展場的「graf bld.」開幕，四樓是餐廳「socrates」，由graf創立成員中的戶倉健二主掌。換句話說，在graf創立的基因裡，就埋藏著與「食」主題深切的淵源。

從餐廳「socrates」創立以來，便與當時提供食材的農友共同策劃「Taste of Folklore」系列活動，活動主題是「從當地土地孕育的食材，以及由食材孕育的料理方法中，學習民族生活的必然性」，實際的內容是在樂團的音樂演奏之下，廚師們在觀眾面前進行料理，而當音樂嘎然停止，大家便一同享用這份樂手與廚師們共同料理的美食，並與種植食材的農友交流。

一塊田：與大自然連結的契機

而graf與「食」的緣分更加深的一個轉機，是

↑「從土地學來的事」展覽。

二○○九年在關西雜誌《Meets Regional》所企劃的菜園專題機緣下，graf開始在兵庫縣的山麓間開墾菜園。對全是農業新手的graf成員來說，親眼見證蔬果的成長確實令人興奮，但其間的種植過程完全不如想像中簡單，因此不斷的與農民朋友請教、與鄰近的農人請益，也就在這樣的學習、交流間，越發感受到農業的深奧。同時間，這樣農作的經驗也回饋到graf的設計本業，例如在家具的製作與設計、活動企劃、料理等方面。

不管是家具或是蔬果，都是自然界的土壤、水、太陽、風等調和與平衡之下才得以成立。只是，若單純只看到家具設計的後端，素材與自然界的關係就無法展現，但因爲有了農耕的經驗，瞬間深刻感受到與大自然的連結，設計工作與大自然的關係性便變得立體且清晰，更促使graf重新省思設計的價值觀。

二○一○年，「從土地學來的事」（土から学ぶできこと）展覽在大阪梅田開展，展覽期間更有各種與農田有關的工作坊、音樂活動、農夫市集。而當時的展覽與市集，後來則演變成爲graf一項重要的軸心「FANTASTIC MARKET」。

農夫市集：相遇、連結、擴大，設計產銷的新關係

以「相遇、連結、擴大」（出会い、繋がる、広がる）爲題，以創造生產者與消費者新關係爲目標，graf將所欲傳達的價值，透過LOGO設計、平面設計、帳篷設計、會場布置等全方面的設計進行價值的可視化，生產者與消費者兩端便能夠更清晰的理解FANTASTIC MARKET的目的與意義。

自二○一○年以來，FANTASTIC MARKET曾在graf的空間、商業大樓、地方商店、設計活動、節慶活動中舉辦，原本小規模的市集，也逐漸成長成

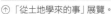

← FANTASTIC MARKET已經逐漸成長為大型市集。

成有一百個攤位的大型市集，合作的攤友資料庫目前約有四百多個，參與的品項也從蔬菜、水果、稻米，擴大至調味料、加工品等個性化產品。

限定設計商品：擴大市集流通、開發創意提案

對於「未來是否有什麼新的目標」的問題，服部說，會想要更擴大市集的「流通」能力。他舉東北《食通信》雜誌爲例，或許FANTASTIC MARKET的下一步也是媒體經營，並且在訊息的傳播之外，同時具備商品的提供，例如FANTASTIC MARKET選定的夏日食材禮盒、秋季限定包裹等。

十年前，當農夫市集尚未普遍之時，FANTASTIC MARKET無疑是個全新的嘗試，開創了構築「生產者與消費者關係性」的場域，而這樣的理念，十年後依舊不變。這十年間，服部說最令人感到開心的事，就是看到許多參與者的成長，不管是出攤農友們的合作，或是市集民眾意識上的改變與自主的活動等，都讓他更加確信，FANTASTIC MARKET是一個透過創意匯聚大家的平台。而未來，這個農夫市集開創先鋒的FANTASTIC MARKET，在走過十年的累積之後，又會帶給大家什麼新穎的提案，著實令人期待。

瀨戶內經濟文化圈

代表作品 4

2017～

聚焦環狀的藝術、創意交流，啟動跨地域視野

在一次「神戶創生會議」上，服部在神戶市長、神戶一流企業主的面前，提出了「神戶不應該『面向東京』，而是應該要『面向瀨戶內』，並且以作爲『瀨戶內的門戶』爲目標」的呼籲。

把羅盤的方向軸從東京轉回瀨戶內

在這樣的背景之下，二〇一七年服部與志同道合的大阪設計師原田祐馬就任「瀨戶內經濟文化圈」的總監，並邀請了以瀨戶內海爲中心周圍環繞的十一個府縣（和歌山、大阪、兵庫、岡山、廣島、山口、福岡、大分、愛媛、香川、德島）當地的創意工作者一同加入。

自古以來，瀨戶內即是西日本重要的交易中心，而二〇一七年起的這個「瀨戶內經濟文化圈」，則是聚焦以藝術、創意的交流爲主，以地方活化爲目標，希望透過環狀的交流與合作，讓地理位置、商業地位類似的在地夥伴們，能夠互相分享各自的經驗，並試圖提出一個新社群的視野與觀點。

↑ 參與高峰會議的「瀨戶內經濟文化圈」成員，在商店街進行「高峰會議」。（服部滋樹：前排右一；原田祐馬：前排左一）

二〇一七年開始，「瀨戶內經濟文化圈」的成員們每年在不同的地方舉辦「高峰會議」。說是高峰會議，其實就是以商店街的空地爲會場，大家互相分享經驗、交流討論。第一年的高峰會議借助兵庫縣下町藝術祭的活動舉辦，二〇一八年則是借助愛媛縣的道後Ongseinatao（道後オンセナート2018），二〇一九年則是在岡山藝術交流Public Program上舉辦（岡山芸術交流2019パブリックプログラム）。

一起打跨地域團體戰的時代

問起要聯合十一個府縣共同做些什麼，難道不會困難重重，服部說他只是提出跨地域的點子，剩下的就讓十一個地域的創意工作者來組織了。

舉例來說，瀨戶內十一府縣的選品計畫，就設定了「請選出你最喜歡的當地酒品五瓶、點心五種、伴手禮五項」，只要每個府縣提出十五樣，十一個府縣加起來就有一百三十個品項，這樣一來，展覽等其他活動的構想也就能瞬間浮現。

對服部而言，只要把概念、價值進行分享，就能夠促成這樣廣大的效應。過去總是各自獨佔既有利益的模式，若能夠進行這樣的開放性思考，進行廣大的串連，服部相信這樣的「網絡型」團體戰，不僅能夠開拓更大的視野，更是現今時代的方向。

↑「瀨戶內經濟文化圈」網頁。

TSUGI

新山直廣

4

福井

全方面設計

以駐鎮設計師自許，打造創造性工藝產地

#工藝產地活化 #為地方品牌把脈 #駐地設計 #地方情報中心 #開放工廠

在拜訪TSUGI之前，所到訪的地方設計事務所雖然都在非都會地區，但都在地方縣市的中型城鎮、距離主要車站不會太遙遠的地方。而走了一趟TSUGI之後，發現這個事務所眞眞實實是在「地方上的地方」，下了鯖江車站，從車站開往事務所所在地的河和田地區的巴士，竟然不可思議的只有五班，而假日甚至更絕情只剩下三班。

只是，讓人想不到的是，在這樣偏遠的小鎮，近年卻因爲設計能量、工藝曝光度爆發而廣受矚目。而這一切的故事，得從移住設計師新山直廣開始說起，而再更精確的應該說，要從二〇〇四年的一場豪雨開始說起。

圖片來源／TSUGI及其官網

⊗ TSUGI的設計師之一新山直廣。（圖／作者攝）

TSUGI

●成立：二〇一三年六月組成TSUGI團體，二〇一五年五月法人化
●駐地：福井縣鯖江市河和田地區
●負責人：新山直廣
●事業規模：約七人
●主要事業：自喻為「駐鎮設計師」的「地域特化型設計工作室」，於當地以「支持、製作、販售、醞釀」為服務四軸心，以品牌設計為始，進行自商品開發至通路開拓的設計工作。
●設計理念：「打造創造性產地」，即發現當地如原石般的資源，並透過加值化設計工作，讓更多本地與外地的人能夠認識與注意。

← 偏遠的福井小鎮，現在已經得到更多注目眼光。（圖／作者攝）

用設計加乘傳達力：

移住者的創意，活潑了地方工藝產業

大學生藝術營隊厚植積累

二〇〇四年七月十八日，福井縣發生強烈豪雨，引發堤防崩壞而造成嚴重淹水等災害，當時是京都精華大學應用藝術研究系的副教授片木孝治老師，便帶了六、七名學生到河和田地區進行災後的環境支援活動。隔年則是開辦了「藝術野營」（アートキャンプ），號召大學生到當地進行一個月的Long Stay，和當地居民討論當前的煩惱與問題，例如漆器產業衰退、社區高齡化等議題，並在期間提出藝術與設計的企畫提案。

那之後的每一年，都有超過百名的縣市內外大學生參加，截至二〇一六年的十二年間，共有超過一千五百名大學生來到這裡，與河和田結下緣分，並提出了一百個以上的企畫。而TSUGI的新山直廣（以下簡稱新山），就是這其中的一名，也是與河和田結下深厚緣分的一名。

大阪出身，建築背景、非設計專業的新山，因爲自覺「接下來並非建造硬體的時代，而是以創意進行地域營造、溝通設計的時代」，在畢業之後就移住到河和田地區、於地方的社區營造公司工作。但滿頭熱血的新山，一進入地方之後迎來的是各種挫折，三年過後原本準備離職到東京或大阪工作，但因爲鯖江市長的一通電話，被慰留了下來，成爲了市公所的一員。

工藝與地方元氣相依附

幾年前，說到福井的鯖江，大概沒有太多日本人知道那在哪裡，更不會有太多的聯想。但近幾年似乎有了改變，現在和日本人們提到鯖江，有些人會說「啊，是不是眼鏡的產地的那個鯖江」，大家開始從眼鏡產業爲入口，認識這個原本不太熟悉的小鎮。

而在眼鏡之外，鯖江亦是日本商業用漆器的重

要產地。若再一覽鄰近的越前市、越前町，更有和紙、刀具、衣箱、陶瓷、纖維等工藝，把地圖一攤會發現半徑十公里內的腹地裡，竟然多達七種工藝聚集，既多元又獨特。

二〇〇九年移住到鯖江河和田地區的新山，看到了當地工藝產業的特殊性，但長時間訪談了漆器產業、眼鏡產業的職人們之後，也看到無可避免的困境與瓶頸。他深深感受到「若是工藝無法恢復元氣的話，地方便無法重拾既有活力」；因此，在研究了日本的人氣原木工藝品牌Hacoa之後，他的結論是「精湛的工藝必須加乘設計的傳達力」。

建築背景的新山就這麼一腳跨入了設計圈。問他如何無違和的跨界，他說工作的那段期間，每天回家都研讀設計大師們的作品集，掃描、臨摹，並思考各種文字圖片物件的配置。於是，在市公所就職那段期間，他做了各種手冊、海報、網站、活動策劃等，無形中也成爲了一名身經百戰的設計師了。

同時間，有幾位同樣有著「藝術野營」共同經驗的朋友I-turn到了河和田，有的爲了和職人學習木

TSUGI的投入加上RENEW的體驗活動，帶給地方工藝產業新朝氣。（圖╱作者攝）

藝，有人則是學習成爲眼鏡職人。有著熱誠以及想做點什麼的大家，組成了TSUGI，改造了一間漆器工坊的空間，成爲移住者們的活動據點。TSUGI的前身，就在二〇一三年這麼誕生了。

二〇一五年，新山離開了市公所，正式將TSUGI法人化，開始了現在的TSUGI設計事務所。

與地方休戚與共：

傳遞品牌化經驗，提供一條龍式設計服務

只是，當初當地的職人們一聽到新山開了設計事務所的反應，不僅沒有叫好祝賀，反而表達出恐懼、甚至憤怒的聲音，更極端的還有認爲設計師就等同於騙子。原來，多年前，也有許多從城市來的設計師，與職人們共同合作、開發了許多新奇的產品，讓職人們花費了許多心力與財力，但這些爲了彰顯設計師標新立異的商品，最後卻成了倉庫裡令人頭痛的滯銷庫存，於是職人們一聽到設計師，就無法遏止當時餘存的怒氣。

四大軸心服務：支持、製作、販售、醞釀

而這也讓新山確立了TSUGI的核心價值：不是只有片段的物品設計，而是至銷售階段都能夠指引方向的全方面設計。爲了一表進入市場的決心，以及在實作中累積經驗再回饋給工藝產業，也就是「自

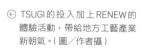

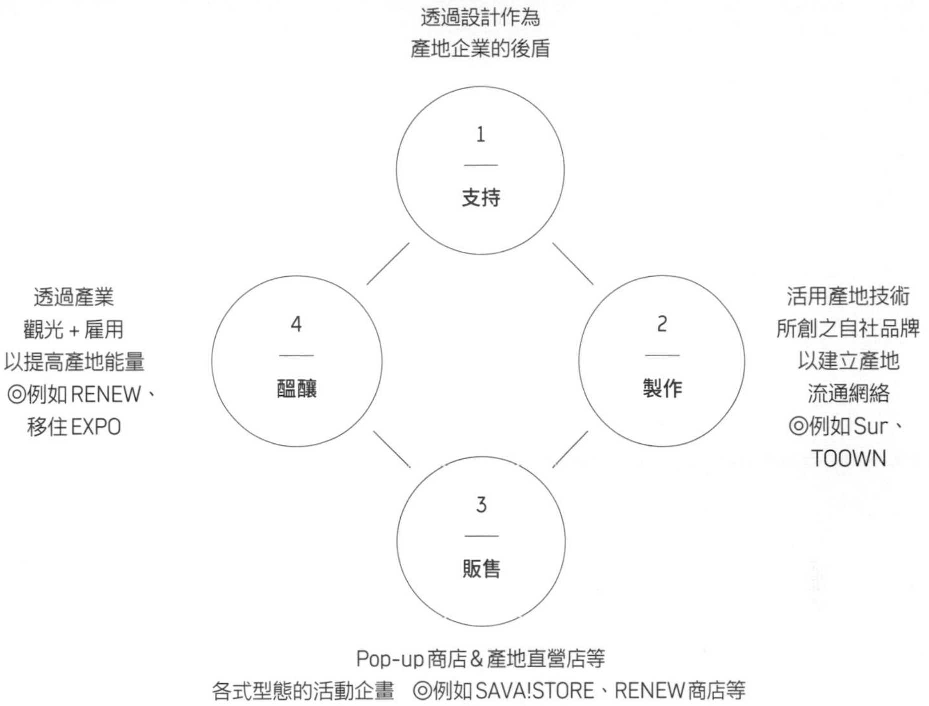

TSUGI的四大軸心概念

己實踐『做品牌』，有了know-how以後再傳遞給產地」，因此TSUGI在設計業務之外，更創立並經營自家品牌，像是利用眼鏡製作素材發想的飾品品牌Sur（參見P.122）、天然漆塗料的便當盒品牌TOOWN等。而這也成了TSUGI和其他設計事務所最大的不同：具有「製作」的能力。

當然，設計事務所的基本盤也要照顧好，TSUGI就像是「地區醫生」般，爲地方傳統企業把脈問診，爲地方企業進行顧問、產品開發、設計製作等服務。新山說，TSUGI的強項就是提供業主全方面的設計整合提案，讓業主能一條龍地從LOGO、名片、包裝、網站等各方面都有設計的「支持」。

光是這樣還不夠，更有各種集結福井自傲工藝品的快閃店都市出店計畫「SAVA! STORE」等，以強化產地的「販售」。另外還策劃主辦開放工廠體驗型祭典「RENEW」（參見P.126），一轉產地低迷氣氛，作爲帶領產地勇往直前的氛圍「醞釀」。

就這樣，各式各樣的企畫與實驗，看似多頭馬車的方向，最後歸結成TSUGI的四大概念：支持、製作、販售、醞釀，TSUGI也定調爲「產地特化型設計事務所」。

實驗設計產業在地化的可能

在日本，有約四萬名設計師，其中超過半數、約六成的設計師集中在東京，約兩成集中在大阪，也就是約八成都集中在這兩大都市，也因此，設計幾乎等同於都市的專屬產業。

如果把都市比擬爲消費地，而地方則是較偏向生產地，當設計全是爲了消費而生，那麼生產地該如何是好。因此新山將TSUGI定位爲地方的「駐鎮設計師」（インタウンデザイナー，Intown-designer），自許要活化地方特有資源，進行適宜適切的設計，形塑地方該有的樣貌。「駐鎮設計師」是個新山自創的稱謂，他說希望未來能夠更加流通、更廣泛被認識，然後在福井的工藝產地之外，也能夠出現漁港的駐漁村設計師、山林的駐山設計師、甚至是寺院的駐寺設計師。

而要如何吸引大家到地方呢？這時，地方的工作機會創造（仕事づくり）、魅力創造（魅力づくり）就非常重要。作爲一個跳入地方創造工作的前輩，新山說：「其實地方上有著許許多多『只有地方才有』的工作，只是大家都沒有看到，或是沒有發現其價值。」就像是福井是眼鏡、漆器的生產地，這裡就有著許多只有這裡才有的工作機會、這裡才有的設計需求。

現在的TSUGI，一共有六名設計師，全是自關西移住當地的I-turn移住者，而TSUGI的設計委託中，有高達九十五%都是福井縣內的業務，可見當「駐鎮設計師」成形之後，設計的產業也可以達到「地產地設計」的在地化。

「半幕後」的執行角色定位

有聽過「巴西模型」嗎？新山解釋說，日本人在巴西起著巨大的經濟地域效果，但認眞算起日本人的比例，其實僅僅佔了一%。而TSUGI所在的福井河和田地區，是個人口約四千五百人的小鎮，這裡的一%是多少人呢？一點也不多，只有四十五人。從新山移住之後算起八年間，總共有超過百位的移住者陸續來到河和田地區。雖然從數字上看起來已經超過四十五人門檻，但是新山認爲，在「巴西模型」的目標上，依舊還有一段成長的空間。

Ⓣ TSUGI的設計師都是移住者。

移住者，是個既特殊又顯眼的身分，身爲外來移住者，「該怎麼融入地方」一直是個重要的問題。新山回顧自己剛來的那幾年，他說在一開始的五年間，比起自己想要說什麼、做什麼，最重要的是「和地方熟識以及打入地方」。也因此，爲了獲得當地居民的認可，最基本的打掃工作、志工服務、地方慶典等，都是二話不說的最先現身。

只是，他同樣意識到的是，一味迎合地方的話，無法有創新的產生；但另一方面，若是不顧地方的狀況，只是自己一昧往前衝，城鎮也無法產生由下而上的成長。因此新山調和了兩者，將自己定位爲半幕後的位置，以及擔任執行的角色，而讓地方的關鍵意見領袖擔任發起人、拿起麥克風發言號召，並歸屬最後的功勞與榮耀。而這樣的角色分工，最重要的基礎便是雙方的信任關係。

舉例來說，TSUGI最具代表性的活動企畫RENEW，在策劃第一屆的時候，沒有人知道這到底是什麼活動，更沒有人能計算出這個活動會有什麼效益，在這樣摸索的階段中，便是透過地區的區

長、會長，才能邀請到當地二十二所的職人以及店家加入，成功舉辦了第一屆的RENEW。

力行「解決問題」的廣義設計

從建築專業跨行到設計專業，從市公所職員到成立設計事務所，這一路跨領域的背景，讓新山一談到身爲地方城鎮設計師，最重要的能力即是「不被設計所侷限」。什麼是設計、什麼不是設計，設計的範圍應該是哪裡，這些界線和限制，都不存在。相對的，因爲設計的使命是「解決問題」，依循著這個任務，什麼應該做、什麼必須做，都會順勢豁然開朗。

二〇一九年四月，TSUGI改造了事務所剩餘的空間，打造了以觀光客爲目標的觀光諮詢複合空間「TOURISTORE」，裡面有觀光諮詢資訊站CRAFT INVITATION，有TSUGI所挑選的產地紀念品小商店SAVA!STORE，還有漆塗腳踏車出租店URUSHI BIKE，更有錦古里漆器店的體驗空間。一間設計事

TOURISTORE

Local Crafts & Design Experience

↑ → TOURISTORE是一處觀光諮詢複合空間。（圖／作者攝）

務所開了一間觀光諮詢中心，還提供腳踏車出租，聽起來有點奇妙的違和，但這一切其實是對於在地產業觀光發展的順勢鋪陳。

在產地慶典活動RENEW舉辦了幾年之後，地方上沉寂的工藝工坊開始有了人氣，原本只是RENEW期間限定的體驗活動，開始轉爲常年預約制，有些職人則是直接把工坊的一部分改爲體驗空間。新山說：「當有十個工坊開設了常態型的觀光體驗空間之後，就形成了一個微型的『觀光產業』，而這樣一來，就需要一個整合型的情報提供中心。」於是，提供觀光資訊的「TOURISTORE」就誕生了。

當日本的地方設計、地域設計等名詞還沒有正式定案時，新山自行提出了「駐鎮設計師」的概念，而他自己正透過TSUGI，做了非常精彩的示範：與地方休戚與共、共同成長，更總是提早一步設想，預想這裡現在需要什麼、未來需要什麼，然後透過廣義的設計，來實行、試驗、回饋。

> 其實地方上有著許許多多「只有地方才有」的工作，
> 只是大家都沒有看到，或是沒有發現其價值。
>
> ——新山直廣／TSUGI

設計心法 Q／A 新山直廣

——在地方從事設計的優點？

1—直接和社長溝通！

在東京做設計，大多只能對接客戶的窗口，頂多就是跟專案的負責人討論，但在地方的話，則是能夠和「社長」們直接面對面溝通、討論。這是在地方上進行設計工作最有魅力的一點！

2—營運成本較低！

若是要在東京找一個靠近車站的辦公室，房租肯定是一個不小的負擔。但在地方，租金就相對小了許多，也就降低了許多營運成本。

3—自由實驗的餘裕！

因爲營運成本較低，公司就較有餘裕能夠嘗試不同的實驗，也就更可能在不同的實驗中開創新的可能。

——在地方從事設計的心法？

1—設計領域的擴張

我心目中理想的「駐鎮設計師」是，帶著「廣義的設計」視角，活用土地上的資源進行適切的運用，以導引出地方該有的姿態。「廣義的設計」視角的意思是，不定義什麼是設計的範圍，什麼該做、什麼不做，而是把自己定位成要來「解決問題」的，因此能做的、該做的就不會受到侷限。

就像是有人質疑爲什麼設計事務所要開出租腳踏車店，但因爲地方有這個需要、開了對地方是加分，所以TSUGI就開了一家漆塗腳踏車出租店。

2—俯瞰力

同時掌握微觀與鉅視的能力。就像是在福井，製品製造（ものづくり）的產業關係到社區營造（まちづくり）、人才培育（ひとづくり），因此不具備非常寬闊的視野是不行的。

3 —「把大家捲入」的能力

有點老掉牙了，但就是找到同伴、設定好願景，然後再一起努力達成！

日本設計之旅推薦｜福井篇

圖／作者攝

TOURISTORE

想更認識TSUGI，來TOURISTORE就對了！二〇一九年四月開幕，是一個結合TSUGI設計事務所、觀光諮詢處、紀念品商店「SAVA!STORE」、漆器工房「錦古里漆器店」、漆塗腳踏車出租的複合式空間。在這裡不僅可以買到由TSUGI設計師們嚴選的福井伴手禮，更有滿滿TSUGI設計師們的設計作品，從自家品牌「Sur」開始，以及剩食和紙品牌「Food Paper」等商品。

另外要私心推薦的是由越前漆器老鋪「漆琳堂」和質感腳踏車品牌「TOKYOBIKE」所共同合作的漆塗腳踏車出租服務「URUSHI BIKE」。騎著結合傳統和時尚的腳踏車，在河和田地區來一趟工藝之旅，真的非常完美！

●地點：福井縣鯖江市河和田町19-8
●營業：12:00 ～ 18:00（週六、日11:00 ～ 18:00）
●公休日：週二、三

RENEW

雖然RENEW不是一個景點，卻是一個集合所有景點的體驗型慶典，而且絕對是一個要認識福井工藝、設計的最佳活動！許多平常不開放的工坊在RENEW活動期間會打開大門，熱情招呼。推薦給工藝迷、設計迷、TSUGI迷！

●地點：福井縣鯖江市、越前市、越前町
●主會場：漆里會館（うるしの里会館）福井縣鯖江市西袋40-1-2
●時間：每年10月上旬

代表作品 1

Sur

地方品牌國際化，用設計和故事吸睛

Sur之名，取自「surplus」，即剩下、超越之意，說明了Sur最一開始是活用眼鏡製作剩料來製作的飾品品牌。

品牌開始的契機，要回到新山在市公所就職期間，參與的眼鏡產業網頁製作專案。那段時間裡，訪談了無數當地的眼鏡職人，其中一位在訪談的最後，拿出製作眼鏡鏡框的樹脂板跟新山說：「這些眼鏡切割下來的樹脂板就這樣丟了好可惜喔，要不你拿回去看看能怎麼利用吧。」那些看起來就像是塑膠板的樹脂板，其實並非一般石油產品的樹脂，而是來自棉花的天然合成樹脂，對環境和人體都相對較親和友善。因爲有別於廉價的石油製品，職人們對於材料愛惜珍視的心可見一斑。新山就這麼帶著這些樹脂板回到TSUGI，而有著服飾品牌工作經驗的設計師一看，直覺材質輕量的質感，以及親膚的特質，做成飾品再合適不過了，因此就手繪了幾組設計圖請眼鏡職人們協助製作。

重整品牌定位奠下寶貴經驗

當時，那些小巧的耳環，在不同的手作市集都出現甚好的評價與銷售反應，儘管如此，回到利潤面評估，卻無法有可持續性發展，簡單來說，就是「賣得好卻是不賺錢」。其中問題是什麼呢？小至數量的拿捏、價格的制定；大至目標客群的鎖定、販售方式與地點等，都是滿滿的問題。但也因爲有這些經驗，讓Sur能夠在記取經驗之後快速修正，例如重新調整目標客群、重新考量成本與定價、調整品

地方設計櫥窗 × TSUGI

“不定義什麼是設計的範圍，什麼該做、什麼不做，而是把自己定位成要來「解決問題」的，因此能做的、該做的就不會受到侷限。

——新山直廣／TSUGI

Sur的源起來自製作眼鏡時所產生的剩料。

飾品充分發揮輕量、高透明度、親和肌膚的材質特質。

牌的概念傳達順序等。像是以前面對顧客總是劈頭就強調使用眼鏡製作的剩料，現在則是先以可愛的設計吸引大家，再強調不是只有可愛，背後還有剩料使用、眼鏡產地、移住者設計師等故事。

當一切都調整、準備好之後，機會就來臨了。二〇一四年，Sur受d47博物館之邀於「PtoP」展覽（參見P.76）上正式出道。目前，Sur是TSUGI最自豪的自家品牌，販售地點擴及海外，臺灣亦有代理商店，年營業額約一千萬日幣。而由於飾品設計廣獲好評，眼鏡剩料已經供不應求，因此大部分的商品已經不是使用眼鏡剩料製作，但在TSUGI的自家店鋪則有限量供應的剩料限定版。

案例特點

TSUGI從田野調查的訪談中，發現職人「對於剩料感到可惜」的「痛點」，進而在其中察覺發展的潛能，並持續反覆修正與調整。若沒有歷經品牌定位的大調整，Sur可能只是一個在手作市集突擊出現的少量販售手作品牌；而現在，則是躍升為一個有設計感、有量產能力、並具備故事性與地方性的國際飾品品牌。

圖片來源｜sur-j.com

Food Paper

代表作品 2

食材入紙，翻轉剩食與和紙工坊命運

擁有一千五百年歷史（約自隋唐時代開始）的越前和紙，被稱為日本和紙的故鄉，至今不管是論和紙的品質、種類、數量，都是日本數一數二，更是幕府時期官方指定用紙的和紙產地。只是，輝煌的歷史也難敵時代變遷下的產業衰退，年營業額的下滑、甚至是和紙材料的短缺，都是一個個難解的危機。

看似危機四伏的和紙業界裡，二〇一九年越前和紙工坊五十嵐和紙迎來創立百週年，而在這一年，百年工坊開啟了全新的嘗試，宛如為傳統的和紙工坊吹起了下一個百年的號角。而這個吹起號角的樂手，是工坊的小兒子五十嵐優翔。

故事是這樣的：五十嵐家的大人們正愁著近年激減的和紙纖維素材，像是最代表性的「楮」收穫量只剩高峰時期的一．二%，百年工坊面臨著空前的危機，趕緊找來TSUGI的新山商量。新山無意的一句「或許可以試試混合其他素材看看？」，讓第四代媽媽五十嵐匡美翻出兒子一本本的「抄紙實驗研究」。

原來第五代的五十嵐優翔自小學四年級至中學的五年間，在學校的理科實驗自由研究，都以和紙混合其他食材的抄紙實驗作為主題！儘管四年級的字跡透露著稚氣，但紮實的實驗和分析，卻是一點也不含糊。農園裡的蔬果、家裡冰箱能找到的食材、到爸爸下酒菜吃剩的花生殼等，都拿來實驗，甚至從紙張韌性的強度到書寫的舒適度等，都做了個別的分析、整體的比較。新山一看，就像發現新大陸般，葡萄紙的淺紫色之美、生薑紙經過了四年依舊風味不減，就在這一本本的實驗報告中，新山彷彿看到了和紙新的可能，「就是這個了！」

剩食概念豐滿了產業當代性與商機

於是，五十嵐匡美開始在兒子的基礎上嘗試「食材入和紙」的計畫，但是要量產的話，要去哪裡收集到這麼多食材呢？五十嵐匡美想到近期越來越受到矚目的「剩食問題」，於是她到超市收集洋蔥皮、到果醬工坊收集做葡萄果醬剩下的葡萄皮、到營養午

㊤ 剩食入紙的新穎概念為和紙擴大了商機。
㊧ 第四代、第五代母子是新素材實驗的靈魂人物。

餐廚房收集蘿蔔皮，透過抄入和紙翻轉剩食被廢棄的命運。

目前「Food Paper」系列商品有筆記本、小袋子、置物盒等，其中特別有趣的是當季食材小卡，這是以春夏秋冬為隔，將當季的食材混合製作成當季特有之小卡，讓對食材的四季變化越來越陌生的現代人，更能認識食材的四季遞嬗。而除了自家的系列商品之外，還接受各式合作提案，像是協助葡萄酒工廠用自家「葡萄皮」製作酒標，或是幫農園用自家農產製作包裝紙、名片紙等，展現了各種跨業合作無限可能。

案例特點

「傳統工藝×設計」，是一點都不新奇的概念，但是在「傳統工藝×設計」的主幹之外，還加上「剩食議題×飲食教育」，這就變成一個新穎的概念了！此外，引發這一連串骨牌效應的起點，是和紙工坊小兒子從小學開始累積的自由研究，讓Food Paper在新穎概念之外，故事性更是十足動人！

圖片來源｜foodpaper.jp

代表作品 3

RENEW

開放工廠網狀串聯，啟動地方質與量新生機

儘管TSUGI已經有許多耀眼的代表作，但如果提到最經典的，那一定是RENEW。

RENEW是什麼呢?是TSUGI所策劃的工藝產地「開放工廠活動」(Open-factory)，即在既定時間內打開平時深鎖的工廠大門，讓大眾得以參觀工藝、工業產品的製作，或參與製作的工作坊，深入體驗製作的各種魅力。

說到日本的「開放工廠活動」，不能不提到的是新潟縣的「燕三条工場祭典」，堪稱日本開放工廠活動的風潮帶領者，自二〇一三年舉辦之後，掀起日本各產地打開工廠的旋風。新山也不諱言，當初策劃RENEW時，也是以「工場祭典」爲範本進行參考。縱使如此，RENEW在連續幾年舉辦之後，漸漸走出自己的特色與風格，並躍升日本國內規模最大的開放工廠活動。

從點到面創造新的微型觀光產業

二〇一五年第一屆的RENEW，只是個河和田地區的小活動，打開了當地眼鏡與漆器工坊的大門，當年參與人次只有一千二百人。但到了二〇一七年的第三屆，與外部團體中川政七商店合作，並擴大爲丹南地區三個市鎮鯖江市、越前市、越前町的活動。由點至線至面的網狀串連，聯手半徑十公里之內的和紙、陶瓷、刀物、衣箱、纖維等，加上眼鏡與漆器，一共七種手工藝，被譽爲日本國內最大型產業觀光活動，規模與來場人次一舉爆炸性增加，四日間達到四萬二千人次，與前年相比成長二十一倍，營業額則是成長十八倍，達到二千八百五十萬日幣的營業額紀錄。

活動的績效不只在驚人的量化紀錄，而是產地更產生了質化的改變。原本產業持續走下坡的產地像是出現了一線生機，地方職人們開始重拾信心與活力，也在工廠的營運之外，出現了轉往觀光產業發展的想法。例如越前漆器的塗師錦古里先生，原本認爲剩餘的十年事業將被迫「軟著陸」，即成長速度將漸漸低落，但因爲二〇一七年RENEW活動的刺激，錦古里先生的觀念出現一百八十度的轉變：決定要從二

持続可能な地域づくりを目指す、
体験型マーケット
RENEW
FACTORY TOUR & MARKET
RENEW（リニュー）は、福井県鯖江市・越前市・越前町で開催される、持続可能な地域づくりを目指す工房開放イベントです。毎年10月に開催し、半径10km圏内の7つの地場産業に携わる企業・工房を一斉開放し、工房見学やワークショップを通して、作り手の想いや背景を知り、技術を体験しながら商品の購入を楽しめます。さらに雇用創出、産地内教育、通年での産業観光推進など、産地の熱量を上げる様々なプログラム展開により、「ものづくり」から広がる「まちづくり」「ひとづくり」といった、産地の未来を醸成する好循環を生み出しています。

RENEW

圖／作者攝

㊧㊤ RENEW為傳統工坊與職人帶來工藝產業的新生機。

〇一八年開始，將工坊改成常態開放型工坊，一整年都能夠參觀、購買，並加入預約制體驗活動。

有這樣改變的職人不只是錦古里先生，河和田地區有越來越多的工坊開始思考在既有的空間中設置常態觀光體驗區。新山說，當有十個工坊開設了常態型的觀光體驗空間之後，就形成了一個微型的「觀光產業」，而這樣一來，就需要一個整合型的情報提供中心。因此二〇一九年，TSUGI改造了事務所剩餘的空間，打造了以觀光客爲目標的觀光諮詢處「TOURISTORE」。

案例特點

RENEW的舉辦雖然只有短短幾年時間，但年年持續進化，除了與產地內工藝職人合作的擴大、深化，與產地外團體的合作，進一步創造了更多的關注與粉絲。如果觀察產地內的變化，會發現這不僅是一個「量化成績好看」的活動，更對產地的實質造成改變，例如職人們重拾對於自身工藝的自信、設置常態體驗活動與空間，或是有研究生完成了產地研究的論文、吸引了對工藝有興趣的年輕人來此學習與就職等。

設計案例選輯

持續的合作

TSUGI和谷口眼鏡的緣分可以從二〇一五年第一屆的RENEW說起，谷口眼鏡不僅是活動的大推手，之後的每一屆都盛情相挺。谷口眼鏡更在二〇一六、一七年的品牌週年時刻，委託TSUGI協助設計的工作；二〇二〇年推出新的自家品牌「tesio」，相關的設計也都委託TSUGI。雙方的合作與感情，已經不僅僅是設計師與業主，而是昇華為長遠的夥伴。

谷口眼鏡「TURNING」系列二十週年

2016

一九五七年創立的谷口眼鏡，在二十多年前創立了自家品牌「TURNING」，二十週年之時，委託TSUGI製作了一本二十週年的紀念手冊。

▼品牌規劃、平面設計
●藝術總監．設計：新山直廣

谷口眼鏡六十週年

2017

眼鏡，是福井縣鯖江市最聞名的產業，不僅佔有日本製眼鏡市場高達九十六%的比率，市內每六個人就有一人是眼鏡相關從業者。雖然與其他在地工藝相比，眼鏡產業沒有傲人的悠久歷史，但是也超過了半世紀，而谷口眼鏡便是其中之一。

▼六十週年網站設計、文宣編採與設計
●藝術總監：新山直廣
●設計：新山直廣、森本步美

Tesio

2020

由於受限於法律規定，眼鏡製造業者多無法自行販售眼鏡，因此谷口眼鏡便透過自家太陽眼鏡的新品牌tesio，希望能夠打開另一個與消費者直接接觸的市場。自二〇一六年合作至今，TSUGI就像是谷口眼鏡的後盾，在新挑戰出現時一起並肩作戰。

▼品牌規劃、網站設計
●藝術總監：新山直廣
●設計：室井泉海、室谷芳

傳統工藝

「若是工藝無法恢復元氣的話，福井便無法重拾既有活力」，TSUGI設計師新山直廣的體悟，造就TSUGI總是使出渾身的精力，用設計為精湛的工藝加乘。

Series

2018

在和紙逐漸被西方用紙取代的生活中，越前和紙工坊「山次製紙所」，探索和紙的多樣可能性，開始了「series」產品企畫。

▼品牌系列規劃、LOGO、包裝設計、販售戰略規劃
●藝術總監．設計：寺田千夏

山次製紙所

2018

明治元年創業至今、約有一百五十年歷史的「山次製紙所」，LOGO設計上特別展現其歷史感，以及精湛技術的表現，此外為了避免過度老派，又在其中透過字體的細微設計帶入現代的氛圍。

▼品牌規劃、LOGO設計
●藝術總監．設計：寺田千夏

ONLY椀（オンリー椀）

2018

福井的鯖江市，漆器的專業分工化，木胎也分為圓體木胎、方體木胎，而年輕職人酒井義夫的「ROKURO舍」，是個專門製作「圓形木胎」的工作室，「ONLY椀」則是二〇一八年新推出的系列。

▼產品命名、LOGO設計、主視覺設計、平面設計、展場設計
●藝術總監：新山直廣
●設計：新山直廣、森本步美

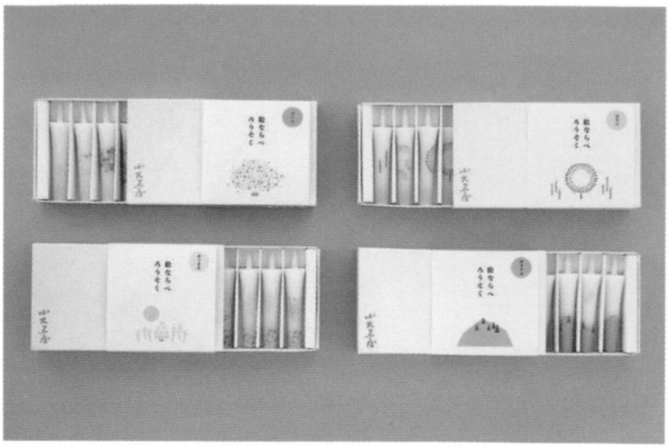

小大黑屋商店蠟燭

2018

一百四十多年歷史的福井蠟燭老店「小大黑屋商店」，於二〇一八年推出新產品系列「祈願蠟燭」、「籤詩蠟燭」、「圖畫蠟燭」。

▼LOGO設計、包裝設計、色彩計畫
●藝術總監・設計：寺田千夏

井上德木工

2017

由於福井鯖江的漆器專業分業，井上德木工是一個專門製造「方形」木胎的工坊。LOGO的發想來自方形木胎那最容易偷工的四十五度角，雖然最常被偷工，但對井上德木工來說，這是一個絕對不會輕易放過的細節。

▼CI設計、名片設計
●藝術總監：新山直廣、寺田千夏
●設計：森本步美

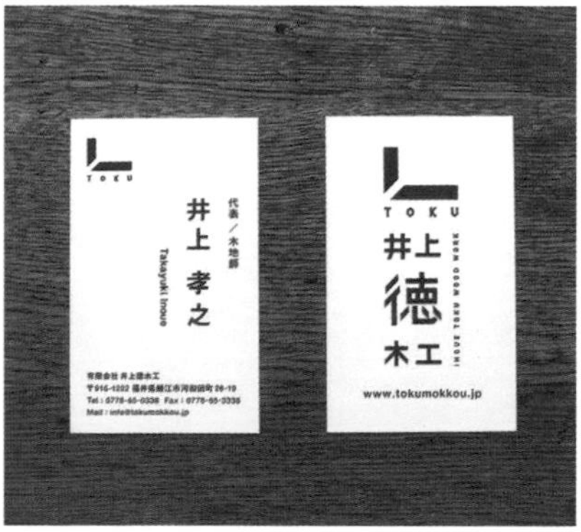

澤田漆行

2017

製造漆器原料「漆」的澤田漆行，自古使用炭火燒製的製法，而所製作的漆原料則是被使用在許多雕刻、神轎的塗飾。

▼品牌規劃、網站設計、名片設計
●藝術總監：新山直廣
●設計：新山直廣、森本步美、森一貴

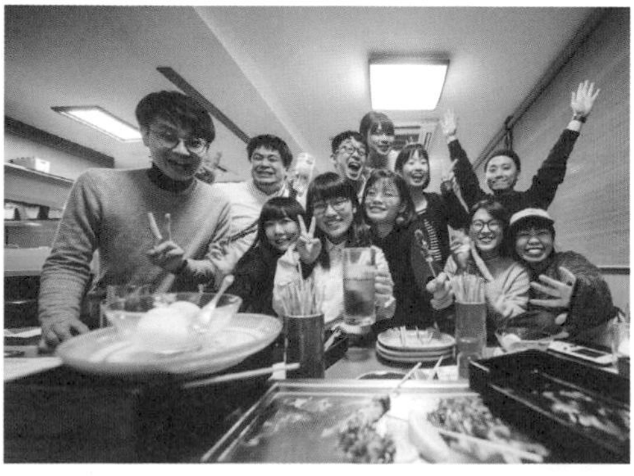

words words 2019

福井縣敦賀市的芳香實驗室Relation Kaori Labo的新品牌。產品命名：以日本特有疊字擬聲／擬態狀聲詞為軸，配合香氛的代表心情為商品命名。LOGO設計：品牌名「words words」源於藉由氣味表達心情和情境的詞彙，因此LOGO是翻開書本之後飄出的字句之意象。

▼品牌整體規劃：包含LOGO、平面設計、網站設計、調香、產品命名、包裝設計、促銷活動
●藝術總監：寺田千夏
●設計：寺田千夏、森本步美

晨之霧（霧の朝） 2019

這是橫跨兵庫與京都的「丹波地區」的「丹波農產株式會社」，將丹波地區當地的一級特產品升級為加工品的自有品牌。

▼品牌規劃、LOGO、平面設計、網站設計、包裝設計
●藝術總監．設計：寺田千夏

↑ 地方產業

工藝之外，根植於地方上的產業，亦是TSUGI著墨甚深的領域。

↓ 與台灣的情誼

TSUGI的設計師們，超愛台灣的！

微住.com 2020

台日交流大使田中佑典，於二〇二〇年推出招募台灣人到日本鄉鎮Long Stay的「微住」計畫。網站的架設，便是與TSUGI合作，讓TSUGI擔任當地Host，並招募台灣的設計師、攝影師、編輯、寫手，大夥一邊微住、一邊共同製作網站。本來就來過台灣、熱愛台灣的TSUGI設計師寺田千夏、室谷芳，更在微住之後加倍喜歡台灣，也和台灣微住者約定未來要去台灣微住！

▼LOGO設計、網站規劃
●藝術總監：寺田千夏
●設計：寺田千夏、室谷芳

akaoni 小板橋基希

5

山形

設計的自由性

不斷辯證，創造明亮直白的設計

#地方活性化 #地方祭典 #雙年展 #文化發送據點 #物產設計

啟程前往山形令人無比期待，不僅因為是初訪山形，更是因爲對於這片東北大地有好多的想像，大雪紛飛的國度、傳統工藝的寶庫等，那些自然的豐富、風土的奧祕，都讓人對山形多了幾分期盼的雀躍。

後來，到了akaoni、聽了小板橋基希的故事，才發現原來山形深深吸引了像我一般的旅人之外，還有一群因山形而留下來、扎了根的設計師們——他們將自己對於地方上的觀察與感受反映在設計工作上，時時保持對地方上生活方式、文化的高度興趣以及敏感度，透過物產設計、展覽策劃、書籍刊物出版等，爲地方打造出獨特的風景。

圖片來源／akaoni及其官網

⊕ akaoni負責人小板橋基希。(圖/作者攝)

akaoni

●成立:二〇〇四年成立「Akaoni Design」,二〇〇六年法人化
●駐地:山形縣山形市
●負責人:小板橋基希
●事業規模:正職設計師與外部協作夥伴約十人
●主要事業:平面設計、網頁設計、包裝設計、店鋪設計等
●設計理念:1. 能看見本質的、沒有撒謊的設計。
2. 不是用完就丟,而是能夠有可持續性發展的設計。
3. 創造新的價值觀、能和未來接軌的設計

⊕ akaoni辦公室。(圖/作者攝)

來自「赤鬼」的隱喻：

反思設計的地方性，不犧牲自由性

山林偶遇鬆動既有價值觀

群馬出身的小板橋基希（以下簡稱小板橋），因爲大學就讀東北藝術工科大學而來到山形。原本主修建築，但因爲喜歡影像，就轉到設計學院的影像科，期間開始自學平面設計。二〇〇四年畢業之後，和大學的好朋友們一起成立了攝影與設計的事務所「Akaoni Design」，爲現今akaoni的前身。

因爲念大學而來到山形，畢業之後也決定繼續留在山形。談起爲什麼有這個決定，他說是一次偶然的打工經驗，讓他看到了山形充滿魅力的一面。

那是一個NHK的打工機會，在三天裡協助製作人和攝影師一起登山，並協助搬送器材到山中出外景。來自城裡的外景人員全副武裝，全身淨是知名戶外運動品牌的裝備。途中，偶遇了兩位東北地方以古法狩獵的獵人（マタギ）大叔，獵人大叔只是穿著輕裝備的黑長靴、黑背包，不僅腳程大勝，途中更採了兩手滿滿的菇類，又從溪裡徒手捉了岩魚，在山屋裡簡單料理之後和大家一起分享，小板橋說那是「具衝擊性的美味」。登山的過程中，小板橋和獵人大叔聊了許多，有關山林、動物等等，他說獵人大叔帶領他認識了山形的深奧、山形的魅力。那之後，至今所持的價值觀不僅開始鬆動，更讓他決心要留在山形。

深信設計非唯一正解

小板橋設計事務所的名稱「akaoni」，日文的漢字寫作「赤鬼」，而會以此命名，出處來自山形童話作家濱田廣介的《哭泣的赤鬼》（泣いた赤鬼），由於故事被選爲日本教科書的教材，因此是東北地區大家都知曉的童話。故事中，赤鬼既是善良的鬼，又是恐怖的鬼，沒有單一的形體或是形象。對小板橋來說，「鬼」既惡亦善的多樣性、中間性，就像是他所想像的「設計」，設計並非萬能，並非絕對唯一的

Ⓣ akaoni辦公室一隅。（圖／作者攝）

Ⓣ 山形市區街景。（圖／作者攝）

正解，許多事物也並非一定要加上設計不可。

身爲一個設計師，卻意外的大方展現對於設計的質疑，並以此冠在自家設計事務所的名稱上，不知道小板橋是不是第一人。

在設計當道、地方性設計受重視的當今，小板橋不是大聲疾呼設計、地方性的重要性；相對的，他在這些議題正火熱的時候，不畏主流方向，不間斷的進行各種提問與反問。也因此，採訪那天，就是在不斷的提問與回答中辯證設計、辯證設計的地方性，以及一一除去大眾對於akaoni的各種誤解。

擁護設計的自由多樣精神

提起東北的地方設計代表，akaoni大概是個指標性的存在，除此之外，「強烈的地方色彩」、「促進地方活性化的設計事務所」等等的標籤也不少，只是面對這些被外界賦予的標籤與描述，小板橋總是莞爾。

例如，面對外界給予的「有著強烈的地方色彩」印象時，小板橋說：「實際上我們並沒有在做設計之時，把表現地方色彩當作目標。」此外，他更強烈的表示：「坦白說，我覺得把表現地方色彩當作目標，並沒有意義。」至於原因，他補充說：「對於地方上的設計，若加諸過多的期待，硬是要加諸過多的使命感，這樣一來，設計本身應該具備的多樣性、自由性就會不經意地消失，不知不覺中受到侷限。」對他而言，akaoni的工作是「與當地長時間生活的業主一同合作，把對方的個性率直的描繪、勾勒」，如此而已。因此，或許從結果上來看，會看到akaoni的設計與地方有著強烈的連帶，因而留有「強烈地方色彩」的印象。

又或者，akaoni常被認爲是「讓地方活性化的設計事務所」。自己住的城鎮變得有趣當然是好事，但其實akaoni都沒有把這當作事務所存在的目的，

「從來沒有考慮過akaoni的設計有什麼樣的社會意義、能對地方帶來怎樣的助益」，更別說使命感、義務感，這些對小板橋來說，基本上都不存在，因爲對他來說「不管在哪、不管何時，『自由性』都是最重要的」。換句話說，不被使命、不被義務的大帽子所限制，才能長出有趣、多元、豐富的東西。

受與饋的正循環：
領受山形的驚喜，並以自己的方式回饋

雙年展海報主視覺奠定代表作

許多人會問，小板橋是不是非常喜歡山形、對山形充滿使命感與義務感，但小板橋的回答總是：「自己想要更認識的、覺得有趣的東西，剛好在鄉村，而山形剛好就是一個常常帶來驚喜的地方。」換言之，沒有一定非要固著在哪裡不可，但是好奇、傾心的事物剛好在山形聚集，所以就留在這裡了。

也因爲接受了山形許多驚喜、許多刺激，小板橋便用了自己的方式回饋山形。例如自二〇一四年開始的「山形雙年展」，akaoni就協助LOGO、海報的設計，以及工作坊的監修等，以各種角色參與其中。其中有趣的是，從第一屆開始至今共三屆的「山」三部曲，海報主視覺由小板橋的女兒擔綱演出，從小女孩成長到小少女，可以看到原先在山中純樸的小女孩，在逐漸長大的過程中，與自然界動植物的關係有了變化，並逐漸有了社會化學習與知識的增長。這一系列的海報最後成了akaoni的視覺代表作，也成爲許多大眾認識akaoni的入口。或許可以這麼說，當我們以自己的方式回饋地方時，地方又再度帶給我們許多。

「TONGARI BLDG」變身地方文化據點

另外一個例子是二〇一五年冬天改建完成的「TONGARI BLDG」。「TONGARI BLDG」並非akaoni的事業，而是小板橋個人與東京R不動產的馬場正尊等另外三位夥伴，共同成立「maru-r」，以

↑ 由小板橋女兒擔綱主視覺的山形雙年展海報設計。

⦪ 2016年山形雙年展海報，看得到主視覺主角小板橋女兒的成長。

⦫ akaoni也負責山形雙年展的紀念品店與紀念品設計。

←↙ 改建後的TONGARI BLDG已是當地文化據點，充分發揮各樓層空間功能。（圖／作者攝）

↓ 一樓選物店「有人沿著這條山道走過」店招。（圖／作者攝）

「重新裝修建物來讓社區變得有趣」爲目標，改造了一棟四十年歷史的建物，創造一個讓創意人、城鎮居民能夠交流的「文化發送據點」。小板橋說，這棟建築有趣的是，它不是政府經營，也非學校，而是在民間長出來的嘗試。

在「TONGARI BLDG」，一樓是選物店「有人沿著這條山道走過」（この山道を行きし人あり），以及附設的咖啡店，後頭是展覽空間「KUGURU」；二樓是akaoni設計事務所、攝影工作室；三樓是出租辦公室以及出租小房間，有不動產公司等進駐；四樓是木作家具展示間；而五樓的天臺，可以一覽七日町的城鎮街景、環顧山形盆地的山巒，甚至可以遠望小板橋的母校——被喻爲東北設計師搖籃的東北藝術工科大學，山形的設計、自然、人文，都收攏在五樓的景色之中。

批判性思考下的「明亮直白」設計

雖然本篇強調了許多小板橋對於設計的各種反思，或許會讓人有種akaoni是個批判性十足設計事務所的印象，但其實只要更認識akaoni和他們經手的設計作品，就會發現，akaoni的設計裡充滿了樂趣，讓人一點也沒有距離。

如同akaoni一詞雖然透過「赤鬼」來反思設計的必要性，但同時也借用了日文的諧音，表達立志創作出「明亮且直白」（明るく、素直に＝Akaruku＋Sunaoni，兩字截頭截尾之後成爲akaoni）的設計。

至於越來越受到矚目的「地方設計」，小板橋也傳達了一點不同的看法。資訊流通共有化之下，大家都能夠輕易地取得遠方的資訊，但是另一方面，大家的創意或是呈現，也越來越趨向同個方向。現在在日本各地，不論都市的東京或是南邊的沖繩，設計的作品都越來越相像、越來越均一。小板橋目前正在思考的是「地方上的設計是不是能有著更純粹、或甚至更狂野的可能？」面對這個問題，他目前也還沒有答案，但或許就在akaoni的實踐與反覆辯證中，能漸漸長出這個問題的小板橋式回答。

設計心法 Q/A 小板橋基希

——在地方從事設計的優點？

總是會遇到許多「超乎自己想像的」人、文化、自然。

Tsuruya商店（ツルヤ商店）

明治末期創業的籐編老店，由於老闆會田源司十分重視設計，與東北藝術工科大學合作密切，不僅與學校合作開設課程，目前更有設計系學生畢業之後直接入社擔任社內設計師。籐作工坊就位於店鋪後方，可預約參觀工坊。

●地點：山形縣山形市宮町5丁目2-27。
自北山形站徒步約7分鐘。
●營業：9:00～17:30
●公休日：週日、國定假日

尚美堂

設計師小板橋推薦的紀念品店，店內有許多山形特有的民藝品，例如小芥子（こけし）、一刀彫等。尚美堂位於山形市內共有兩間店鋪，一間鄰近TONGARI BLDG，另一間則位於車站站內商場。

●地點：山形縣山形市香澄町一丁目1番1号。
山形站內商場「S-PAL山形」二樓亦有店鋪。
●營業：9:00～19:30
●公休：無

圖／作者攝

“

不管在哪、不管何時，「自由性」都是最重要的。

——小板橋基希／akaoni

——在地方從事設計的心法？

1—全方位體驗地方

對於地方上的觀察與感受，將會反映在設計工作上，因此必須要時時保持對地方上生活方式、文化的高度興趣以及敏感度。不管是吃東西、遊玩等，以各種方式「體驗地方」都是重要的。

2—面對家族企業的對策

在地方上的業主，有許多是家族企業，因此事業體和家族的關係非常緊密。有時候就算社長說了OK，但其實掌握權力的是太太，所以就有可能必須再次來來回回的修正，因此雖然akaoni一般情況下只會提一個提案，但有時候會爲了太太而準備「給太太的第二個備案」。

日本設計之旅推薦｜山形篇

TONGARI BLDG

這裡是akaoni的山形據點，並匯聚了許多山形創意人的結晶。除了二樓是akaoni設計事務所之外，一樓是選物店、咖啡店、展覽空間，二樓是分租辦公空間，四樓是木作家具展示間。若想知道山形的其他推薦景點，到TONGARI BLDG一樓商店的書架上找到《REDISCOVER YAMAGATA》這本山形指南，就能夠獲得滿滿的在地推薦了！

●地點：山形縣山形市七日町2丁目7-23。
自山形站徒步約15分鐘。
●營業：12:00～18:00　●公休：週二、三

Gura（グラ）

迎來百年的山形建築公司，以回饋地方為初衷，以「山形的食、設計、人聚集的鎮內場所」為目標，於二〇一八年開幕，為結合餐廳、選品店、展演空間、廣場的複合空間。建築由明治時期保存至今的石材所建，在古物素材中創造新的價值。

●地點：山形縣山形市旅町2丁目1-41。
自山形站徒步約20分鐘。
●營業：11:00～17:00（餐廳營業時間略有不同）
●公休：週一

AURORA COFFEE

小店的咖啡豆包裝設計，就用麥克筆來解答吧

地方設計櫥窗 × akaoni

代表作品 1

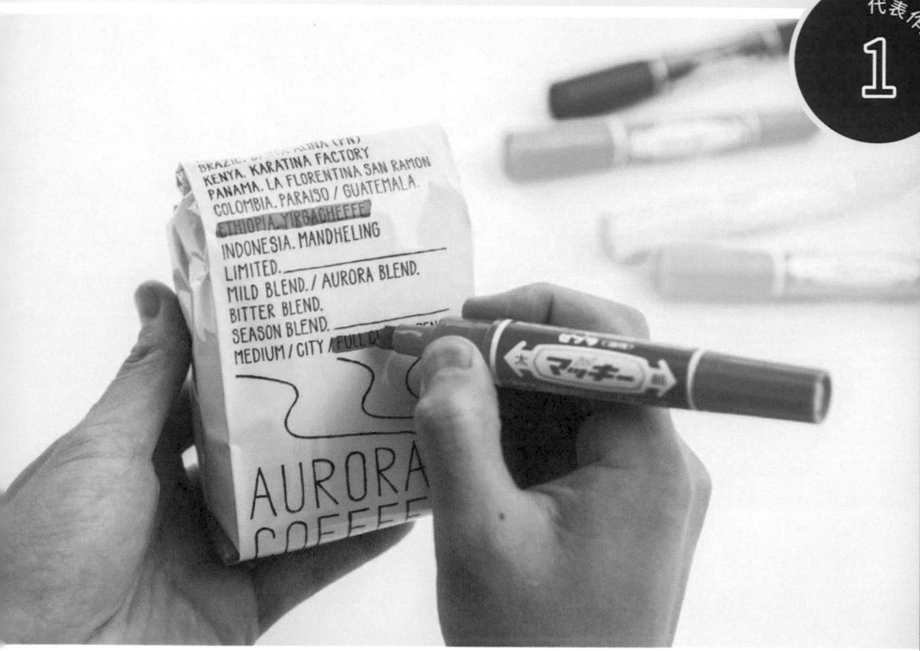

“對於地方上的設計，若加諸過多的期待、過多的使命感，這樣一來，設計本身應該具備的多樣性、自由性就會不經意地消失，不知不覺中受到侷限。

——小板橋基希／akaoni

咖啡有不同的產地、不同的烘焙度、不同的調配，不同的組合造就風味多變的咖啡豆產品。多樣性，是山形市內的咖啡店AURORA COFFEE的魅力，同時亦是包裝設計上的一大困境。

對小板橋來說，東京和地方的設計，兩者所追求的東西是不同的。最明顯的例子就是類似這樣的委託：「請幫忙設計一個一年間只需要一千個數量的包裝。」一千個，是小量的委託，因此印刷單價也高。除此之外，業主或許還會再說：「一千個量之中，有十二種品項，能不能有十二種不同的區別。」

AURORA COFFEE不如大量生產的大品牌能有足夠的預算，依據不同的產品專門設計不同的包裝。因此小咖啡店的包裝必須要追求通用，但又能

↗ 通用的單色印刷包裝袋，用各色麥克筆圈選即能區分品項。

滿足多樣的需求。

面對這樣的限制條件，akaoni透過麥克筆來尋求解方。一個單色印刷的統一包裝，再透過使用不同顏色的麥克筆圈選，讓統一的包裝袋能夠在不同的標記上，因應不同的咖啡特徵，展現不同的表情。此外，連包裹的橡皮筋都剛好找到和麥克筆一致的顏色，麥克筆和橡皮筋意外的統一，簡直幸運又神奇！

案例特點

這樣的委託，是為地方業主做包裝設計會面對的共同課題。相對於大量生產的大企業，小店在產品數量上相對少數，包裝預算上也有限制。如何在精簡的成本預算中，滿足小店有不同品項的多樣需求，是必須解決的挑戰。而在這個課題上，AURORA COFFEE的包裝設計，利用麥克筆的加入，提供了一個漂亮的解題方向。

代表作品 2

RINGORILLAPPA

「蘋果大猩猩喇叭」，從文字接龍發想的蘋果汁品牌

相較於如青森的日本明星蘋果產地，山形的蘋果較缺乏響亮的知名度，因此這裡的蘋果農人希望能繞開「食用蘋果」的戰場，企圖在蘋果汁、蘋果酒的新戰場上打下新局。而這個設計委託，從品牌最初的命名起始。一開始，akaoni團隊發想了許多名字，而最終勝出的，是「RINGORILLAPPA」。

幽默親切的品牌名創造記憶點

「RINGORILLAPPA」，由三個日文字發音組成：Ringo（蘋果）、Gorilla（大猩猩）、Lappa（喇叭）。仔細一看三個詞彙的字首和字尾，就可以輕易發現重疊的部分，沒錯，正是日本的文字接龍，而且這三個詞還正是日本文字接龍的基本範例。

不管男女老少都愛的蘋果汁，配上不管是誰都聽過、玩過的文字接龍，兩者不受限年齡層的親和力，因而讓「RINGORILLAPPA」這個品牌名和產品一拍即合。

在LOGO設計上，小板橋刻意不使用文字的表

RINGORILLAPPA不用文字的LOGO幽默可愛

現，而使用三個圖示，讓消費者在腦海中不自覺唸出三者的名詞之後就能立即意會，不由得會心一笑，「而且不會忘！」他自豪的說。而不諳日文的消費者，則是可以在聽完解釋之後，感受到這是一瓶有著日本文化背景的蘋果酒。

在設計包裝之前，小板橋到蘋果園取材的前一週，有隻住在蘋果樹上的貓頭鷹發生意外過世，小板橋對無緣與貓頭鷹相見的遺憾耿耿於懷，因此包裝的設計，便是以這隻住在蘋果樹上的貓頭鷹爲視角，繪出從貓頭鷹巢內觀察到的蘋果園景色。

案例特點

可愛、幽默、一聽過就不會忘，還有日本文化的深層意涵，這樣討人喜愛的設計，像是擊出全壘打一樣一下子就攻陷人們的心！

代表作品 3

蝗蟲飯鬆

鄉間的驚奇代表，從包裝傳達小店手作心意

小板橋說，如果講到去鄉村總是能遇到很多大吃一驚的驚奇的話，這就是其中一個例子。

據說，以前的日本農業社會有著各種「食昆蟲」文化，像是蚱蜢、蝗蟲等，但隨著飲食習慣變化、農藥使用變得普遍之後，幾乎很難再看到這些昆蟲美食的蹤影了。

而山形的保存食品製造商「佐藤商店」，則是在年輕一代社長上任之後，決定以蝗蟲爲題開發新商品「蝗蟲飯鬆」（いなごふりかけ）。商品名稱就這麼直白赤裸，爲了避免大家一看到這個名字就退避三舍，於是設計師小板橋特別在包裝上增加神祕感，藉此激起大家的好奇。

因爲第一版粉碎蝗蟲飯鬆受到空前熱烈迴響，因應廣大愛好者的要求，佐藤商店再推出「保留整隻蝗蟲」的「粗目」版飯鬆。而在包裝設計上，小板橋利用一個週六早晨的時間，用橡皮擦刻了一塊「粗目」印章，就完成了手工感十足的粗目版印章圖樣。

有別於設計很美而賣座，在鄉村是「和製作者一同合作」的力量更大。在鄉村有好多這樣令人意想不到的有趣發想，而在這些有趣發想滾滾而來時，能夠共同合作開發設計，這樣的幸福感，是在都市為大廠牌做設計無法比擬的。

案例特點

地方小店有別於機械化大量生產，更讓人能感受到商品凝聚了製作者的心意，而要如何讓人從包裝上就感受到製作者傾注的心力，是設計上的一個課題。而這一題，或許蝗蟲飯鬆的「粗目」印章設計，即是小板橋的回答。因為是小店、因為數量不多，才有可能這樣一個一個的蓋章，留下這樣手作的痕跡，以傳遞每一件商品都貫注全心的心意。

㉠ 看不見內容物的外包裝，為「食昆蟲」增添神祕感。

代表作品 4

森之家芋頭

來自傳承五百年種子，包裝出最當地的新鮮風味

「傳承野菜」，即農家留種自用，將收成果實中的種子留存，並用於翌次播種。在山形的眞室川町的佐藤家，從室町時代（一三三六至一五七三）即是傳承野菜的農家，因此佐藤家的作物經過五百多年的演化，根植於當地的土壤、適應於當地之風土，也就有著「最當地」的味道。

其中，芋頭一直以來都是自家栽種自家食用的非販售作物。普通的芋頭都長在砂質的沙地，但佐藤家的芋頭因爲是長在黏土質地的土壤中，因此也成了有著「黏土口感」的綿密濃厚芋頭。從小就熟悉這個味道的佐藤春樹（以下簡稱佐藤），一方面擔心唯一會種芋頭的爺爺若不在，傳承五百年的芋頭會失傳，一方面也想要讓更多人認識當地味道的芋頭，因此從原本的公司離職，成了種芋頭的新手農夫，開始跟著爺爺學農。

面向消費者實測克服設計歧見

新手農夫佐藤找了小板橋幫忙設計包裝。只是這個委託，前後花了長達兩年的時間，原因是這個商品包裝不僅僅涉及設計造型，更涉及了「要讓芋頭以什麼樣的樣貌出現在消費者手中」。從田裡挖出來的新鮮芋頭，若是將附著於表面的土洗掉，芋頭將會逐漸乾燥，變成新鮮度跌落的芋頭。因此，要不要把芋頭身上的土洗乾淨、要不要剝皮，就是第一個迫切要面對卻也僵持不下的問題。

最初，佐藤的想法是「那就把芋頭剝皮，裝到帶水的塑膠密封袋裡賣吧」，但佐藤所訂的價格是兩公斤五千元的高價位，小板橋認爲這個高價卻不能帶給消費者芋頭百分百眞正美味的體驗，實在可惜，因此他設計了一個「有洞」的包裝，要讓包裝盒裡帶土的芋頭可以呼吸，「讓消費者能感受到剛採摘芋頭的一〇〇%狀態」。

剝不剝皮，讓佐藤和小板橋僵持了許久。最後，農夫市集上，佐藤讓兩種包裝的產品一同上架，結果消費者大多都更喜歡帶皮的芋頭，才讓佐藤對於帶皮芋頭的販售方式心服口服。

↗ 洞洞包裝盒讓帶土芋頭可以呼吸。

從芋頭販售延伸出地方共榮的「芋祭」

第二個關卡則是包裝的視覺傳達。小板橋的設計讓田園間的動物上場，黑熊、小鹿、老鼠、兔子、松鼠等等，傳達著「這是在這些小動物的守護下栽培的作物」。但這樣可愛的包裝被其他農業學校的老師看到，則是受到「農業不需要這些花俏東西」的大反對，讓佐藤也開始不禁懷疑，農產品到底需不需要設計？這些出現在市場上到底合不合適？

最後，來解套的是佐藤家的爺爺。爺爺看到這個包裝設計之後比誰都還開心，因爲田間的動物們，正與他常常講的當地傳說不謀而合，「在農園深處，精靈們都會化身成小動物」，而包裝上小動物們群聚農園的畫面，正是佐藤家農園的寫照。由於佐藤爺爺的支持，這個包裝終於上市。而佐藤家的芋頭，後來成爲自家品牌「森之家」農產品中的人氣商品，從原本只是自家吃的少量二十株，目前已經成長到三萬株的驚人規模。

在當地，佐藤家的芋頭是「兩公斤五千元的高級芋頭」一說傳開，佐藤爲了和當地建立更好的關係，也希望獲得大家的認可，便在小板橋的提議下，在二〇一〇年舉辦了第一屆的芋頭收穫祭「芋祭」。當天芋頭田裡的芋頭每株不管長了幾顆芋頭都一株一千元，還有當地飲食文化體驗的「芋煮會」、工作坊等，成爲不只當地，連縣內外的佐藤家粉絲們都來「挖寶」的活動。而芋祭連年的活動視覺設計，也都是由當初出主意的akaoni擔當力挺製作！

案例特點

設計師與業主兩人三腳、共創與成長的夥伴關係，在這個案子中一覽無遺。尤其在兩人對於芋頭的「出貨樣貌」想像分歧之時，並非一方委屈讓步，而是測試消費者反應，最後在雙方都心服口服的實證下達成共識，非常稀有而可貴。另外，雙方的合作進一步延續到後續的活動等協力，已經跳脫業務上的主客關係，昇華為長遠相伴的夥伴情誼！

圖片來源｜ www.morinoie.com

設計案例選輯

山形雙年展

二〇一四年開始的山形雙年展，除了「設計」的委託之外，akaoni也以工作坊主持人等各種多元的身分參與其中。

山形雙年展
2014～

在許多的紀念商品設計中，雙年展總監荒井良二所手寫、akaoni設計的「山T」是人氣商品。

▼視覺設計、海報設計、紀念品設計、紀念品店鋪設計
●藝術總監・設計：小板橋基希

REDISCOVER YAMAGATA
2014

以「山形雙年展」的開展為契機而開啟的「道路深處創造實驗室」（みちのおくつくるラブ）計畫，在二〇一三年十月至隔年三月的半年間，匯聚不同年齡與職業的山形在地人，重新挖掘在地魅力，並編寫成這本自稱「有點主觀的」山形指南。

▼書籍設計、裝幀、攝影
●裝幀：小板橋基希、梅木駿佑
●攝影：志鎌康平

圖片來源｜ takenorimiyamoto.jp

山形之物

山形物產的設計，是akaoni最重要的主力！

工房Gureinn

2008

二〇〇八年，山形的麵包坊「工房Gureinn」（工房グレイン）要開發一款野生莓果「腺齒越橘」（ナツハゼ）的果醬，而為了包裝設計找上了akaoni。後來，小板橋發現，那裡野生的果實不僅有「腺齒越橘」，還有「猿梨」（サルナシ）、「紅醋栗」（赤すぐり）等，「那要不要開發成一系列的果醬呢？」小板橋這麼向麵包工房提案。

從這個委託案可以看到，小板橋不只是單方面完成業主的委託內容，而是站在對方的立場，檢視對方所擁有的資源與背景，來思考產品的設計要如何回應、如何說故事。

小板橋說：「在這個案子裡學習到了和客戶一起創作的樂趣。」也因此，後來這個案子成為Akaoni Design的轉折點，小板橋在那之後立定設計業務的主軸，而成為後來新成立akaoni的契機。之後，除了果醬之外，工房的其他產品也交由akaoni進行包裝設計。

▼LOGO設計、視覺識別設計
●藝術總監．設計：小板橋基希

大沼養蜂

2010

明治元年創業至今、約有山形縣真室川町的天然蜂蜜，依據不同的採蜜花類，有著不同時期的採收時間，蜂蜜也呈現不同的色澤、特徵、風味。

▼視覺識別設計
●藝術總監．設計：小板橋基希

東北之物

除了山形之外，山形鄰近的東北各縣，亦可以看到許多akaoni的作品。

SASA結

2016

以一九九三年的冷害為契機，宮城縣大崎市開始推動稻米新品種Sasanishiki（ササニシキ）。LOGO的設計以稻米種植時不可少的水循環為意象。

▼LOGO設計、包裝設計
●藝術總監．設計：小板橋基希

圖片來源／www.tongari-bldg.com

氣仙沼漁師月曆

2016

三一一大地震的重災區氣仙沼，以當地漁師們為主角的月曆設計。

▼平面設計
●藝術總監．設計：小板橋基希

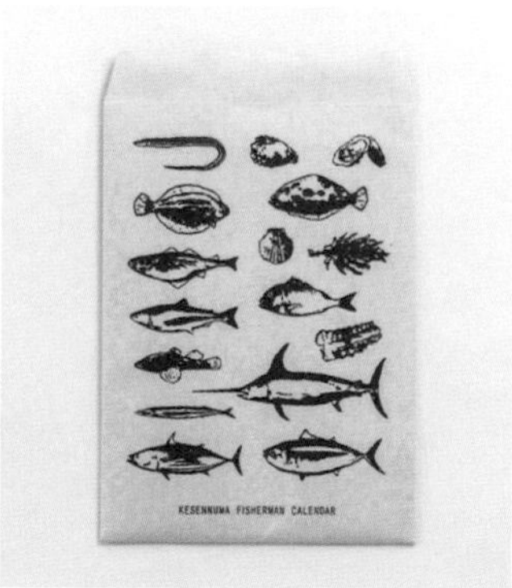

店鋪設計

平面的設計之外，akaoni更將觸角伸到店鋪設計等更立體的設計領域之中。

盆地文庫

2017

akaoni與山形雙年展的總監宮本武典組成了出版聯盟「kanabou」，最初的作品是這本集結荒井良二等五名作家，在山形的村山盆地所創作的作品集結——《盆地文庫》。此出版品限量一千冊，並於二〇一七年在東京森岡書店進行展覽。

▼出版編輯與設計
●編輯・設計：kanabou
（宮本武典&akaoni）

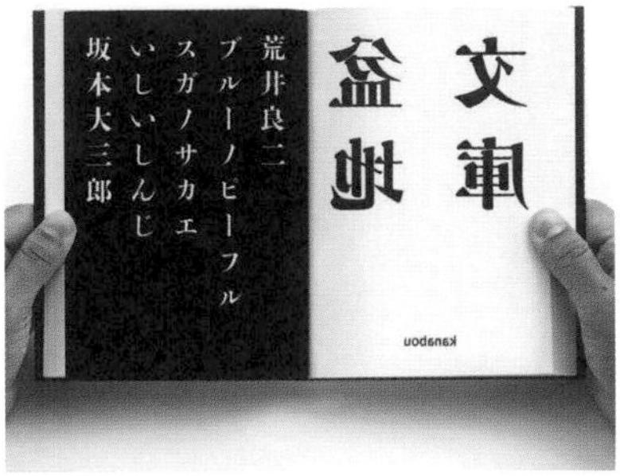

あいうえお表

2011

小板橋為了自己的孩子所設計的日文五十音識字表。自家用之外亦有販售。

▼平面設計
●藝術總監・設計：小板橋基希

自家出品

小板橋說「這些都是做自己開心的」，滿足設計師自己的設計異想。從這些自主的設計物中，更可以看到akaoni最純粹的一面。

KOUB

2014

山形市郊外的麵包店KOUB，店鋪入門前的入口階梯設計，是希望「上階梯」的過程帶出儀式感的期待氣氛。

▼LOGO設計、視覺識別設計、店鋪空間設計
●藝術總監・設計：小板橋基希

Helvetica Design　佐藤哲也

6

福島

街區營造

三一一後，以「俯瞰視角」打磨最福島的設計

#災後重建 #產業振興 #土產聯合品牌 #空屋活化 #像方言一樣的設計

從東京發車的東北新幹線，只花了八十分鐘即抵達福島縣的郡山。走出車站，盡是一派新穎的景象：亮麗的車站商場、旅館，以及川流的人潮。走在街上，已經嗅不到丁點災難留存的氣息，只是，災難過去之後並非什麼都沒有留下，有些人的生命自彼時有了深刻的改變。

而設計師佐藤哲也，便是其中一人。災後兩個月，在最急迫的避難和疏散之後，福島開始思考如何重建地方產業，佐藤投入福島的農業、漁業振興計畫，以「像方言一樣的設計」爲福島打造土產聯合品牌，並以「青鳥社團」發起街區營造，爲地方注入了全新的活力！

圖片來源／Helvetica Design及其官網

⬆ 佐藤哲也於青鳥公寓前。(圖／作者攝)

Helvetica Design

●成立：二〇〇一年八月
●駐地：福島縣郡山市
●負責人：佐藤哲也
●事業規模：約十多人
●主要事業：包裝設計、平面設計、網站設計、事業經營顧問等
●設計理念：設計是「情報整理」，把被隱藏事物的「本質」抽出，再以大眾易懂的方式進行適切的傳達。

圖／作者攝

分界點三一一：

從服膺設計萬能，到歸零偕同地方重振

福島縣須賀川市出生的佐藤哲也（以下簡稱佐藤），大學前都在福島成長、就學。大學時期到東京法政大學就讀之後，開始了東京的生活，畢業之後歷經服飾企業的廣告部門、設計相關公司。在東日本大震災三一一發生前幾年，成爲自由接案的設計師，在福島與東京兩據點間生活、接案、穿梭。現今日本流行的城市與鄉村雙棲的「兩據點生活」（デュアライフ），對佐藤來說早就再熟悉不過。

二〇一一年三月十一日，人正好在福島的佐藤，經歷了人生中最劇烈的變化。「人生自此被切割成兩半：三一一之前的人生，以及三一一之後的人生。」他說。

設計前先蹲點現場

三一一之前，設計工作進行得一帆風順，他自信地認爲，設計是萬能的技術，沒有什麼問題是設計解決不了的；但三一一之後，這樣曾經的滿滿自信卻幻滅得一點也不剩。災難之後，大家最迫切需要也最依賴的是水源、餐食的提供，而設計什麼的，在一切歸零之後變得一點都不重要了。這樣的天災變革，讓佐藤整整消極了兩個月。

最後是災後重建的產業振興工作邀約上門，把沉潛中的佐藤從混沌裡拉了出來。「災後兩個月，最急迫的避難和疏散之後，福島開始思考產業如何重建。」他開始著手福島的農業、漁業的重建工作。其中，相馬市的漁業振興計畫，深刻改變了佐藤的設計理念。

相馬市是福島重要的漁港，由於相較日本其他漁港，相馬漁港與東京距離接近，因此自古都是進行鮮魚的販售產業，剛捕獲的鮮魚不經加工便往東京輸送。但三一一海嘯來襲之後，相馬市成了嚴重的受災地，即使在漁業重新開業之後，捕獲到的魚卻面臨嚴重的通路考驗。雪上加霜的是，這裡因爲自始都是進行鮮魚販售產業，連一家漁業加工廠也沒有，捕到的魚面臨著賣不出去、又無法加工的絕

境。「相馬當時眞的吃了不少苦。」至今回憶起來，佐藤眼角仍舊是帶著心疼。

佐藤之所以有這麼高度的同理心，是因爲他深入漁港，與漁師們有了深厚的交情。但這樣的交情並非輕易地一蹴可及，最初也是被漁師們質疑「你是誰、你是哪來的？」、「設計師是做什麼的？」，但他沒有因爲受質疑而卻步，反而益發積極的一起登上漁船、幫忙捕魚作業，和漁師們之間的藩籬逐漸被破除，設計師終於不是「異種的人類」，原本陌生的兩方成了朋友。這一次突破漁師心房的路程，最後被佐藤彙整成了地方設計的十大步驟，成了現在Helvetica Design 重要的設計經典流程。

親力親為的地方設計流程

佐藤說，在都市的設計工作中，「設計」是主要的工作，只要設計定稿了、客戶滿意了，一切就沒問題。但「地方的設計」並非如此，在地方進行設計，工作的大部分時間幾乎都是在「溝通」，認識業主、拉近關係、深度了解業主的產品與工作，而只有在最後的最後階段進行所謂的「設計工作」。

Helvetica Design 的地方設計十大心法，依序是：

1—首先，先喝杯茶

到「現場」的第一件事，就是和那裡工作的人們一起喝茶。說是喝茶，但不是在什麼時髦的咖啡館，而是在田邊、港口邊。然後一邊喝茶，一邊輕鬆的聊天，並在聊天的過程裡捕捉些日常的畫面與靈感。

2—一起吃頓飯

茶喝完了之後，突然就進到工作的話題是不行的。所以，下一步是要一起吃頓飯。

3—到現場去

之後，終於可以「進入現場」了。這裡所說的現場，就是一起搭上漁船、到農田果園裡，進行「行動觀察」。

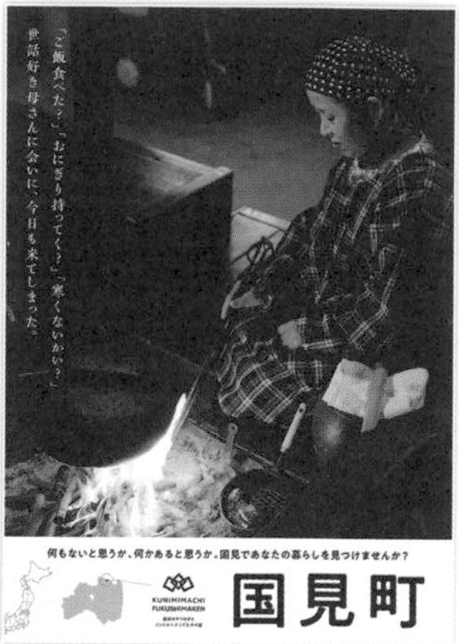

4—小酌一下

「去過現場之後，那之後就可以開始進行設計了吧」是不行的，接下來是非常非常重要的一步：一起小酌一下。地方上的人平時是不太會「用自己的語言」說話的，所以要創造一個讓大家能夠暢快說話的場合。

5—動手幫忙

小酌一番之後，還是有些不足夠，那就是沒有深刻體會眞實的現場作業。像是和奶奶們一起費勁剝牡蠣殼，或是在酷寒的冬日去採番茄，這些現場的工作都要積極的幫忙，而之後才能夠因爲身體的實踐，而全方面地感受現場工作的價值。

6—試著找到地方的脈絡

因爲一起喝過茶、吃過飯、喝過酒，還一起幫忙了工作，這些情感的累積有時候會成了「啊非得要怎麼做才行」的主觀束縛。而要從這樣的主觀裡解放出來的關鍵，就是去找尋地方的人文脈絡。去附近

⊖ Helvetica Design接受國見町公所委託的宣傳設計作品。
⊖ Helvetica Design為「相馬鹿島振興計畫」所做的出版宣傳品。

的山丘裡散個步，觀察城鎮裡的看板，找尋這裡過去有著什麼樣的光景。而這些過去的脈絡，會因爲與當下的接觸又進行了一番重整與連結。

7—吆喝大家一起喝點小酒

在經過許多探索之後，彷彿能出現一點想法與方向了。這時候，得必須再創造一個讓大家一起小酌的場合。因爲經過了這麼多「輸入」的過程，終於能更接近現場的「本質」了。這個階段，除了工作委託的一方之外，若能邀請地方上的重要人士一同參加，那麼就更棒了。

8—試著想想設計

到這一步終於可以試著想想設計了。只是，每每在這個階段，總不免要經歷一些撞牆期，像是煩惱著「對地方的人來說怎樣才是好的設計」，而當自己的能力無法解決這樣的問題時，就回到現場去請問現場的人們吧。

9—舉辦大宴會

當設計完成之後，要做些什麼呢？當然是喝一杯慶祝囉！把完成的設計與現場的人們共享，是非常重要的一點，因此邀請與地方上有關的人們，舉辦一場兼具「發表會」性質的大宴會吧！

10—跟去販售現場看看

沒有「設計完成之後就結束了」這回事，所以一起去販售的現場看看吧！去看看商品是如何被販售的、設計又是如何被使用的。這樣不僅能夠更拉近與地方人們的距離，更能夠重新思考設計在地方上的角色，或是又帶來下一次的合作。

這十步驟的過程一點也不輕鬆，不能只坐在辦公室內，要時常到業主的工作現場，要會聊天、要幫忙業主的產業生產，還要會「把酒言歡」，溝通能力要高、心胸要夠開闊，雖然這一路眞的辛苦，一點也不容易，但佐藤也發現，一旦經歷這些來往與交流，設計師不再是「異種的人類」，設計師和生產現場的業主互相熟識，大家變成朋友、信賴關係構築之後，設計不再只是設計師一人的工作，大家在討論與意見交流的過程中，「一起創作了最後的設計」。

也因此，不管是當下的設計委託，或者是未來潛藏的委託，也就能順利的進行了，而這也是佐藤認爲Helvetica Design自開業以來就頗爲順利的原因之一。

「青鳥社團」的街區營造：透過設計，凝聚家鄉人事物動能

二〇一一年三一一東日本大震災發生後，同年八月，佐藤就決定在福島創立Helvetica Design。問他怎麼會在這麼短的時間裡就決定成立公司，他說他的工作型態一直都是一群自由工作者一起接案、工作，但若沒有在福島成立公司的話，即使接到福島的案子，也都必須經由東京的廣告代理店之手，「這樣繳的稅金就是流到東京，而不是福島。」一旦開了公司，把總部設在福島，「我就能用繳稅的方式一起幫助福島重建」。佐藤念念不忘的，是如何用各種方式，幫助受災的家鄉重新站起來。

「青鳥」讓重建任務變好玩

除了Helvetica Design之外，二〇一八年六月，佐藤更成立了「一般社團法人青鳥」，以「透過設計來開始街區營造」（デザインから街づくり）爲核心，招集郡山車站周邊「清水台」的房仲業者、建築師、酒商老闆、和食料理人、美容院老闆、義大利餐廳大廚等共九人成爲理事，要一同攪動清水台的街區營造。

有趣的是，身爲代表理事的佐藤首先爲這個組織立下了三個規則：不設立部會、不收會費、不開會。這三不政策讓人好奇，這個組織如何能夠順利運轉，佐藤指著桌上的地方紅酒酒莊活動傳單說，就是這個！因爲理事們大家平時都忙著各自的生意，設部會、開會都會流於形式，事情就變得「不好玩」了；另外像是會費一收，也會讓人感到無比的壓

“

不住在當地，就沒辦法感受到真實、直接的家鄉。
而因為在家鄉，也就能好好珍視家鄉、幫助家鄉。

——**佐藤哲也**／Helvetica Design

力，或是成爲摩擦發生的主因，所以這些都先省略不要。而是接到有趣案子的時候，吆喝大家一起參加，而且讓大家以自己專業的角色參加，料理人做料理、酒商老闆提供美酒等。不以開會集合大家，而是以有趣好玩的活動招集大家現身參與，讓大家一邊開心玩耍、一邊進行組織的各種討論。「啊，就像是社團活動一樣呢！」佐藤笑著說。

說到這個「青鳥社團」的工作任務，一共有三項：

1— 青鳥公寓的翻修

這是一幢有近五十年歷史的四層樓老建築，原本的「銀座美容院」已不再，現在則是希望能夠成爲當地的「聚集」場所。一樓是由Helvetica Design經營的書店咖啡館「Blue Bird apartment. Cafe」，彌補了近期車站前消失的書店風景，讓書本和咖啡促成許多人與事的相遇；二樓是Helvetica Design與青鳥社團的辦公室；三樓是五間出租工作室，分租給鎮上的創意工作者，這些人更是設計事務所的重要合作夥伴；四樓則是活動出租場地。

青鳥公寓在郡山創造了一個「時髦」的空間，但這裡不是一個爲了自我滿足的地方，而是一個希望地方上許多不同年齡層的人，都可以一起在這裡度過愉快時光的地方。「所以如果附近的爺爺奶奶也一起來，這裡也成爲他們生活日常的一部分的話，那就更棒了！」於是，這裡除了有一般年輕人喜歡的活動之外，也定期舉辦日本傳統藝術表演——「落語」，還有讀書會、座談會等等。因此，時髦的咖啡店裡，開始出現爲了等候落語表演開始，下午就來喝咖啡看報紙的爺爺奶奶。

跳脫年齡的限制與想像，舉辦跨年齡層愛好的活動，是街區營造的關鍵小技巧，讓重生的青鳥公寓，聚集了鎮上各色人們，醞釀著未來更多的可能。

2— 清水台市集營運

將當地的部分路段申請假日行人徒步區，集結當地以及外地的店家、店主，舉辦熱鬧的市集活動，目的是希望能夠串連起更多的人。

↑ 改建後的青鳥公寓，一樓是書店咖啡館，成為當地「時髦」的新聚會點。（圖／作者攝）

3—空屋情報化

要進行社區的營造，沒有空間可不行。據佐藤的觀察，當地許多屋主都是高齡者，而因爲缺乏資金修繕房屋，因此不認爲房屋有租賃的價值。所以，這個任務就是希望能夠發掘出這些房東，並串聯有意承租空間的承租人，一起讓更多有趣的事在郡山發生。現階段的目標，是希望能夠在青旅沙漠的郡山，開創幾間不同風格的青年旅館，讓郡山有趣的活動能夠從單日延長到雙日，或甚至更長，讓旅人在郡山停留更久。

↑ 和大學生一同打造線上地方媒體real local福島。

佐藤也透露，近期打算與長期支援三一一受災地的日本大學學生，以及因講座而結識的當地大學生，一起創立屬於福島的線上刊物。而這不僅僅是個課外活動而已，而是一個新事業的創立計畫，由「青鳥社團」的理事們每個月個別出資五萬日幣預算，讓大學生們可以採訪與撰寫在地新聞，同時也獲得實質的報償。如果就事業體的行銷預算來說，每個月五萬元或許不太多也不太少，但是一旦聚集起地方的眾人之志，以及當地大學生的加入，並透過線上報導擴散影響力，未來掀起的動能效應將不容小覷。

矢志創造出「方言一般的設計」

二〇一五年在澀谷的「d47 MUSEUM」，有一場「日本47人」的平面設計展（參見P.76），選出四十七位來自日本四十七都道府縣的平面設計師，進行設計作品的展覽。Helvetica Design的設計師遠藤令子，被選爲代表福島縣的設計師一同參展，同行的佐藤到了展覽現場，看到了來自全日本各地方的設計作品，感到一陣汗顏。和其他地方比起來，福島是不是缺乏了點表現力？但是如果對於福島的事物不了解，又要怎麼做到具備「福島風格」呢？如果說三一一大震災是佐藤返鄉扎根福島的契機，那麼那一次的展覽，則是第二個契機，讓他決心要盡力貼近福島、挖掘福島的風格。

「像方言一樣的設計」，成爲了佐藤往後、也持續到今日的一個目標。就像是「福島腔」雖然被歸類爲東北腔，但東北六縣的方言也有著差異，像是如果在東京上了計程車，司機一聽口音就會問「啊你是福島人吧」。而佐藤的目標就是在這個全日本東京化、均一化的浪潮中，從各種文化層面找出屬於福島的特徵，歸納、創造出「最福島的設計」。

問到佐藤爲什麼設計公司會以英文字體Helvetica命名，他說因爲這是非常基本、也非常經典的英文字體，而他自己也把這樣的經典地位作爲目標。相信在未來的有一天，能看到Helvetica Design創造出屬於福島的、經典的設計，我們期待著。

設計心法 Q/A 佐藤哲也

——在地方從事設計的優點？

1｜獲得豐富的經驗

地方的設計工作不像都市有著高度的分工系統，因此很多事情得「自己來」。雖然辛苦，但卻能夠累積非常多有趣的經驗。

2｜「俯瞰」事物的視角

在都市中充滿了最新、最先端的事物，視角容易專注於特定的小範圍中；而在地方，則是能訓練「俯瞰」事物的視角，以更全面、整體的視角思考。

3 — 感受眞實的家鄉並且珍視家鄉

不住在當地，就沒辦法感受到眞實、直接的家鄉，而確實住在這裡之後，就能感受到眞實家鄉的好、與不夠好的地方。而因爲在家鄉，也就能好好珍視家鄉、幫助家鄉。

——在地方從事設計的心法？

請見前文地方設計十大心法，總結來說，就是喝茶、吃飯、喝酒、宴會！

日本設計之旅推薦｜福島篇

Blue Bird apartment. Cafe

由Helvetica Design所經營的書店咖啡館，除了咖啡和書香，這裡也不時舉辦有趣的小活動，像是落語。想像一下在咖啡店聽日本傳統的落語，多麼衝突又有趣。另外，二樓就是Helvetica Design的辦公室！

●地點：福島縣郡山市清水台1-8-15。自郡山站徒步約10分鐘。
●營業：11:00～19:00
●公休日：週二

大島屋蒟蒻店

二〇一五年開幕，由老家空間改建的大島屋店鋪（參見P.166）。店內有許多大島屋的吉島夫婦的各種收藏，呈現懷舊溫馨之感，一點也不像想像中的「蒟蒻商店」，因此常常被問：「這是一家生活雜貨店嗎？」

●地點：福島縣白河市天神町6番地。自白河站徒步約16分鐘。
●營業：週五至週日11:00～20:00
●公休日：每月第二、四個週日

圖／作者攝

代表作品 1

大島屋白河蒟蒻

兩百年老店，復興本土品種蒟蒻

地方設計櫥窗 × Helvetica Design

“在地方，能訓練「俯瞰」事物的視角，以更全面、整體的視角思考。
——佐藤哲也／Helvetica Design

說到「蒟蒻」，會想到什麼樣的畫面呢？不管想到的是馬鈴薯燉肉裡的蒟蒻絲，還是關東煮裡的三角蒟蒻，蒟蒻向來都不是餐桌上或是料理中的主角。儘管如此，蒟蒻一直在日本飲食中扮演要角這一點，是無可抹滅的。在福島白河地區的大島屋，新一代的繼承人對蒟蒻有著更多的想法與使命，而與Helvetica Design的合作便創造了許多新的可能。

最初，在東京當演員的吉島先生和佳津惠小姐，相遇、相識、結婚。婚後，年輕的吉島夫妻一起回到福井的白河，以第八代繼承人之姿繼承創業於一八二〇年間（文政年間）的蒟蒻家業——大島屋。爲了讓更多人認識高品質的蒟蒻，吉島夫妻找上了Helvetica Design，希望設計師能針對既有產品進行包裝設計。佐藤當時接下這個委託時，便發現傳承到第八代的蒟蒻老鋪的銷售問題，並非包裝重新設計之後就可以解決。

在多次的飯席、酒席間，年輕的吉島夫婦無意和佐藤說起被大家淡忘的蒟蒻芋，「其實啊，白河有一種本土品種的蒟蒻芋的說……」。佐藤一聽，頓時啟動了敏感的商業天線，立刻與大島屋的夫婦約好時間，要一起去找出本土品種的蒟蒻芋。

振興矢祭町的蒟蒻文化

這個追尋在地蒟蒻芋的旅程一旦開啟，便獲得了許多令人大開眼界的情報，像是發現原來位於福島最南端的矢祭町曾經是日本蒟蒻芋產量第一的蒟蒻聖地，當地不僅有爲了祈求蒟蒻豐收而建的「蒟

↑ 大島屋第八代繼承人吉島夫婦。

蒻神社」，還有許多因蒟蒻致富而建的豪華宅第。但由於本土品種「和玉」的栽種需要費時三年多，自群馬縣利用品種改良培育出能夠快速生產的蒟蒻芋之後，矢祭町的蒟蒻聖地地位也就無可避免的驟降。

「其實我也沒有吃過本土品種的『和玉』蒟蒻芋。」吉島夫婦的佳津惠小姐說，更別說要到哪裡找種植和玉的農友。還好，透過當地報社的報導，以及當地公所的介紹，吉島夫婦認識了由當地十一個農友所組成的「保種」農友社團。但由於「和玉」自栽種至收成需要費時三年時間，因此當聽說吉島夫婦想要收購「和玉」時，農友們都既困惑又懷疑，不過就在一次又一次的交陪與關係建立後，終於攻破這十一位農友們的心房。

搞定原料之後，下一個更大的挑戰，是使用新鮮蒟蒻芋的製作配方。現今的蒟蒻製作基本上都是使用「蒟蒻粉」製作，大島屋也是在曾祖父的時代便改用蒟蒻粉，因此根本已經找不到更久以前的配方食譜了。於是，夫婦倆只好自行不斷的試做開發，使用的蒟蒻部位、水量、比例等等，每個環節都是

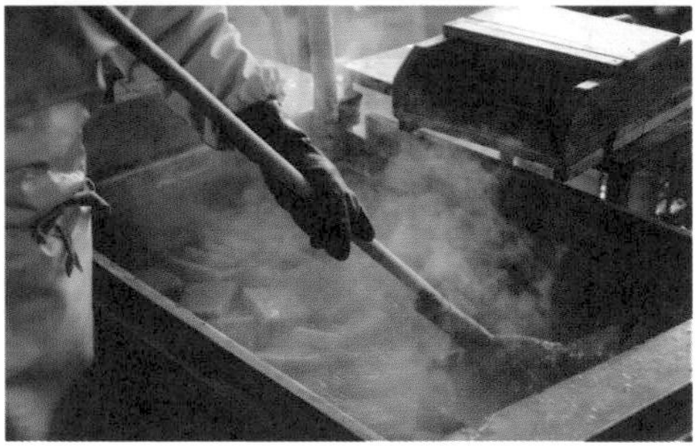

㊀ 重新使用本土種蒟蒻芋來製作白河蒟蒻，歷經不斷試驗開發。

一關。當找到最完美的比例時，吉島先生也自豪的說：「白河蒟蒻根本是蒟蒻界的大吟釀。」

白河蒟蒻目前有兩種商品：板型蒟蒻、球型蒟蒻。包裝設計上，商品的品名委託書法家書寫，呈現其他字體所沒有的獨特韻味。至於大島屋的LOGO，則是從其所傳承的家業得到設計靈感。大島屋，是兩百年前由大名所賜的屋號，是冬天製作蒟蒻、夏天製作煙火的職人。因此，大島屋蒟蒻店的LOGO便採用帶有煙火意象的設計，以連結這兩項代代傳承的家業。這項產品於二〇一八年獲得日本優良設計獎。

案例特點

設計師的熱誠與商業敏感度，遇上年輕業主的開放精神與創新企圖心，才得以將原本的包裝設計委託案，擴大成就為雙方聯手合作的白河蒟蒻復興計畫，以及商品開發。不僅有助於振興矢祭町的蒟蒻文化，也確保在地品種蒟蒻芋能夠被長久流傳。而這一段基於共同願景意外啟動的飲食文化之旅，也打動了許多設計評審的心。

大島屋
蒟蒻店
OOSHIMAYA
KONNYAKUTEN
SHIRAKAWA EST.1770

㊀ 大島屋的LOGO設計帶有煙火意象。

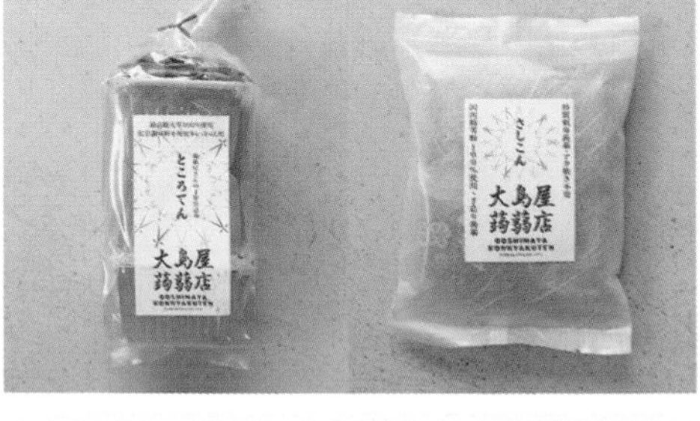

代表作品 2

福的小土產

化零為整，打造全新的福島土產聯合品牌

即使東日本大震災的發生至今已經多年，但福島境內許多受災地的事業體仍處在「不如過往」的苦戰中。而爲了支援境內十二個市町村的中小企業，經濟產業省的「福島未來計畫」（ふくしまみらいチャレンジプロジェクト）委託Helvetica Design，爲福島縣相雙地區內十二個市町的在地品牌，進行「聯合品牌」的新品牌塑造。其概念是，如果只有一家企業，那麼能夠做到的成果十分有限，但如果聯合大家一起出擊，不管是能見度、話題性都會大大提升。在震災之後，希望用團體戰的方式，讓城鎮重現過去的元氣。

這個計畫的主題訂爲「福的小土產」（福の小みやげ），即以土產、伴手禮爲題，讓當地業者與設計師們以此進行商品的開發與包裝設計。由於主題是「小」土產，因此各個產品都在造型、容量上以「小」爲出發，讓印象中總是又大又多的土產，能依據現代生活進行縮小調整。此外，佐藤說，有別於一般「聯合品牌」的統一視覺設計，Helvetica Design 則是爲了強調不同產品的個性差異，而刻意捨棄統一性的設計，依據不同事業體的特性與魅力進行適切的設計。和白河蒟蒻一樣，此計畫同樣於二〇一八年獲得日本優良設計獎。

案例特點

設計評審們的評語很貼切地傳達出「福的小土產」設計上突出之處：縮小的設計，讓伴手禮不僅變得更容易攜帶，且又增加了可愛度，有這兩個附加價值；此外，捨棄統一的設計方針，採用強調個別化的設計，讓商品得以展現各自的魅力。

↑ 聯合品牌「福的小土產」LOGO。

以下列舉幾個「福的小土產」孕育出的商品例子。

◎味噌發酵起司

從漬物界跨足乳製品界，以味噌爲基底所做的發酵起司，是漬物老鋪的創新產品。產品包裝上，設計師讓代表漬物的大缽上偷偷藏了一頭牛，此外爲了回應老鋪「請讓商品也能和紅酒搭配」的需求，包裝也一改味噌或是漬物商品常有的日本風。

◎福的豆皿

福島當地的陶瓷產地大堀相馬燒，原本有二十五座窯場，三一一之後共有十一座窯場重建，其中四個窯場共同合作，各自將各地的特色，像是櫻花、鮭魚、岩魚等圖像抽象化，並融入豆皿（即小皿之意）的彩繪中，共同推出了這個集眾人之力的「福的豆皿」。由於配色、圖樣的設計和諧，因此乍看會以爲是由單一家窯場所做，但經稍微了解之後，得知是由四家窯場共同合作所推出的商品，便會驚訝其中的設計，竟然整合得這麼無懈可擊。

◎煙燻岩魚

這是以川內村的養殖岩魚，用以櫻花樹木屑所煙燻的岩魚商品。設計上，以「煙燻感」爲目標，創造出如冒煙感般的手寫字體。

◎荏胡麻辣油

如地名所指一般，這罐荏胡麻辣油的生產地浪江町，是一個眺望得到海浪的沿海地區。於是，設計師便把這樣的意象加入辣油的瓶罐中，更透過手寫字與插圖的搭配，傳達生產者開朗爽快的個性。

◎稻福先生家的甘酒

由位於田村市的稻福先生種的稻米，加上百年製麴老店「糀和田屋」的米麴，發酵十二小時以上的濃厚甘酒。設計師透過設計，讓稻福先生的手寫字成爲產品的題字，使得產品自產品名、產品裡外都充滿稻福先生的個人色彩。想像一下，當稻福先生拿著這瓶酒跟大家炫耀「這個字體也是我寫的喔」的畫面，就覺得是個非常令人開心的畫面！

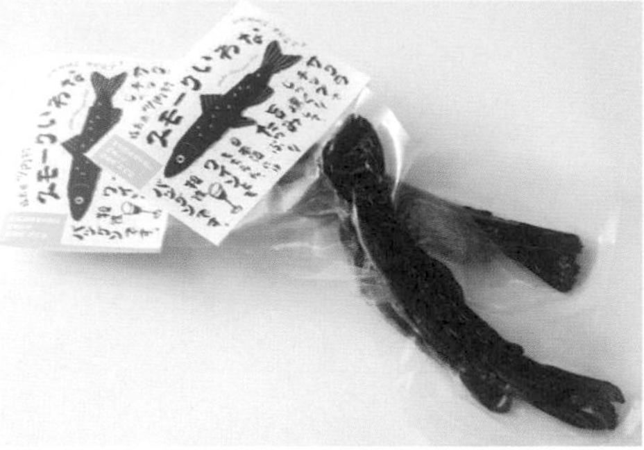

↑ 煙燻岩魚

↑ 味噌發酵起司

↑ 荏胡麻辣油

↑ 福的豆皿

↑ 稻福先生家的甘酒

↑ 葛尾村 Nomasshe

◎葛尾村Nomasshe

以「請喝」（飲みなさい）之意的當地方言「Nomasshe」（飲まっしぇ）爲名的甘酒，是由三一一核電事故之後，被指定爲計畫避難區域的葛尾村所出產的產品。爲了要擺脫核電事故發生後的沉重感，設計師刻意以輕巧、輕盈的清爽設計，來呈現葛尾村新生的一面。

設計案例選輯

食設計

Helvetica Design的設計，許多都與農產品加工、食物包裝與視覺設計、地產產品開發有關，每每讓人一邊欣賞創意，一邊好想吃吃看這個那個。

元祖鐳玉子（ラヂウム玉子） 2019

飯坂温泉是日本第一個被確認有「鐳」元素的溫泉，因此當地的溫泉蛋就稱為鐳玉子，是以七十度的流動溫泉浸泡一小時所製，由於蛋黃蛋白的凝固溫度不同，因此造就了「連蛋白都半熟」的特色口感。

而阿部留商店以鐳玉子的元祖店鋪之姿，委託Helvetica Design進行產品的包裝再設計。設計師保留過往包裝的設計元素，在考量統一性下重新組合，以達到一個延續傳統、又開創新意的設計。此作品獲二〇一九年日本優良設計獎。

▼包裝設計
●創意總監：佐藤哲也
●藝術總監：遠藤令子
●設計：Eri Nagamine

蘆筍小卡

喜多方野菜的蘆筍農家，在出貨時想要在商品裡放的資訊小卡。設計的三個圖分別是蘆筍的三個生長期：剛探出頭的蘆筍、長過高的蘆筍、正值收穫期的蘆筍。手繪的蘆筍，搭配笨拙又富情趣的手寫字，讓人不禁對蘆筍也充滿了感情。

▼平面設計
●創意總監：佐藤哲也
●藝術總監：遠藤令子
●設計・插畫：Eri Nagamine

大野農園 2015

一九七五年創立，以自家土壤培育為自傲的水果園，盛產桃子、蘋果、梨子等新鮮水果，更出品許多水果相關加工品，如果汁、果醬、果乾等，Helvetica Design便接下了許多加工品的包裝設計。

其中，「蘋果袋」是專為東京市集上銷售「格外品」（B級品）蘋果而設計的袋子，把蘋果裝進袋子就像是把蘋果塞進大口一般，提著這個袋子走在市集中或是搭電車，都超醒目又超可愛。

▼LOGO設計、包裝設計
●創意總監：佐藤哲也
●藝術總監：遠藤令子
●設計：遠藤令子、Eri Nagamine

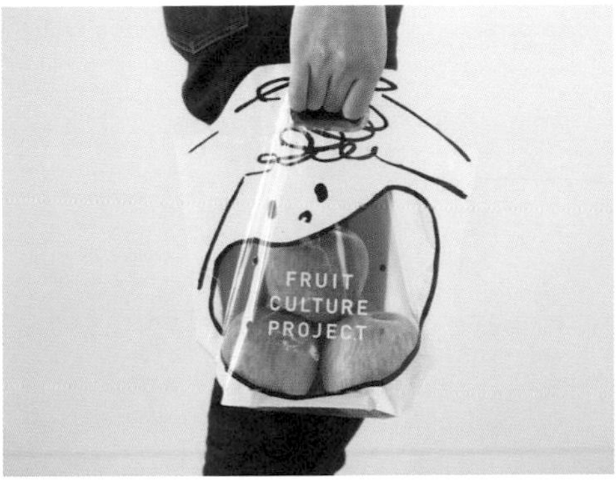

日本酒「DeReSuKe」（でれすけ） 2020

「DeReSuKe」（でれすけ）是地方方言「不行的傢伙」（ダメなやつ）之意，也是福島縣葛尾村，大家一同喝酒、拉近距離的親暱指稱。

葛尾村在三一一之後，全村被指定為避難區域，村民全面撤出，直到二〇一六年指定才被解除。或許正是因為有著這樣的背景，才希望透過有趣的酒名、令人莞爾的LOGO設計，讓大家能以此找回過去的笑容。

●創意總監：佐藤哲也
●藝術總監：遠藤令子
●設計：宮城巧

U·Style 松浦和美

7

新潟

從自然而生

實驗性行動派，以設計創造幸福

#地方刊物 #商店街名物 #地域品牌化 #自然與環境保護 #高齡化

和多數的設計師不一樣，U・Style的社長松浦和美是在結婚生子之後才開始接觸設計。那個時候，「想要做創造出價值的工作」的想法在心裡出現，儘管每天都要在家事、接送念幼稚園和小學的兩個兒子之間穿梭，但她還是決定入學設計專門學校。畢業之後，經歷了幾年的設計公司工作經驗後，「想要接自己想做的案件」的想法在腦海愈發強烈，同時更逐漸了解若是想要這麼任性而為，就得自己承擔各種風險。

二〇〇六年，松浦和美決定要獨立開業，從下定決心到創業，僅花了短短一個月的時間。這樣的實驗性行動派精神，在社長松浦和美身上、也在U・Style的各種行動中看到，彷彿是U・Style的基因一般。

她選擇落腳在新潟一處有潟湖、有湖畔樹林風景的地方——這座湖名叫「鳥屋野潟」，從湖畔市集、親水活動、《潟BOY'S》刊物……開始，展現此地獨特的自然山林魅力，並一步一步以充滿善意感的設計，為地方也為夥伴們創造幸福。

圖片來源／U・Style及其官網

Ⓣ U・Style創辦人松浦和美。

圖／作者攝

U・Style

●成立：二〇〇六年七月
●駐地：新潟縣新潟市
●負責人：松浦和美
●事業規模：約十多人
●主要事業：商業設計、地域設計
●設計理念：以設計創造幸福。

試了再說：

跟著直覺走，用設計尋回地域的魅力

從新潟市市中心開車約十五分鐘的車程，能到達一處有潟湖、有湖畔樹林風景的地方。這座湖名叫「鳥屋野潟」，是個一到冬天，就會有四千隻水鳥飛來的大潟湖，而U・Style設計事務所就座落在這片湖畔的不遠處。在二〇一五年事務所搬家至湖畔附近之前，U・Style曾經歷兩次搬家，而由於松浦和美一直對這片湖畔有著特殊的情感，再加上有越來越多與湖畔相繫的工作，因此就這麼「逐湖而居」了。

曾經親近的潟湖重拾人氣

「聽說以前這裡是一片大家會在這游泳和釣魚、情侶會搭著小船約會的潟湖。」松浦和美接著說：「但現在卻不是這樣。」因爲在高度經濟成長期，湖畔周邊出現了急速增加的住宅，而住宅的生活廢水就這麼流進了湖，污染了曾經乾淨的水質，因此原本湖裡的魚開始消失，人們也離這片湖越來越遠。

即使之後經歷下水道的整頓、「鳥屋野潟漁業協同組合」的環境改善活動，水質已有大幅度改善，但人們對於潟湖負面的印象仍舊無法改變，人們離湖已遠的狀況彷彿已成定局。「但我不覺得是這樣。」松浦和美不認輸的說，她決定要「用設計、企劃的力量讓大家看到潟湖的魅力，並讓人們重新來到這裡、親近這裡，讓湖畔重新回到充滿歡笑聲的光景」。

二〇一二年，U・Style採訪了五位曾經在潟湖邊有著深刻親水經驗的在地爺爺，把這些故事彙整製作了一本《潟BOY'S》的小冊子，而這五個在水邊游泳、捕魚、划船的故事引起了許多人共同經驗的迴響，因此二〇一三年又出了續集《潟BOY'S2》，二〇一四年更增加女性版《潟GIRL'S》，二〇一五年又有了女性版續集《潟GIRL'S2》，之後更出版了以當地進行水質調查的高中生爲主角的《潟BOY'S新世代篇》。

從小冊子的出版演進史來看，可以發現這個持續多年的出版計畫，從最一開始聽長輩們講過往的故事，漸漸走向了當下，以及未來。從最一開始

㊤「鳥屋野潟」湖畔的市集和其他親水活動，
為這片潟湖創造新的美好體驗與記憶。

的五個爺爺故事，喚起了更多爺爺、奶奶的共同經驗，而這些過去在湖畔的美好往事，促使不同世代的人有了交流、想像以及行動，像是新潟資訊專門學校就來拍了微電影，山潟中學開始了水質調查與分析，許多當地小學開始出現各種與湖畔相關的課程與活動，甚至有遠從東京來的大學生以這裡爲研究對象。而U・Style也在陸續出版的過程中，蒐集各種湖畔親水活動點子，並一一試行舉辦。

獨木舟湖景漫遊、使用自湖中捕獲之鮮魚的料理會與料理教室、湖邊採收的有機蔬菜市註⑴　「限界聚落」指村里或社區因人口外流導致高齡化，聚落共同體的功能已達到極限，面臨無法持續運作的狀態。

↑ U・Style大原分社辦公室。

集、和鄰近餐廳合作的限定菜單、營火BBQ晚會，或是把新潟水與土藝術季的會場拉到湖邊等等，好多原本只是大家天馬行空的想法都一一試驗，而像是有機市集、親子戶外野餐探險活動等，至今都變成常態舉辦的活動。這些湖畔旁邊的嘗試和體驗，正一點一滴的變成當地人共有的日常風景之一。

活化山間老家的限界聚落

潟湖之外，近年U・Style也開始著手另一處山間地區的活化挑戰。這裡是新潟縣上越市安塚區的大原集落，松浦和美的老家，也是專案經理松浦柊太郎的外祖父母家。「小的時候，經常在這片山林裡面玩。」松浦和美懷念的說。但是現在卻面臨極爲艱困的情況，聚落人口只剩大概五十人左右了，已經成了高齡化嚴重的限界聚落⑴。

「順著時間和變化的潮流說放棄很簡單，但我不要這樣。」與面對「鳥屋野潟」的態度相同，仍然是不願輕易放棄的好強個性，松浦和美也希望自己的老家能夠像「鳥屋野潟」一樣，透過設計的力量，把原有的魅力找回來，也把過往的童年記憶找回來。

於是，U・Style的設計師們，以及大家的好朋友們，開始時不時到大原的松浦爺爺奶奶田裡插秧、除草。松浦柊太郎說：「因爲這片稻田，而跟大自然有了直接的連結，自己對於感性的感受能力也就無形中提升。」在設計工作進行時，對於事物背景的爬梳與解析能力也因而提升。而爺爺奶奶的老家，也和地方的師傅合作，整修爲U・Style的大原分社，於是事務所的名片上除了新潟的本社之外，更多了大原分社的地址，由此可見松浦和美和大家的決心。

當稻田在二〇一八年有了第一次收穫之後，大家開始想這些用心栽培的越光米可以怎麼使用。大原計畫的專案經理松浦柊太郎，提出了「來做在地精釀啤酒吧！」的想法。而到了第二年二〇一九年，則是設計師江花望伊提出了「來做起司蛋糕吧！」的點子。

用稻米做起司蛋糕？聽了或許會剎那間有點詫異，但這正是這個起司蛋糕的特色：把日本酒原料的「五百萬石米」做成米麴產物——「甘酒」，再用甘酒做蛋糕！正因爲甘酒本身具有甜味，因此糖可以減半，且利用甘酒的特性，還可以不添加鮮奶油，因此能做出一款美味與健康兼具、史無前例的米麴起司蛋糕。「因爲自己當了兩個小孩的媽媽，所以想開創寶寶也可以吃的甜點！」江花也就從社內設計師，轉變成社內烘焙師，負責這款米麴起司蛋糕的販售和製作。

邊做邊調整的環境倫理行動

閱覽著湖畔旁邊的市集簡介，或是起司蛋糕的介紹，都可以在字裡行間看到「倫理消費」的關鍵字時不時的出現，像是市集活動的宣傳、起司蛋糕的原料等。問松浦和美怎麼會歸納出這樣的概念，她說：「日本人總是擁有很多很多的東西，在選擇商品的時候，若是能有一個可以爲友善栽種農友加油、爲環境做出一點微薄貢獻的選項，這樣不是很棒嗎！」而倫理消費，就是一個能夠讓大家快速理解的概念。

「其實一開始也並沒有這麼明確的概念，但是當

㊧ ㊤ 大原啤酒的稻米原料，從種植到採收U・Style都親自參與。

ŌHARA CRAFT
LOCAL CRAFT BEER

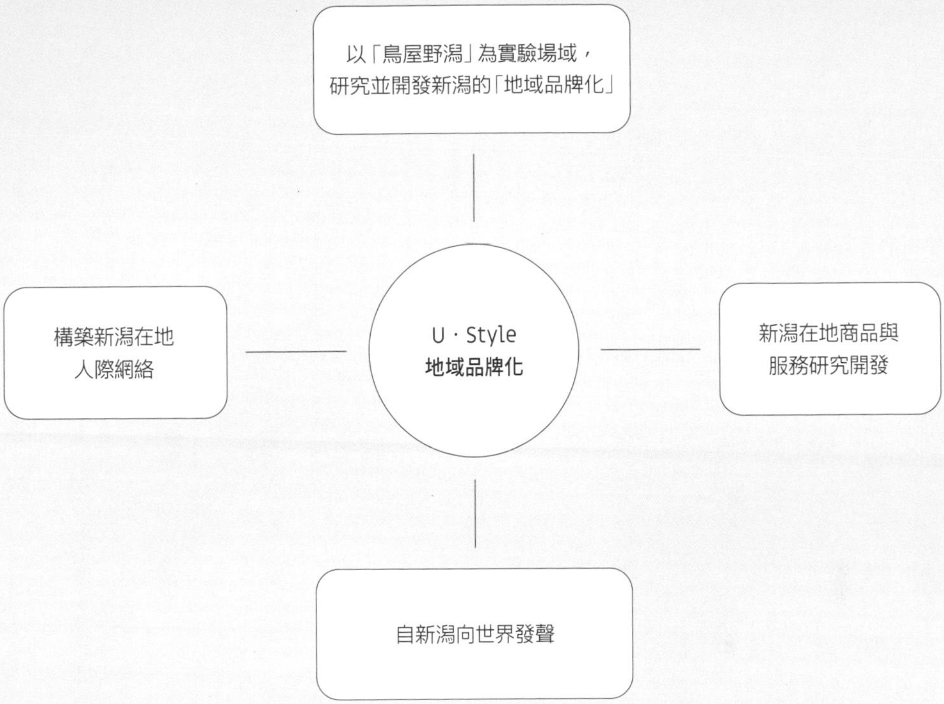

U・Style爲新潟規劃的「地域品牌化」方針

看到想做、該做的事出現，就相信自己的直覺，先試了、先做了再說。」松浦和美接著補充說：「就像是大部分公部門的計畫雖然不賺錢，但都是重要且該做的事。」也因此，不管是「鳥屋野潟」的計畫，或是後來接二連三的各種嘗試，都是先試試看再說，然後一邊做、一邊調整成現今的模樣。

「就像是市集一開始不是有機農夫市集，而是手作市集，賣的不是有理念的蔬菜，而是『漂漂亮亮、可愛可愛』的東西」，但第二年就覺得是不是要做一些調整，因此就重新定位市集活動的調性，再找來理念契合的農友，「設攤者改變之後，來訪的消費者也跟著改變」，市集也才逐漸長成現在「以倫理消費爲核心」的樣貌。

而當問起松浦和美關於未來有著什麼樣的目標，她想了想，說她是感性的行動派，總是對於一些大家都說的不可能，或是質疑，有著「未必如此」的執念，然後相信自己腦中的直覺，並動手嘗試。因此她給自己的目標就是，未來也在不斷的試驗中整理、歸納出各種行動的意義。

地域品牌化：

找出地方上被埋沒的價值，讓它變有趣

用設計的觀點去挖寶活用

看著不管是鳥屋野潟的計畫，還是大原集落的計畫，都會讓人誤以爲U・Style都是這麼只做著理想化、隨心所欲的計畫，但其實這只是U・Style的其中一部分。U・Style的事業內容若大致區分的話，有企業品牌化以及地域品牌化這兩大部分。

最初，U・Style是以企業品牌化的工作爲主，也就是企業、商店、或甚至是學校的品牌化委託，像是企業手冊、廣告文宣、網站設計等，而自幾年前鳥屋野潟的計畫開始之後，地域品牌化的事業才逐漸開展。這些地方事業的延伸，都讓松浦和美深信，新潟是個山林等自然資源豐富的寶庫，雖然過去多受到大家的忽視而未被活用，但若能以設計的觀點一個一個挖掘，新潟或許就能長出更多有趣的一面。

松浦和美的二兒子松浦柊太郎，在二〇一五年自東京明治大學畢業之後，便U-turn回新潟擔任事務所的專案經理。問他不會想念東京嗎？他說東京各個地方都有著很鮮明的個性，這樣的多元性讓東京變成一個很豐富有趣的城市。而對他來說，新潟也是個具有很多個性的地方，只是相較東京來說，新潟不同地區間的範圍比較大而已。而或許不時聽到有些人會說，新潟好無聊啊，但柊太郎會說：「當大家都覺得這裡不有趣、這裡無聊的時候，那就先從自己讓它變得有趣、變得不無聊！」

溫柔友善的工作大家庭

U・Style的設計理念很簡單，就是「以設計創造幸福」。而實際走訪一趟，真心可以感受到與眾不同的氣氛。就像剛入社、第一個從東京來到新潟的設計師山崎萌香所說的，「這裡和其他的設計事務所不一樣。」山崎當初是因爲被雜誌採訪的一張全員合照吸引，大家展露笑容的模樣令她印象深刻，大學一畢業就來實習、並成爲這裡的一分子。

“

用設計、企劃的力量讓大家看到潟湖的魅力，
並讓人們重新來到這裡、親近這裡。

——松浦和美／U．Style

↑ Mullet餐車。
↓ U．Style成員組成一個溫柔友善的工作大家庭。

不知道是不是因為社長松浦和美是女性的關係，U．Style像是一個充滿了溫柔的大家庭。像是從單身時期就入社的江花望伊，經歷了結婚、生子，而在生下第二胎後，在育兒與工作兩頭燒時，仍想盡辦法繼續在U．Style工作。社長看到這樣的狀況，便讓善於料理與接待客人的江花負責甘酒起司蛋糕的專案，並延伸這個專案變成「Mullet餐車」計畫，讓江花能夠在製作蛋糕以及餐車出勤的時候

上班，而其他時間則是能夠彈性育兒。近期，除了江花之外，還有另一位像這樣適應新的彈性上班模式的夥伴入社。而這樣對於社員、對於環境、對於一切事物的溫柔與友善，或許也正反映在U・Style總是充滿親切感、善意感的設計當中。

設計心法 Q/A 松浦和美

——在地方從事設計的優點？

1—獲得豐富的經驗

能增加生活與工作的意義感。相較在都市裡分工細碎化的設計工作，在家鄉從事設計工作，具有更高的意義感。

——在地方從事設計的心法？

1—直覺力與行動

有時候需要依靠直覺、不想太多、先行動試試，概念理念等理論層面的歸納之後會漸漸浮現。

2—把握脈絡

對於地域、產品的背景，人文歷史、自然環境等脈絡梳理後，與新的設計進行連結。

3—與自然連結

親近大自然、享用有能量的食物，訓練自己對於自然事物的感受力、觀察力，並運用於事物背景脈絡的梳理。

日本設計之旅推薦｜新潟篇

圖／作者攝

沼垂露台商店街（沼垂テラス商店街）

商店街的所在位置過去是「沼垂市場」，鄰近有著許多發酵食品工坊的「發酵小鎮」（発酵のまち），以及有著「沼垂藝伎」出沒的花街，曾經是一處交易熱絡、熱鬧非凡的地方。雖然歷經高齡化、郊外化的社會變遷，熱鬧的商店街變成「鐵門商店街」，但近年有許多個性小店進駐，讓有著昭和時期風情的商店街以令人眼睛一亮的方式轉身，成為新潟著名的新觀光景點。

●地點：新潟市中央區沼垂東 3 丁目 5 番。自新潟站徒步約 15 分鐘。

圖片來源／hickory03travelers

hickory03travelers

駐地在新潟懷舊氣氛濃厚的上古町商店街的設計事務所，以「享受日常」（日常を楽しむ）為主題，推動許多扎根當地的設計企畫，更因此獲得二〇一五年優良設計獎。位於上古町商店街的店鋪，是有八十年歷史的木造建築改建的，裡面以「新潟、設計、開心、可愛」為主題選物，除了自家原創的設計商品之外，更搜羅了許多新潟伴手禮或是日常生活用品。

●地點：新潟市中央區古町通り 3 番町 556。自白山站徒步約 20 分鐘。
●營業：11:00 ～ 18:00（週日營業至 17:00）
●公休：週一

圖／作者攝

F/style

由新潟出身的五十嵐惠美與星野若菜兩位女性設計師，於二〇〇一年創立的工作室兼設計選品店。兩位設計師與日本東北地區許多工藝職人們合作，共同開發許多符合現代生活的生活工藝品。創立至今，合作的職人都是初創時期便開始合作的老朋友，比起擴大合作夥伴、高調擴張商品線來增加品項與利潤，F/style 更在乎的是職人們的狀態，以及與製作者的關係。

●地點：新潟市中央區愛宕 1－7－6。自新潟站搭公車約 30 分鐘。
●營業：週一、六 11:00 ～ 18:00
●公休：週一、六以外

地方設計櫥窗 × U·Style

“對於地域、產品的背景，人文歷史、自然環境等脈絡梳理後，與新的設計進行連結。

——松浦和美／U・Style

地域設計的起點，泛開正向的漣漪效應

代表作品 1

爲了讓曾經與大家親近的「鳥屋野潟」潟湖重新回到人們的日常生活中，U・Style集結過去在「鳥屋野潟」潟湖周邊生活、玩耍的爺奶世代，將過往湖邊的生活記憶，透過設計、編輯重現於紙上，除了希望喚起大眾對於湖邊的親近感之外，更企圖將上個世代的生活智慧傳遞給下個世代。

跨世代對「鳥屋野潟」的新想像

二〇一二年發行第一刊《潟BOY'S》，從內容採訪、行文編輯、到最後的設計，都由U・Style一手包辦。原先只是採訪了潟湖世代的爺爺們，沒想到反應甚佳，受到潟湖世代的廣大迴響，因此之後又追加採訪有著湖邊生活經驗的奶奶們，出版女孩版《潟GIRL'S》，不讓BOY專屬於前。

這個小冊子，雖然並不是頻繁出刊，但至今仍持續編輯發行，而隨著出版數的增加，內容也從爺奶世代的往事集結，轉而討論當今潟湖的活用與未來，像是與當地的專門學校、高中的學生們合作，二〇一八年的《潟BOY'S新世代篇》，便是透過八個高中男生進行潟湖的水質調查，來探索潟湖的未來與可能。可見，此出版物不僅喚起上世代之間的共有經驗，更創造了跨代間對於「鳥屋野潟」的討論與想法的激盪。

小冊子過去雖然曾有新潟市「市民專案」的補助經費，但松浦和美不諱言，這是一個幾乎沒有實質利益的專案。然而，具體來說，因爲《潟BOY'S》、

《潟BOY'S》、《潟GIRL'S》

《潟GIRL'S》發行之後，U・Style與「鳥屋野潟」的各種緣分才因此愈發開展，像是從春天到秋天所開辦的「潟市集」（潟マルシェ）。而這些開展，又再促成了許多有趣計畫的萌發，像是在市集上，大家發現以「食物」為主題的活動受到最大迴響，因此開啟了「Mullet餐車」計畫，但由於冬季的餐車營運上較受挑戰，因此又萌生商品開發的可能。但是，要開發什麼食品呢？於是就聯想到大原辦公室與稻田的據點，便開始嘗試使用大原的物產，像是玄米甘酒、無農藥乾柿等在地食材，而開發了「米麴起司蛋糕」（參見P.188）。

案例特點

由U・Style一手包辦的小冊子，將潟湖的過去從塵封記憶裡喚出，和現在、未來串連了起來，擴散出新的認同與活化行動。雖然小冊子對事務所來說談不上有利可圖，但透過「鳥屋野潟」計畫而認識的漁師、農友等，甚至是新世代的學生們，這些關係的開展與延續，對事務所而言都是無形的財產。這個計畫更成為事務所許多其他有趣專案的起點。

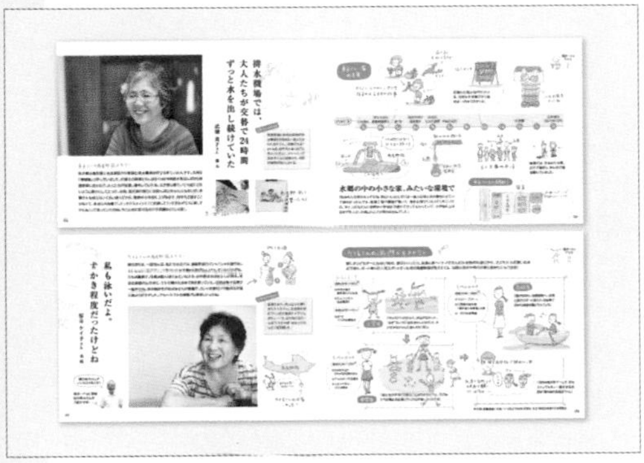

↑《潟GIRL' S2》，二〇一五。

代表作品 2

米麴起司蛋糕

貫徹U．Style理念之作，對人跟土地都友善

就上一個案例的敘事線，或許就可以看到米麴起司蛋糕的緣起，與「鳥屋野潟」計畫有著深切的淵源。但若再更深入認識米麴起司蛋糕，則可以追溯到二〇一七年起，U．Style進駐已經面臨限界聚落危機的上越市大原集落，原本熱鬧的聚落現在成爲人口僅有五十多人的「限界集落」，兒時在此有著許多美好回憶的松浦和美，不願意看到自己充滿童年回憶的地方瀕臨這樣的苦境，更怎麼樣都不願意「就讓村落在時代的變遷下被放棄」，因此便嘗試透過設計與企劃的力量，找回村落過往的活力。於是，在呼朋引伴之下，大夥在這裡種下稻穀，而收成的稻米則是以精釀啤酒、米麴起司蛋糕等面向多元發展。

米麴起司蛋糕是一款無麩質蛋糕，不僅不添加小麥粉，改選用糙米米粉，更不添加白砂糖，而是以收成的「五百萬石」酒米製成的甘酒來增加甜味，再加上放牧飼養的雞蛋、不加添加物的天然起司，以及稻田附近山林間的核桃、栗子等果實，竭盡所能的選用「能夠清楚生產者與生產環境」的食材。這款蛋糕不僅從原料（稻米）的源頭都是U．Style親自栽種，商品的包裝設計、平日的烘焙與出貨，也都不假他人之手，由U．Style自行設計與製作。此外，這個專案的執行，更是交給事務所育有幼童的媽媽員工負責，讓媽媽們可以在彈性的上下班時間中開發食譜、製作產品，一邊工作，也能夠一邊參與孩子們的成長。

案例特點

這個由新潟的湖、新潟的山地所長出來的專案，佐以U．Style對於食物的理念與堅持、設計的專才，以及對於社內職員友善的工作環境與制度，可謂是一個貫徹U．Style理念、更結U．Style風格的設計作品。

↗ 米麴蛋糕從稻米種植到烘焙、出貨、包裝設計，都由U・Style一手包辦。

代表作品 3

沼貓咪燒

沼垂商店街名物，設計的有情陪伴

在新潟中央區靠近信濃川的位置，有一條近年備受矚目的商店街「沼垂露台商店街」（沼垂テラス商店街）。曾經於昭和時期繁榮一時的「沼垂市場大道」（沼垂市場通り），由於新潟站落成，交通要點的地位不再，因此曾經面臨淪爲「鐵門商店街」的落寞時期，昔日熱鬧的商店街僅存四家雜貨店、蔬果店。

儘管冷清了些，但街上特有的昭和風情卻意外被保留了下來。二〇一〇年，一家手工冰淇淋店在此開張，隔年又有家具店、咖啡店、陶藝工作室陸續進駐到此，商店街開始漸漸有了年輕人、觀光客前來，也帶動了街上原爲市場所用之長屋的改建。二〇一四年，更開設了商店街的營運事務所，商店街的經營者們共同努力要找回「沼垂露台商店街」過往的元氣。現在，所有的街屋都有了進駐的店家，近乎三十家不同風格的小店在此聚集，「沼垂露台商店街」也就成了新潟的新興創意據點。

而U・Style在搬到鳥屋野潟湖畔之前的辦公室，就是位於沼垂露台商店街，那時商店街還是鐵門商店街的時期。後來商店街的營運事務所成立之後，更與U・Style共同合作假日活動的舉辦，不管是宣傳品的製作、市集活動當天的擺攤等等。換句話說，U・Style參與了沼垂露台商店街從熟睡的土壤中萌芽的成長階段。

在沼垂露台商店街漸漸恢復熱鬧氣氛的二〇一六年，沼垂事務所決定以自沼垂市場時期以來，便受到眾多關愛的當地貓咪爲題，進行「沼貓咪燒」（沼ネコ焼）的當地名物製作。儘管當時U・Style已經搬離商店街，但沼垂事務所還是想延續過去的合作默契，找了U・Style協助「沼貓咪燒」的品牌設計。

案例特點……

雖然不是什麼石破天驚的設計作品，但在一次性的合作之後，還能在後續看到關係的延續，以及一條商店街成長的軌跡，總覺得設計能夠這樣陪伴一個地區、一條街共同成長茁壯，真的是非常的暖心！

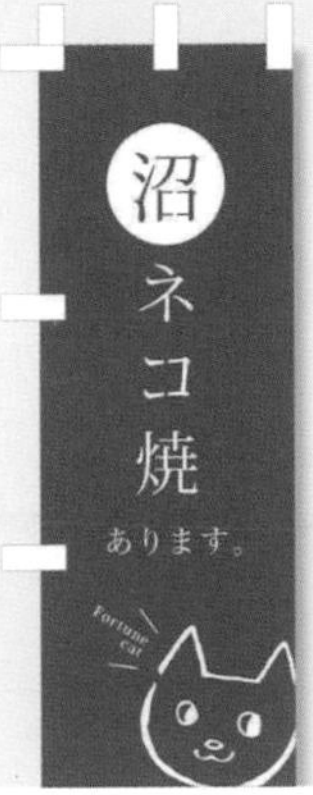

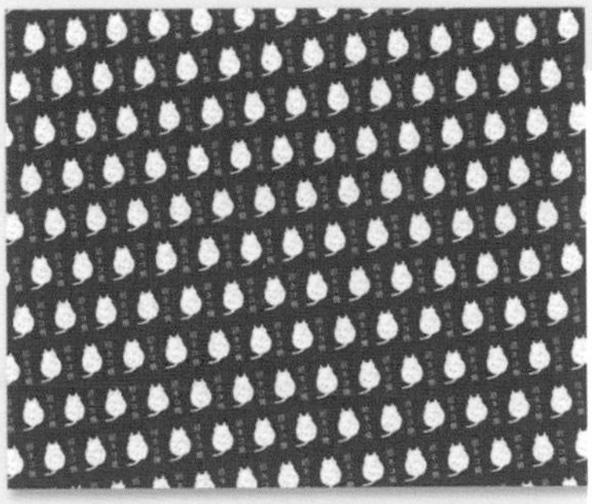

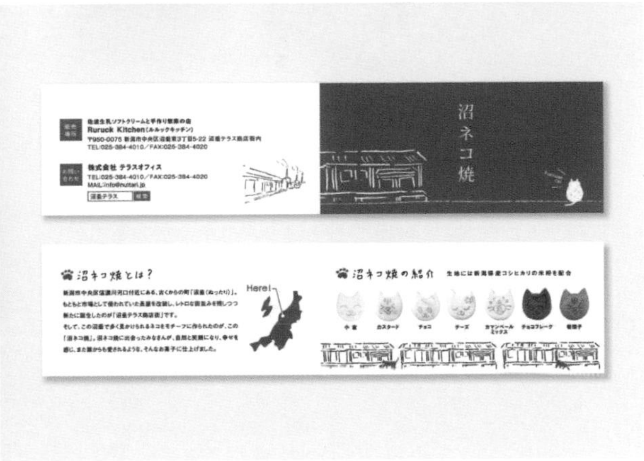

↑ 保留昭和風情的「沼垂露台商店街」，由U・Style協助打造當地名物「沼貓咪燒」。

設計案例選輯

農設計

U・Style累積了許多和農業、農產、農食相關的作品，這也難怪，因為U・Style可是一個在大原集落裡力行種稻的事務所。相信是這樣的形象加乘，吸引了許多和農有關的委託。

Oguro地域之農產品 2017

由自然資源豐富的新潟縣上越市安塚區內八個聚落所構成的「Oguro地域」（おぐろ地域），共同以Oguro地域的品牌名稱推出稻米商品，更推出「Oguro地域出產」的標章，讓當地出產的野菜、漬物、米麴，能以Oguro地域為名進行市場區隔。

▼LOGO設計、稻米包裝設計
●設計：村山、藤田

JA新潟市 KiraKiraMarket

JA是「日本農業協同組合」（即農業合作社）簡稱，本案以「和農友們一同邁步」、「連結農和食」為目標，因此在網頁等設計上，選用和大家能夠拉近距離的插圖，讓富有親近感的圖樣能夠拉近大家和JA新潟市、和農業的距離。

▼網站設計、手冊設計等
●設計：田村

田中農園

位於新潟市江南區的田中農園，是一家五人的小家族農園，以「種植給家人吃的食物」為概念，不使用農藥，也不使用肥料，完全以土地自有的力量孕育農作物。

▼LOGO設計、稻米與味噌包裝設計、網站設計、宣傳品設計
●設計：村山

地域設計

U・Style的地域設計風格，擅長從「自然」的角度出發，不管是水滴造型的三角不倒翁，或是展現潟湖魅力的系列周邊商品，都可看出U・Style是個具備觀察自然之眼的事務所。

潟之滴（潟のしずく）2015

新潟代表性鄉土玩具「三角不倒翁」，賦有「不管遇到什麼疾病或是災難，都可以在跌倒之後再度站起」之意。原本是縣內許多地方皆有製作的普遍玩具，但近年生產者銳減，只剩下新潟市與水原兩地持續在製作。而帶著希望鄉土玩具能夠持續傳承、流傳的想法，U・Style企劃潟之滴（潟のしずく）系列，與職人們合作，將新潟的四季、自然融入不倒翁的設計中，於每年發表新設計，讓一直以來總是相同模樣的不倒翁能有新的表情，也吸引更多人的注意。

▼商品設計

16潟Series（16潟シリーズ）

或許連新潟人都不知道的是，新潟縣內共有多達十六個湖泊！由於現代生活離湖泊的距離越來越遠，U・Style便想要更拉近人們與湖泊的距離、重新發現湖泊的魅力，於是就以這十六個湖泊為主題，開發了「16潟Series」，自主設計了許多周邊商品。

▼商品設計

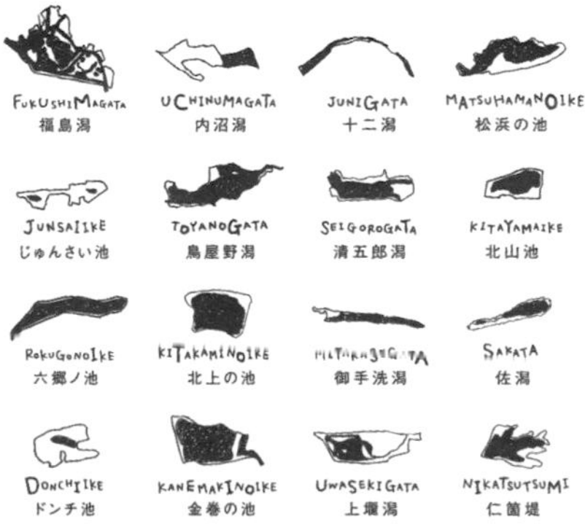

Little Creative Center　今尾真也

8
岐阜

「沒有業主」的設計

和一條商店街共生，帶著家鄉面向都會與世界

#商店街再生 #街區營造 #城市天線商店 #群眾募資 #打開工廠

要認識Little Creative Center（以下簡稱LCC），沒有到岐阜的柳瀨商店街是不行的。因爲LCC的誕生，就是在商店街的一隅；而LCC知名度大增的發跡，則是因爲爲了回饋這條商店街，而發起了商店街的手作市集活動Sunday Building Market。然而沒想到這個「報恩」最後帶來了更多的恩惠，成了LCC自豪的代表作，更帶來了許多注目與設計委託。

這群移住岐阜的年輕設計師，用設計打造自己理想的生活與工作，透過市集與隨性集合的社團活動，讓小鎮變得更有趣，「沒有業主」的設計模式竟然打開了更多合作的可能性，更以創意爆棚的「似顏繪」群眾募資、城市天線商店，讓岐阜向全日本、向世界發聲！

至於LCC一開始是如何誕生在柳瀨商店街的呢？故事的開端，要倒轉回到LCC三位創辦人大學時期以設計結盟、畢業返鄉後再續的機緣。

圖片來源／Little Creative Center及其官網

㊤ 今尾真也於東京的岐阜大廳。(圖／作者攝)

Little Creative Center

●成立：二〇一二年十一月創立，二〇一四年八月法人化
●駐地：岐阜縣岐阜市
●社長：今尾真也
●事業規模：約九名(包含設計師與採訪文編)
●主要事業：平面設計、採訪編輯、活動規劃、網頁設計
●設計理念：以在街區生活、營生的居民與店家為中心，與街區一同共存與成長。

← SBMarket的成功，帶動商店街一處舊大樓整修為Royal40，進駐了市集中許多明星店主的實體店面。（圖／作者攝）

設計的報恩：

讓小鎮變有趣，擴展新的工作機遇

原本是設計專門高中的同學三人，今尾眞也（以下簡稱今尾）、橫山七繪（以下簡稱橫山）、石黑公平（以下簡稱石黑），大學雖然就讀不同的學校，但因爲當時「設計聯盟」的風行，也跟隨風潮組成了設計聯盟團體，參與了幾項設計比賽，也獲得了一些獎項。

拿著總共約一百萬日幣的獎金，三人想著不如拿來當作開設計公司的基金吧。只是沒想到租賃一間辦公室的資金比想像中的多太多了，正當大家苦惱之時，認識了柳瀨商店街內的「柳瀨倉庫」上田哲司先生，也就是後來的房東先生。

高中的設計聯盟重續前緣

不過，並非得了設計獎、一時興起開了公司之後，就一帆風順、就有源源不絕的設計委託案出現。位於柳瀨倉庫的設計公司，遭逢成員大學畢業、到都市就職的轉折，便不敵解散命運。有趣的是，命運的造化總是弄人，兩年過後，在東京就職兩年資歷的今尾，對於東京精細的設計分業制度感到失去目標，當時世界正迎來因雷曼兄弟而起的經濟風暴，今尾就在這個外在內在環境都混亂的二十五歲，自東京回到岐阜，與同樣回到岐阜的橫山、石黑再次聚首，一起開始設計與販售文具，並租下商店街的空間開設「ALASKA BUNGU」。

或許最壞的時代，正是最好的時代。在日本，「到都市的大公司上班」幾乎是大家共同追求的正解，不只是自己的目標，也是家族的、社會的無庸置疑的期待。因此返鄉、回到地方、不成爲上班族而自己創業，這樣看似脫軌的選擇，勢必會遭受各種盤問與質疑。但今尾說，他當時並沒有受到太多勸退，「因爲當時景氣眞的太不好了。」他苦笑的解釋。不知道是不是能說託了「景氣差的福」，因爲如果沒有這一段下墜的經濟蕭條，或許就不會有LCC，岐阜也可能就少了很多有趣的發生。

柳瀨商店街情緣相互增色

採訪的隔天，ＬＣＣ的文膽杉田小姐帶著我逛柳瀨商店街。在這條離ＬＣＣ事務所走路五分鐘距離的街上，我們拜訪了「柳瀨倉庫」裡ＬＣＣ草創時期的事務所舊址，也去了ALASKA BUNGU原址店鋪。一路上，充滿了店家主人們的招呼聲，這是咖哩店老闆、那是古道具店老闆等，可以感受到商店街與ＬＣＣ緊密又溫暖的關係。

若要說清ＬＣＣ和柳瀨商店街的情分，除了這條街孕育了最初階段時期的ＬＣＣ之外，ＬＣＣ也在爲了讓商店街恢復人氣的回報上做了許多努力。二〇一四年，爲了吸引年輕人來到商店街，每月第三個週日定期舉辦的「Sunday Building Market」（以下簡稱SBMarket）手作市集開張，有著一百五十組出攤數的豐富內容，不僅成了縣內最大的市集，吸引電視媒體報導，更讓ＬＣＣ知名度大開，有了「在岐阜的設計事務所」的形象，而來自岐阜市內外的設計邀約也紛紛出現。

↓ ALASKA BUNGU店內可以找到以岐阜為主題靈感的各色設計文具和出版品。（圖／作者攝）

而這樣的結果，也正印證了今尾單純的想法：「由於做著和小鎮有著密切相關的工作，因此如果我們先開始嘗試有趣的事，小鎮也會跟著變得好玩有趣，小鎮變有趣之後，我們能發揮的工作也就會增加了。」如果地方的設計師們與地方一旦發生、達到了這麼互相加乘的關係，或許就離理想的「地方設計師」越來越近了吧？

「沒有業主」的設計做了大家開心

在某些媒體上，ＬＣＣ在柳瀨商店街的活動被歸類爲「地域營造」，但對今尾來說，那也只是結果論的「地域營造」。也就是說，起心並非做地域營造，或是想要做地域營造，而是因爲在工作的過程中，受到街區的許多照顧、恩惠，因此「想要報恩」的心情油然而生，於是就想要以自己的專長讓街區能變得更有趣、更有活力。從完全不一樣的出發點開始，只是從結果論來看，似乎變成了「設計的地域營造」。

而這樣的設計，今尾把它們歸類爲「沒有業主」的設計。相對於有著明確委託人、目的、形式的「有業主」的設計，今尾說這些並沒有業主特別來拜託，而是有著很簡單的出發點，想著「如果做了大家應該會開心吧！」就這麼開始了。

於是，二〇一四年SBMarket的計畫之外，LCC的出版部門也開張了。出版部門的本名是「倒立圖書」（サカダチブックス），但或許能更精確的說是「岐阜出版部」，因爲這邊的出版品幾乎都是以岐阜爲出發，用簡單易懂的方式吸引大家來岐阜，而倒立的形象，更展現了LCC不一樣的、活潑新奇的視角。

設計是打造自己理想的社會：

以立足岐阜的設計自信，縮短地方與都市格差

「格差」，是落差、差距之意，是近年被頻繁使用的一個日文詞，像是性別上的格差、區位上的格差等。今尾說，在都市與地方的格差上，除了最明顯的人口、資源等等之外，設計同樣有著嚴重的格差。就他的觀察，東京因爲聚集了許多人，有許多創意人、設計師，因此這些人們便藉由設計或各種傳媒，讓東京變得非常有趣。反觀地方，相較之下人口較少，創意與設計的發聲也就相對較少，因此地方的魅力度感覺就相對不足。在這樣一來一往間，城市就越變越有趣，而地方的人又不斷的往都市流動，益發造成一個不甚健全的惡性循環。

公園市集掀動蝴蝶效應

因此，今尾認爲要解決地方與都市的格差問題，創意人、設計師的加入，縮短設計的格差，是非常重要的一環，而LCC正是扮演著「縮短設計格差」的角色，透過設計爲岐阜增添魅力。更宏觀一點來看，今尾認爲設計就是打造自己理想的社會。

也是因爲這樣的心情，讓他加入了「各務原市生活委員會」（かかみがはら暮らし委員会），和家鄉各務原市一起合辦一年一度的公園市集「Market日

ⓥ 二〇一九年公園市集「Market日和」的宣傳主視覺。

和」（マーケット日和）。市集的會場「學習之森公園」（学びの森），原本是個鮮爲人知的公園，但因爲市集的舉辦，再加上各務原市生活委員會在公園裡創立了常駐咖啡店「KAKAMIGAHARA STAND」，人們開始注意到這個從前被忽略的公園，轉而變成一個受市民們喜愛的休閒場所。

「KAKAMIGAHARA STAND」每月舉辦「隨性集合」（寄り合い）活動，沒有主題、沒有目標，總之就是個橫跨年齡、性別、職業，百分百自由開放的隨意聊天聚會，每次都有許多無法預測的開展。就像是因爲聊天聚會而發展出許多小社團，如攝影社、SAKE社、健身社、閱讀社、咖啡社、錢湯社、桌遊社等，還有一個以專門挖掘各務原市的人事物爲目標的新團體「Pin」。

沒想到從一個市集開始，會產生這麼大的蝴蝶效應。公園裡多了嬉戲的聲音，人們聚在一起聊天，接著又連鎖開啟了好多新團體、新計畫的可能。

Little Creative Center主要營運事業

（圖／作者歸納整理）

東京「岐阜大廳」策略性發聲

二〇一七年，LCC開始有了雙據點的想法，因此在東京的港區承租了一個小空間，擺了兩張桌椅和兩台電腦，成立了「東京準備室」。二〇一九年七月，LCC正式從準備室畢業，在上野開的「岐阜大廳」（岐阜ホール）開幕，立志成爲東京的岐阜傳播站。

設點東京之後，今尾深刻感受到了都市與鄉村對照之下的不同可能性。在鄉村久了，視野變得相對集中，但也有可能相對受到侷限。或許，沒有對照可能就無所感知，但當這次今尾帶著設計的專業與來自岐阜的自信二次「上京」，這一次的東京不再是令人想要逃離的東京，而是一個全球性的東京，來自世界的連結與邀約一個個出現，透過東京的結點，世界彷彿就在咫尺之間。

地方、都市本來就非二元對立，今尾沒有限制自己返鄉之後只能在岐阜、足不出岐阜，再更越級的說，他也沒有限制自己因爲是生於日本，所以只能在日本。由於這樣對各種尺度的彈性與自由，讓今尾能夠在地方與都市間自在流動穿梭：原本自岐阜奔向東京，又從東京返回家鄉，然後在家鄉岐阜確立了自己的設計思考之後，又帶著家鄉來到東京接受挑戰，更在東京藉由都市的便利性、全球性，帶著家鄉面向世界。鄉村、都市、世界，三個層面的交錯與交流，在設計這一路上演繹與發生。

當今尾還在東京工作時，曾經有一段時間，被問到是「哪裡出身」時，他的回答總是「名古屋出身」，原因很簡單，就是大家不知道岐阜在哪裡，或是一講到岐阜，大家因爲太陌生而對話瞬間畫上句點。那時候鄰近的名古屋市僅是一個方便之詞，但也隱約透露了自己對於岐阜的自信之缺乏。

那現在呢？當被問出身時會選擇回答哪裡呢？「當然是岐阜！」今尾自信滿滿地說。

Royal40
（ロイヤル 40）

這棟位於柳瀨商店街已有四十多年歷史的Royal大樓，是一座至今少數存留的三十五毫米膠片電影院，二〇一四年SBMarket開辦之後，這裡成為市集的中心，因而促成一樓與二樓的整修，並更名為Royal40，讓許多個性店主進駐。目前有花店、菓子店、織品店、絹印店等，可以說是聚集了SBMarket中明星店主的實體店面。

●地點：岐阜市日之出町1-20。自岐阜站徒步約15分鐘。
●營業：大樓內不同的店家有各自的營業時間
●公休：週三

岐阜大廳
（岐阜ホール）

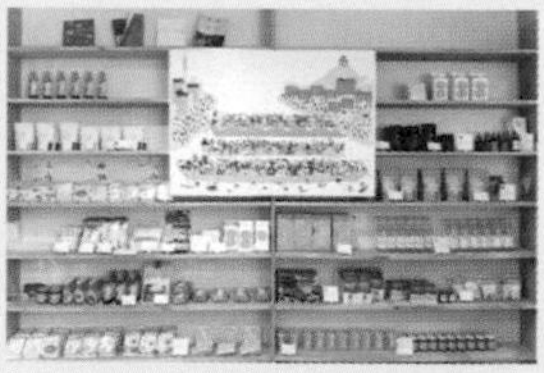

雖然這個景點不在岐阜，卻是LCC在東京重要的「岐阜宣傳據點」，因此就一併列進來了。簡單來說，這裡就是一個聚集岐阜的好物產、並舉辦以岐阜為主題之活動的據點。

●地點：東京都台東區上野櫻木1-4-5 2F。
走出上野站，穿過上野恩賜公園，徒步約15分鐘。
●營業：12:00～19:00
●公休：週五

圖／作者攝

> “
> 由於做著和小鎮有著密切相關的工作，因此如果我們先開始嘗試有趣的事，小鎮也會跟著變得好玩有趣，小鎮變有趣之後，
> 我們能發揮的工作也就會增加了。
>
> ——今尾真也／Little Creative Center

設計心法 Q/A 今尾真也

——在地方從事設計的優點？

因爲地方上的設計公司並不多，因此業主能找的設計公司不多，大概就只有我們！但相對的，地方上的設計需求也不如都市那麼多，因此雙方都是重要的存在，要創造win-win的雙贏才行！

——在地方從事設計的心法？

地方可能沒有如都市般的「設計文化」，換句話說，可能對於設計的想像仍只有名片印刷的層次而已，因此與業主的溝通，可能要從最基本的設計的概念開始解釋、說明與溝通。

日本設計之旅推薦｜岐阜篇

ALASKA BUNGU

LCC所經營的文具店，一樓的店面之外，樓上的樓層都是LCC設計事務所辦公室。在這裡可以搜集到全套的LCC自家設計文具、出版品。

●地點：岐阜市神田町6-16-2。
自岐阜站徒步約15分鐘。
●營業：12:00　18:00
●公休：週二、三

**柳瀨倉庫團地
(やながせ倉庫団地)**

LCC的發跡之地，最貼切的形容或許是「岐阜版萬年大樓」。這裡是匯聚了岐阜各種次文化的大本營，大概是柳瀨商店街裡創意能量最高的地方。

●地點：岐阜市彌生町10番地。
自岐阜站徒步約20分鐘。
●營業：12:00～19:00
（團地內不同的店家有各自的營業時間）
●公休：週三

地方設計櫥窗
×
Little Creative Center

"

因為地方上的設計公司並不多，因此業主能找的設計公司不多，但相對的，地方上的設計需求也不如都市那麼多，因此雙方都是重要的存在，要創造win-win的雙贏才行！

——今尾真也希／Little Creative Center

代表作品 1

柳瀨商店街營造

整合商店街復甦計畫，催化創作者進駐意願

就像是今尾強調他並非一開始就明白的大喊「地域營造」，而是從結果論被歸爲街區營造，LCC並非自始就打著要進行「柳瀨商店街營造」的旗幟，或呼喊著商店街活化等口號，而是在進行案例撰寫時，把LCC一連串經手的專案攤開，就自然而然歸結爲「柳瀨商店街營造」一題。而這一題，要從兩個面向說起，一個是「Sunday Building Market」市集計畫、一個是柳瀨倉庫團地的共同營運計畫。

商店街與創作者形成命運共同體

首先，「Sunday Building Market」的出現，背景是全日本商店街面臨的危機。因爲近郊購物中心的增加、消費習慣的改變等原因，日本各地的商店街都有越來越多商店停業，拉下鐵捲門，變成了「鐵捲門商店街」的危機，而在這一波危機中，岐阜的柳瀨商店街亦無所倖免。但爲了讓年輕人能夠重新認識商店街，也爲了讓商店街的店家能夠恢復自信，因此出現了「Sunday Building Market」（以下簡稱SBMarket）的市集企畫。SBMarket是一個月一次的市集，每個月的第三個星期天，有多達一百五十個手工藝創作者會聚集到柳瀨商店街。每個月僅此一次的活動，聽起來改變的力量似乎微弱，但持續舉辦六年，累積的能量卻十分驚人，像是在市集裡累積粉絲的創作者開始在商店街裡尋覓店鋪、在市集結識的創作者同好決定在商店街裡一起開工作室等等。

再來是二〇一五年，LCC開始加入「柳瀨倉

㊤ Sunday Building Market每月舉辦一次。

㊧ 原本在市集出攤的花基地，已於柳瀨商店街開了實體店鋪。（圖／作者攝）

庫團地」的營運。這是一處有著五十多年歷史的老建物，二〇〇四年在木工職人上田哲司先生改裝之下，成爲一個讓各式創意商店進駐的租賃空間，二〇〇七年剛起步的ＬＣＣ前身「ALASKA BUNGU」也曾是團地的租戶。團地不僅有店鋪空間的租賃，更有如格子趣商店的寄售服務，因此在這樣的空間中，有咖啡店、古著店、古家具、小書店，也有著手工藝創作者們的寄售平台。二〇一五年，ＬＣＣ加入團地的營運之後，協助寄售空間媒合手工藝創作者，此外再加上二〇一四年開始持續舉辦的SBMarket，全面整合了商店街的復甦計畫，更建構了一個各式手工藝創作者的生產、消費、交流生態。

例如二〇一八年八月在柳瀨商店街開幕的「花基地」，就是原先在SBMarket出攤的乾燥花與古道具商店。而商店的店鋪位置，就是ＬＣＣ過去在商店街的「ALASKA BUNGU」舊址，而花基地目前的視覺設計、宣傳物設計，亦是ＬＣＣ的作品。從這個例子即可看出ＬＣＣ與商店街既緊密又互助的關係。

案例特點

LCC所企劃的，並非單發式的活動，而是彼此間有相互連結，讓循序漸進的連結創造一個好循環。透過「柳瀨倉庫團地」的格子趣商店吸引對手工藝、販售有興趣的創作者，再透過「SBMarket」的活動舉辦，培養創作者的粉絲，並創造創作者之間更多元的連結與互動，催化在商店街裡一起開店的意願。

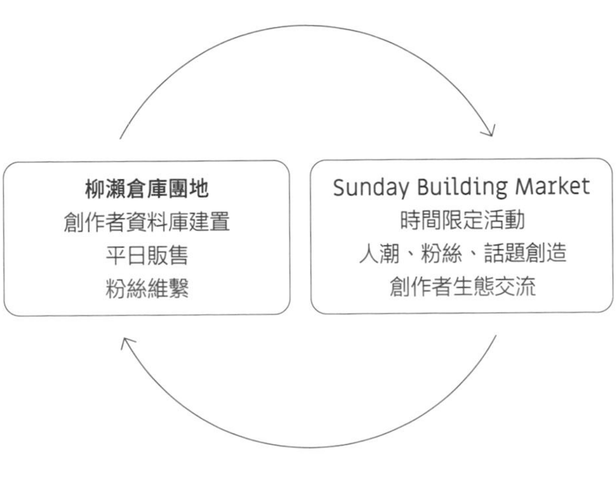

Sunday Building Market與柳瀨倉庫團地的互動生態

（圖／作者歸納整理）

岐阜大廳

岐阜亮相東京據點，以「似顏繪」圖像回饋贊助

不諱言，一聽到「岐阜大廳」這個計畫，第一個問題一定是，怎麼會想到要在租金驚人的東京，以私部門的力量開一間以岐阜爲名的店呢？今尾說，在地方創生的政策保護傘之下，都道府縣層級底下，如鄉鎮市的「市町村」，有著許多可運用的宣傳資源，因此每一個鄉鎮無不使出渾身解術想盡辦法行銷、吸引大眾。但對今尾來說，就岐阜的狀況而言，由於岐阜本身尚缺知名度，大眾對於岐阜的印象也還非常稀薄，因此比起岐阜各地的鄉鎮自行進行小規模的宣傳，倒不如先統合各地以岐阜爲整體進行行銷。

募資行動靠「大船離港」繪圖創意達標

只是，當層級從市町村要躍升到縣，層級一旦升高，限制就會增加，行政的速度也同等被放慢。「與其等地方政府緩慢的反應，不如就自己做比較快。」今尾這麼說。也因此，以岐阜爲一大品牌與主體，「上京」開LCC第二據點的計畫就這麼展開。

爲了籌措經費，二〇一九年五月開始，LCC推出了一個「招募岐阜大廳號船員」的群眾募資專案。今尾說，有別於一般的群眾募資會提供贈禮給贊助者，岐阜大廳號的這個募資案卻沒有回饋贈禮，「推出前眞的滿擔心會被認爲是詐騙。」今尾不好意思的說。厲害的是，這個像是詐騙的募資案，募資目標一百五十萬元在上線第二天就達標，於是計畫又再擴大，最後以四百三十七人贊助、共三百七十四萬元的金額漂亮結案。

那這個募資案究竟是如何「詐騙」到贊助者的呢？相較於實質的贈禮，LCC轉化了贈禮的意義，以象徵性的「船員似顏繪」作爲回饋。簡單來說，LCC的東京據點計畫，就像是一艘要從岐阜航向東京的大船，而贊助的人就像是船上的船員，或是在岸上迎送的人，依據不同的贊助金額在圖上有不同位置與動作，而LCC則以擅長的繪圖技術，將贊助者的形象，或是想要宣傳的商標繪進這幅「大船離港」的畫作中。

由於太快達成初步目標，因此原本預計的單層船隻，也在計畫擴大之後變成一艘有著三層樓的豪

↑ 繪出贊助者圖像或商標的「大船離港」圖。

↗ 東京的岐阜大廳是聚集岐阜的好物產、有關活動的據點。(圖／作者攝)

華客船。有趣的是，有的贊助者在全家人之外更以寵物的名義贊助，因此船上不僅有喧騰的人氣，更有寵物們的身影。而這幅畫作，最後被掛在落成後的岐阜大廳中，「爲了要吸引贊助者親來店裡，以及鼓吹贊助者帶朋友來看畫作中的自己。」今尾帶著心機的說。

案例特點

群眾募資的專案上，以有別於常態的回饋方式吸引大眾好奇，並透過擅長的似顏繪插畫，勾勒一幅大眾共同出資、協力航向東京的團體圖像。總結而言，贈禮回饋上選擇了非物質的、虛擬的似顏繪，但又透過團體圖像形象化了所有的出資者，將所有贊助者具體畫在一幅出航合照中，在虛實轉化間，不僅有趣，更加深了贊助的意義。

設計案例選輯

← 自家商品

LCC的文具部門「ALASKA BUNGU」，自LCC創立以來便自行設計許多文具用品，其中更有多款以岐阜為題的文具、紀念品、信紙組等，LCC對岐阜的愛由此可見。

↓ 岐阜出版物

出版物的製作與設計，是LCC非常重要的一環，因此公司內部設有一出版部門「倒立圖書」（さかだちブックス），所發行的出版物都和岐阜深深相關。

《岐阜的東西》2015

在岐阜，深藏著許多不管是自己使用、抑或是作為伴手禮，都會讓使用者感到幸福開心的工藝品。這本《岐阜的東西》便是透過LCC自創的「岐阜小子」，帶領大家認識岐阜的逸品。主要策劃這本出版物的橫山，原先也對於岐阜的工藝不太認識，但是「越採訪就越認識了岐阜的深度」。

《我的岐阜觀光案內》2015

隨筆作家小栗淳一以現實交錯虛幻的方式，所創作的「極個人觀點」岐阜觀光旅遊手冊。或許，對於旅人的觀光指引功能並不顯著，但提供了一個新奇的觀點認識岐阜。

●藝術總監・設計：石黑公平
●編輯：小栗淳一

岐阜文具紀念品

2007

岐阜的書籤：把具有岐阜代表性的特產化為線條簡單的插圖製作為書籤，作為岐阜的另類伴手禮。以「鵜」（ウ）插畫書籤為例：在岐阜，有一種傳統特有的「捕鮎魚」方式，是利用鵜鳥吃鮎魚，再讓鵜將吞下的鮎魚吐出。這種漁法非常特殊，並非任何人都能勝任，因此熟悉此漁法的人被尊稱為「鵜匠」。

▼文具設計

圖／作者攝

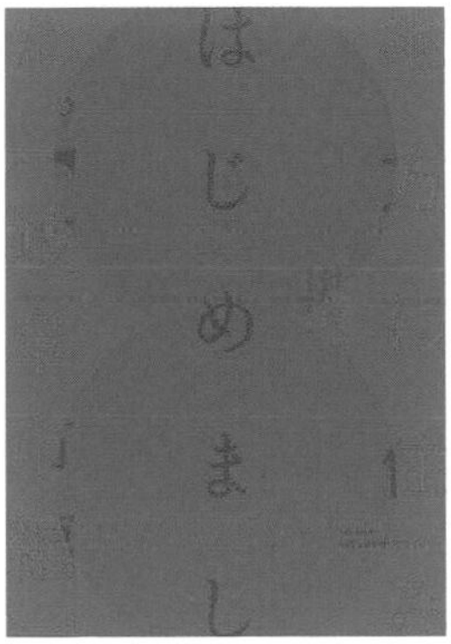

《第一次住在地方——岐阜篇》

2017

東京出生、東京長大的衫田映理子，在對岐阜一無所知的情況下加入LCC，移住到岐阜。在移住生活的前三個月，以腳踏車在市區內穿梭，最後以非在地居民、亦非觀光客的奇妙視點，為岐阜初心者製作了這麼一本岐阜入門書！

●創意總監：橫山七繪
●藝術總監・設計：石黑公平
●編輯：杉田映理子

《Gifu LIFE》

2018

由於岐阜學子多至外縣都市就讀大學，到岐阜就學的縣外學子更是少之又少，因此岐阜聖德學園大學特別委託LCC，以現在的高中生、大學生為目標讀者，製作一本大學城街區的生活誌，讓大眾在選擇升學大學時，亦能將街區生活的美好想像納入考量。

●創意總監：橫山七繪
●藝術總監・設計：石黑公平
●編輯：杉田映理子

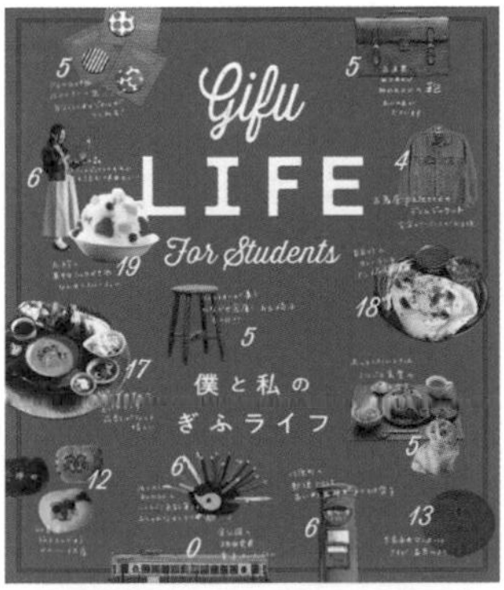

柳瀨商店街的夥伴們

柳瀨商店街跟LCC的淵源又深又長，近期商店街內有不少店家的設計物，就是出自於LCC之手。

柳瀨倉庫團地 2015

從最一開始是「柳瀨倉庫」的進駐者，再到後來成為協同經營者，這一路的轉折，就像是LCC的設計報恩之旅。

▼LOGO設計、視覺識別設計
●創意總監：今尾真也
●藝術總監・設計：石黑公平

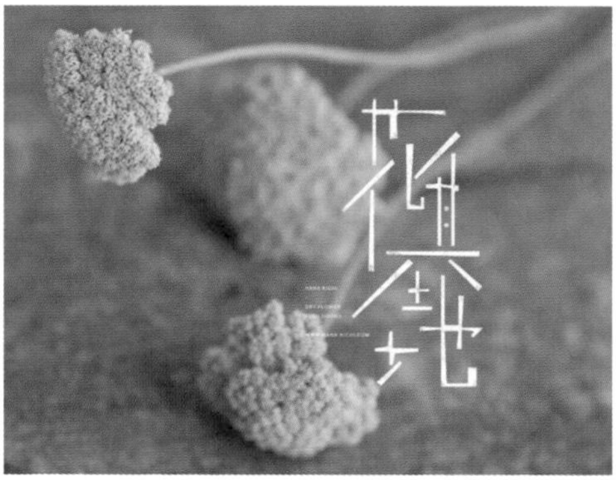

花基地 2017

原先在SBMarket出攤的乾燥花與古道具商店，因為是市集的人氣攤位，為了滿足市集休息日的訂購需求，因而在柳瀨商店街開設常態實體店面。

▼LOGO設計、視覺識別設計、網站設計
●藝術總監・設計：石黑公平

古道具 mokkumokku 2018

原本只是在柳瀨倉庫團地的二樓閣樓以及網路上販售古物，後來古物不斷繁殖增加之後，在柳瀨倉庫團地的南館一樓開設了更大的展示商店！

▼網站設計
●藝術總監・設計：臼井南風

喫茶室山脈 2018～19

位於岐阜縣各務原市的「喫茶室山脈」，在夢想要打造一家咖啡店之時，就來找LCC商談。「山脈」名稱來自於店內選用海拔較高之地所採收的咖啡豆，此外，招牌甜點蒙布朗也因此設計為「山脈」造型，呼應「山脈」之名。

▼品牌設計、LOGO設計、視覺識別設計、網站設計
●藝術總監・設計：橫山七繪

KAKAMIGAHARA STAND 2018～19

今尾身為「各務原市生活委員會」一員，因此當市集「Market日和」超展開至公園內開設常駐咖啡店「KAKAMIGAHARA STAND」時，LCC當然也就拔刀相助負責視覺設計的工作！

▼LOGO設計、視覺識別設計、網站設計
●創意總監：今尾真也
●藝術總監：石黑公平
●設計：石黑公平、中村有貴

店鋪品牌塑造

LCC自己開店（東京的「岐阜大廳」），也幫想開店的人圓夢。

地方產業

除了點狀的個別店家之外，LCC也協助線狀、面狀的地方產業進行活化。

關的工廠參觀日 2019

岐阜縣關市，是世界三大鐵具刀具的產地，二〇一九年第七屆的「打開工廠活動」——關的工廠參觀日，不管是工廠參觀、工作坊舉辦、演講活動規劃都是委託LCC負責。

▼活動策劃、視覺識別設計、海報設計
●藝術總監・設計：石黑公平

TRUNK DESIGN 堀內康廣

9

兵庫

當設計遇上工藝

拼起兵庫手工藝地圖，與職人攜手開創新路

#傳產工藝創新 #職人平台 #工藝旅遊 #品牌推廣 #打開工廠

從兵庫縣神戶市區搭電車到垂水區，穿出都心之後電車開始沿著河岸行駛，一不留神，車窗映照的風景就變換到蔚藍的海岸，以及灑在海面上的粼粼波光。在山陽垂水站下車，接著在上上下下的坡道中找尋，就這麼來到了吹著海風臨著海的TRUNK DESIGN事務所兼店鋪的位址。

推開大門，撲鼻的是薰香明星商品「日日」、「ku」的沁香，就在被這些誘惑嗅覺、情不自禁想開始研究各種不同香味的同時，「要不要先喝一杯咖啡？」TRUNK DESIGN的總監堀內康廣問。然後他就在櫃檯開始磨豆、手沖咖啡，小店裡在薰香之外又開始升起咖啡香。

從與兵庫工廠合作的火柴設計開始，加上「想要更認真的推廣兵庫的好東西」的開店哲學，他展開「兵庫手工藝產地之旅」拜訪職人與產地，一路上創造了七個品牌，涵蓋火柴、線香、服飾等，都是地方傳統產業與設計結合的火花。

圖片來源／TRUNK DESIGN及其官網

㊤ 堀內康廣於TRUNK DESIGN事務所兼店鋪。（圖／作者攝）

TRUNK DESIGN

●成立：二〇〇九年
●駐地：兵庫縣神戶市
●負責人：堀內康廣
●事業規模：約七人
●主要事業：與手工藝職人合作推出原創品牌與商品。
●設計理念：利用設計的力量留住日本工藝。

「Hyogo Craft」計畫：
從兵庫手工藝業者的田調出發，以設計助力傳統產業

遇見火柴工廠立下職涯轉捩點

堀內康廣在神戶市的灘區出生，幼年時因爲搬家而成長於垂水區。中學時期因爲太喜歡電影《回到未來》裡的飛車「德勞瑞恩」，因此開始對汽車以及產品設計有興趣，並立下目標要成爲設計師。高中畢業之後歷經設計專門學校，畢業之後便開始了設計師的工作，進入了印刷公司、廣告公司等，儘管是in house的社內設計師，但堀內一直保有著「三十歲左右要自己獨立創業」的志向，因此當工作工時長的時候，他比誰都更早上班更晚下班；當工作量較低的時期，則是在閒暇時間自行進行各種設計練習與嘗試。

在廣告公司期間，越來越多獨立作業的案子，讓堀內離獨立創業的路越來越近。二〇〇八年，一個工作的機緣讓他認識了當地的火柴公司，而這成爲他設計生涯的轉捩點。是做面對消費者的商業廣告設計工作？還是扎根當地、以設計爲當地工廠助力？在這兩個截然不同的選項中，堀內選擇了後者。於是在二十六歲的那年，比自己的目標更早些，堀內就獨自開業了。

借三百萬元跑田野挖掘好想法

獨立開業的轉折，讓堀內開始重新認識這片自己居住的土地。

二〇〇九年，TRUNK DESIGN的小店開張，同時間與火柴工廠的合作也陸續開始，因此店裡成了一個介紹兵庫火柴的小據點。當有客人到店鋪時，堀內就會以「這個火柴是兵庫縣姬路的、這個線香是兵庫縣淡路島的特產」爲開端，介紹姬路的火柴生產量佔了日本的八成產量，還有淡路島因爲風向等氣候條件，所以是適合生產線香的優異產地等資訊。而令人驚訝的是，即使是兵庫縣當地人，一聽到這

些也會有「咦，以前都不知道呢」等反應。自始，堀內決定小店的任務就是要向兵庫當地的人們，介紹兵庫的特產、兵庫的好，而在兵庫立定基礎之後，要再走向日本各地，進而走向世界。

二〇一一年，堀內給自己一個名為「Hyogo Craft」（兵庫手工藝）計畫的功課。下決心之前，堀內一度非常苦惱，而在諮詢D&Department的總監長岡賢明（參見第二章）之後，得到的回應是「一定會非常辛苦，但還是就做下去比較好」的鼓勵，於是在當場就下了開始行動的決心。

↑ 堀內花一年時間親訪兵庫大小工藝工廠，圖為淡路島製香職人。

坦白說，這一個計畫並非誰的委託，也不是政府的計畫，因此沒有委託費、沒有贊助、更沒有補助金，一切只是自己想這麼做就開始了。那時候的他向銀行借了三百萬，給自己一年的時間，從基礎的田野調查開始，尋找這一路上可能發生的可能。

之後，堀內的「兵庫手工藝產地之旅」啟程了，他打電話給兵庫的大大小小工廠、工作室，央求對方「因為想要宣傳兵庫的好東西，拜託讓我參觀」，而只要一獲得同意，就驅車拜訪。堀內心裡想的是，與其做著像是詐騙的廣告設計，或許這個計畫更適合自己，但要做，就要義無反顧的做。

以設計結合工藝的產品開發

最初，堀內並非抱持任何商品開發的企圖，他

↓「Hyogo Craft」計畫拼起了兵庫手工藝的地圖。

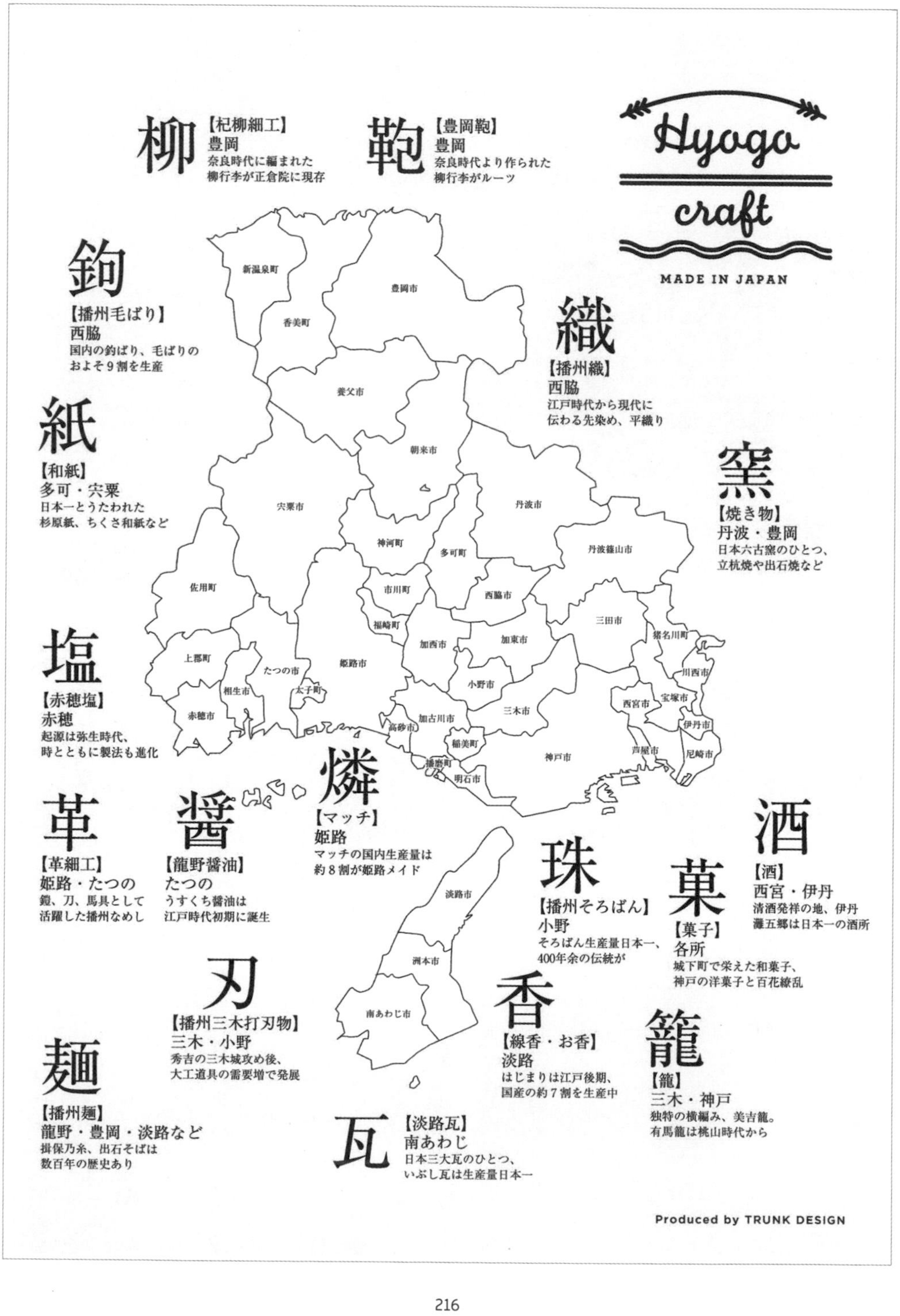
Hyogo craft
MADE IN JAPAN
柳
【杞柳細工】
豊岡
奈良時代に編まれた
柳行李が正倉院に現存
鞄
【豊岡鞄】
豊岡
奈良時代より作られた
柳行李がルーツ
鈎
【播州毛ばり】
西脇
国内の釣ばり、毛ばりの
およそ9割を生産
織
【播州織】
西脇
江戸時代から現代に
伝わる先染め、平織り
紙
【和紙】
多可・宍粟
日本一とうたわれた
杉原紙、ちくさ和紙など
窯
【焼き物】
丹波・豊岡
日本六古窯のひとつ、
立杭焼や出石焼など
塩
【赤穂塩】
赤穂
起源は弥生時代、
時とともに製法も進化
燐
【マッチ】
姫路
マッチの国内生産量は
約8割が姫路メイド
革
【革細工】
姫路・たつの
鎧、刀、馬具として
活躍した播州なめし
醤
【龍野醤油】
たつの
うすくち醤油は
江戸時代初期に誕生
珠
【播州そろばん】
小野
そろばん生産量日本一、
400年余の伝統が
酒
【酒】
西宮・伊丹
清酒発祥の地、伊丹
灘五郷は日本一の酒所
菓
【菓子】
各所
城下町で栄えた和菓子、
神戸の洋菓子と百花繚乱
刃
【播州三木打刃物】
三木・小野
秀吉の三木城攻め後、
大工道具の需要増で発展
香
【線香・お香】
淡路
はじまりは江戸後期、
国産の約7割を生産中
籠
【籠】
三木・神戸
独特の横編み、美吉籠。
有馬籠は桃山時代から
麺
【播州麺】
龍野・豊岡・淡路など
揖保乃糸、出石そばは
数百年の歴史あり
瓦
【淡路瓦】
南あわじ
日本三大瓦のひとつ、
いぶし瓦は生産量日本一
新温泉町
香美町
豊岡市
養父市
朝来市
宍粟市
丹波市
神河町
多可町
丹波篠山市
佐用町
市川町
西脇市
三田市
福崎町
加西市
加東市
猪名川町
上郡町
たつの市
姫路市
川西市
相生市
太子町
小野市
赤穂市
宝塚市
西宮市
三木市
高砂市
加古川市
伊丹市
稲美町
神戸市
芦屋市
尼崎市
播磨町
明石市
淡路市
洲本市
南あわじ市
Produced by TRUNK DESIGN

↓ 鹽屋Cafe推廣兵庫工藝好物。（圖／作者攝）

只是想，這一路上總是會有什麼好的想法出現吧，換言之，這趟旅程像是爲了挖掘好的想法而走。最後事實證明，這一趟並沒有白走，光是拼起那張兵庫手工藝的地圖，就爲TRUNK DESIGN立下了兵庫手工藝地毯式搜索家第一把交椅的地位，日本各地的縣市也開始邀約TRUNK DESIGN來協助縣內的工藝、觀光推廣。而一直到二〇一九年的這八年期間，縱使並非起初的目標，但一路上也創造了七個品牌，涵蓋火柴、線香、服飾等，都是兵庫的傳統產業與設計結合的火花。

二〇一六年一月，鄰近TRUNK DESIGN三站距離的「鹽屋Cafe」開張，成爲「Hyogo Craft」計畫的常態展示所。在「想要更認眞的推廣兵庫的好東西」的開店哲學上，除了「Hyogo Craft」計畫的展示會場之外，也透過當地食材所製作的料理、不定期舉辦的活動與工作坊等，用各種角度讓蒞臨的客人透過五感全面體驗兵庫。

合作模式多元化：
設計師的留白與承諾，催生職人創造驚喜成品

不收設計費的彈性合作策略

通常一間設計公司所收的是產品的「設計費」，但在TRUNK DESIGN，因爲合作的對象多是手工藝工坊，而且多是從自身啟動，向傳統產業提案。換言之，不是被動等待設計案上門，而是向傳統產業主動出擊。因此，在這樣的背景下，在傳統的設計費之外，TRUNK DESIGN與工坊的合作就發展出非常多元的模式。

像是與播州織品的另一個品牌「megulu」，TRUNK DESIGN並非向職人收取設計費，而是TRUNK DESIGN持有設計版權，向職人們下訂產品。因此不僅沒有收到設計費，還要付製作費給職人們。而最後，這些商品在TRUNK DESIGN的店鋪販售，TRUNK DESIGN再由消費者所支付的金額中「收取設計費」。也因爲背負了直接面對市場的壓力，因此對於市場的喜好、走向，必須要有更敏銳的觀察。

另外，由於和合作的傳統產業職人們有著特殊的信賴關係，因此有些工廠也會特別通融，不用一次下單太巨量的數量，好讓TRUNK DESIGN可以減輕庫存的壓力。像是TRUNK DESIGN另一個線香自有品牌「Daily」，就是少量向工廠下單，工廠再協助裝箱與出貨。如此一來，就不是制式的利益考量關係，而是與工廠的職人們有著兩人三腳的互助、互信關係。

職人、設計師各司其職又相互支援

更有趣的是「王地山燒」的案子。這是一個來自兵庫縣丹波篠山市公所的請託，希望能夠提振銷路每況愈下的王地山燒瓷器，讓一八一三年開窯的王地山燒恢復元氣也恢復光彩。爲了找出銷售的問題，堀內仔細研究了三年間的銷售收支，重新計算了理想的成本率、定價，並製作成表格等交給了瓷器職人，而職人當場才感受到「原來照原本的模式賣

Ⓛ 淡路島製香工廠願意接受「Daily」少量下單，並協助裝箱出貨。
Ⓓ 品牌「megulu」是由TRUNK DESIGN向職人下訂產品。

下去只會越賣越虧」。也是這時，職人才意識到原來幾乎沒有行銷的預算，不說設計費，連製作宣傳品、網站的預算都幾乎不存在。面對這樣的窘境，堀內曾猶豫著要不要接下這個像是燙手山芋的案子。

大概沒有設計師會接下這樣幾乎是零預算的案子吧。「但……從以前開始就超喜歡器皿，收集了很多器皿，總想著有哪一天可以自己設計啊！」堀內這麼一想，決定豁出去了，「沒有預算也做吧。」而零預算的替代是，由TRUNK DESIGN取得商品的專利權。也就是由王地山燒的職人「王地山陶器所」負責製作，而販售全權交由TRUNK DESIGN。堀內現在回想起來，「或許因此兩邊都能夠專心一志」，在各自的主戰場裡盡情發揮。

起初，產品剛推出的第一年市場反應並不如預期，但第二年二〇一九年在東京的「手手手見本市」商展出展，再加上媒體的報導之後，王地山燒一改過去的銷售成績，訂單突然湧入，過去一年兩百萬日幣的營業額，現在則是一個月就能夠快速達成。沒想到，原本燙手山芋的案子，現在成了自豪的明星作品。

「對於『不管設計出來的產品賣或是不賣，設計師都收設計費』這件事感到違和。」堀內總結的說。換句話說，當設計師沒有接觸到銷售、沒有對設計的作品有所承諾，美麗的、新穎的設計完成之後就坐領設計費，卻不用面對作品的銷售以及相關後續，堀內內心是感到質疑的。也因此，在TRUNK DESIGN，不管是設計的前端、抑或是後續的銷售，堀內都是顧前顧後、親力親爲，和合作的夥伴一起看著每個設計的誕生與成長。

特意留白的設計師視點

有著許多和手工藝生產者的合作經驗，堀內是這麼看自己身爲設計師的身分：相較職人們專注著自己專精的領域，設計師可以帶來都市的經驗、海外的經驗，也就是「外界的視點」。

但並不因爲是外界的視點，就覺得有任何上下優位。特別是相較多數設計師都做了百分之百的設計，要掌握百分之百設計成品的樣貌，堀內卻反其道而行，有時候特別留下雙方能夠互相發揮的「留白」。

「如果設計師做了一〇〇%的設計，不管和誰一起合作結果大概都會一樣；相對這樣，我更在乎的是『因爲和誰一起合作』才孕育出的設計。」像是和「播州織」職人的合作，堀內就是設計好產品大致的「規則」，而配色等部分就交由職人思考。

「如果自己做了全盤的設計的話，那常常都是在自己預期的、想像之內的結果。」但若是「留白」給合作的夥伴，讓對方也一同思索、考慮，那麼有的時候出現的會是超乎自己預期的、想像以外的設計成果。也因此，這個新品牌「iRoDoRi」（イロドリ），就一反TRUNK DESIGN給人的印象，意外打開了另一個風格的大門。

心儀城鄉之間的半途都市

談起TRUNK DESIGN的基地神戶，堀內盡是滿意的驕傲。他說這裡是個依山傍海、想要登山或是到海邊都可以滿足的地方，不是大都會，也不是太

“

如果設計師做了一〇〇%的設計，
不管和誰一起合作結果大概都會一樣；相對這樣，
我更在乎的是「因為和誰一起合作」才孕育出的設計。

——堀內康廣／TRUNK DESIGN

↑ TRUNK DESIGN與「播州織」工坊合作的品牌「iRoDoRi」，因留白的工作原則意外孕育出新風格。

㊦ 依山傍海的神戶是TRUNK DESIGN滿意的基地。

偏鄉，就是一個剛剛好的中點地域，是個「居心地」（即居住起來的感覺、心情）非常棒的地方。

而若是再說深層一些，堀內說：「越走向都市，就越覺得那是一個資本主義的世界；而越走向地方，就會覺得這是一個社會主義的世界。」在都市，就是一個透過金錢買賣才能生存的地方；而地方不一樣，這裡有豐盛的物產、工藝、資源，不是一個全然用金錢建構的「富裕」之地，而這也是他沒有一心嚮往東京、大阪的原因。

立基在兵庫縣的神戶，堀內的目光不是望向鄰近的大阪等大城市，而是將目光轉向兵庫縣鮮少人注意到的產地。在未來，他準備要建立兵庫爲中心的職人網站媒體，還想要聯合各地的創意人，一同成立一個日本手工藝旅遊網站「Local Craft Japan」，而這些計畫，更要和台灣、香港的夥伴一同合作，透過翻譯，將兵庫、將日本的手工藝傳遞到世界。

設計心法Q/A 堀內康廣

——在地方從事設計的優點？

在「社會主義」式的環境裡，感受地方的各種「富裕」。

——在地方從事設計的心法？

1—設計費之外

依照不同的工坊、職人，運用不同的合作方式。

2—留白的藝術

比起一〇〇%完成的設計規畫，留下讓職人們發揮的空間。

日本設計之旅推薦｜兵庫縣神戶篇

TRUNK DESIGN
事務所＋
商品展示店

TRUNK DESIGN的大基地，除了事務所和商品展示店之外，還因為在二〇一八年意外繼承了一家昭和時期至今的活版印刷工廠，店裡因而多了許多印刷機器，因此也不時會舉辦活版印刷工作坊。

●地點：兵庫縣神戶市垂水區天ノ下町11-10。
山陽垂水站徒步5分鐘。
●營業：10:00～18:00
●公休日：週三、四

鹽屋Cafe

二〇一六年開張的TRUNK DESIGN二號店，除了是「Hyogo Craft」計畫的常態展示空間，更是可以以「味覺」體驗兵庫的地方。此外，由於頻繁往來台灣、日本，因此店裡也販售許多台灣土產，可謂台灣在神戶的推廣小站！也可以自此看到堀內和台灣的好感情！

●地點：兵庫縣神戶市垂水區鹽屋町3-14-25 2F。
鹽屋站徒步6分鐘。
●營業：12:00～18:00　●公休日：週二、三

圖／作者攝

地方設計櫥窗 × TRUNK DESIGN

> 比起一〇〇%完成的設計規畫，留下讓職人們發揮的空間。——堀內康廣／TRUNK DESIGN

代表作品 1

hibi

火柴×薰香，結合兩地特產的人氣設計

hibi是火柴、也是線香，但這麼說都只說對了一半，因爲這是一個「像是火柴一樣可以刷一下就點起火的線香」。更特別的是，這兩者結合了兵庫縣內的兩項特產：播磨地區的火柴，以及淡路島的線香產業。

傳統手工藝演繹現代香氛潮流

但要將兩者結合，老實說一點也不簡單。商品開發的過程中遇到無數的挑戰，像是既有的火柴棒軸因爲是木頭，所以有著較不容易折斷的特性，但「hibi」是線香，如果刷一下一點火就折斷，那麼飛出的火光也會造成危險，因此如何讓香軸維持強度是第一個挑戰。

經歷反覆試驗後，最後解決的辦法是將香軸加入紙的纖維增加硬度，讓刷一聲劃出火花的同時，線香軸仍可以完好不折斷。解決了最大的問題，陸續還有很多關卡，像是在打開火柴盒時該如何呈現、香味要選用哪些、是不是要附贈一個點香的底座，而所有的東西又如何在小小的包裝裡呈現。每個月，都是員工們全員出動，進行香氣測試、包裝腦力激盪，最後總共耗時三年半才完成商品開發。

至於產品命名，由於線香一直給人是禮佛、佛具等難以親近的印象，因此火柴線香想要一改這樣的印象，改走「芳香產品」的路線，希望大眾在日常生活中能夠每日享受點火、芳香的樂趣，因此產品命名爲「hibi」（與日文詞彙「日日」同音）。

二〇一五年一上市，隨即受到矚目，不僅在

如火柴盒般小包裝的hibi薰香，耗時三年半開發。（圖／作者攝）

東京的禮品展、巴黎的生活風格展等出展，也在日本本國、世界各地受到喜歡，目前銷售國家橫跨二十八國（台灣也有許多銷售點！），一年創下一億元的營業額，是TRUNK DESIGN裡最代表性、最有人氣的產品。

案例特點

hibi將火柴和薰香出人意料地跨業結合，套用現代的生活美學概念，開發出前所未見的新產品，擦出傳統與創新、技藝與設計相互激盪的火花。也證明了傳統工藝在守成之餘，還存在著豐富的可能性，等待著新的設計力量去挖掘、想像、再創造。

Ku

代表作品 2

薰香和紙，製香職人與設計的完美結合

和紙結合薰香，並不是前所未見的創新，過去，淡路島的製香職人就曾經推出過薰香和紙的產品。而在被遺忘多年之後，製香職人憶起了這項過往的嘗試，希望能夠重新使之復甦、更爲人所知。

產品開發靠職人與設計師接力互助

於是，製香職人到德島的手抄和紙廠求教，只是和紙工坊在既有的生產中無法加入這條生產線，也擔心薰香的味道會沾染到其他的和紙製品。最後他便在和紙職人的教導下學習手抄紙的技法，並在學成之後將技術帶回淡路島，進行與製香技術結合的實驗。經過無數的嘗試之後，製香職人終於找到一個完美結合的方法，甚是高興的他拿著B4的成品來到TRUNK DESIGN，「堀內桑，我完成了這個製品，但不知道接下來要怎麼商品化、怎麼賣，於是想要來拜託你！」堀內就這麼接下了這個製品的下半場接力棒。

想了許多可能，最後的成品是堀內徒手畫的「長滿葉子的枝葉」。因爲是葉子，便可以一葉一葉的撕下焚燒，或是一葉一葉的夾在名片夾裡、皮夾中，讓不焚燒時是一片迷人的、香氣四溢的葉片，而若是燃燒，則可以體驗燃燒後的香氣變化，以及置身於日本「空薰」的薰香文化之中。

這一個作品，也是一個「不收設計費」的代表。TRUNK DESIGN採用的是，由TRUNK DESIGN向製香職人採購薰香和紙，在社內進行加工、包裝、檢品，並由TRUNK DESIGN進行行銷、販售。換言之，不是設計完成之後，就與業主關係結束。或許說「業主」這個詞也是見外，因爲關係早已從主客關係昇華到夥伴情誼了。

案例特點

不管是hibi還是Ku，都是結合兩個傳統產業、再進行創新的設計作品，不管是創造前所未見的新商品，抑或是改變既有用途、創造新的產品印象。若要區分的話，hibi是讓火柴和薰香這兩個從來沒有被想像過可以合作的產業結合，而Ku則是在和紙和薰香曾經結合過的經驗中找尋新的可能。不管如何，這兩者都匯聚了兩條悠久的傳統之河，再發展出新的河道、新的航行路線。

⊕ 薰香和紙Ku的葉子造形既詩意又實用。(上圖/作者攝)

瀨戶內 Factory View

代表作品 3

打開工廠，為家具職人架構媒合平台

這是一個來自廣島縣府中市的委託，原先的委託內容是當地約二十間代工爲主的家具店想要自創品牌，因此邀請TRUNK DESIGN來幫忙進行產品設計。但堀內到當地逛了一圈、深入了解之後，深刻感受到若在沒有充足行銷等能力的情況下，要走向自創品牌這條路，不僅花費成本極高，更有可能陷入危險的窘境。

在產品的設計之外，他想到的是進行一個「架構的設計」，也就是設計一道橋樑，讓設計了家具卻缺乏製作能力的人，能夠和家具職人們搭上線；換言之，就是創造一個互相認識、創造媒合可能的場景。於是，這個借用「打開工廠」（Open-factory）概念的「瀨戶內Factory View」（瀨戸内ファクトリービュー）活動便在二〇一九年十一月展開。

案例特點

有別於傳統工藝、老店再生的通用解方「自創品牌」，堀內則是先把脈對方體質是否適合「自創品牌」一帖，而在確定行不太通之後，則是「設計」其他的可能解決策略。在一片「自創品牌」的設計汪洋中，成為了特殊的一例。

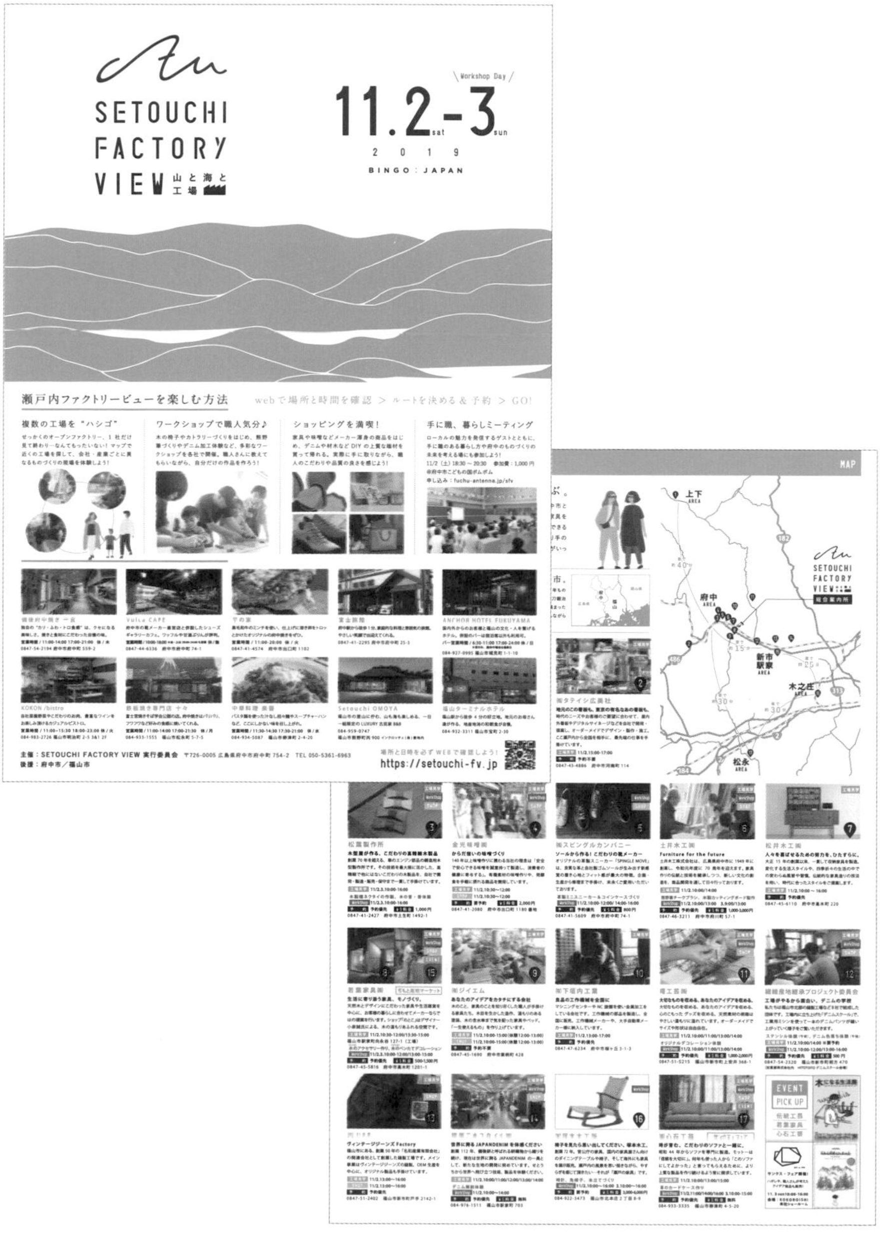

⊕「瀬戶內 Factory View」活動文宣品。

設計案例選輯

iRoDoRi　2013

這是TRUNK DESIGN帶著計畫書，向江戶時代開始的兵庫「播州織」工坊提案的襯衫品牌企畫。合作的方式非常特別，由TRUNK DESIGN設計花紋圖樣，再交由工坊決定布料與配色。順帶一提，襯衫的鈕扣選用兵庫疏伐木木材所製的木鈕扣。

▼品牌設計、產品行銷

megulu　2013

同樣是與兵庫「播州織」工坊合作的品牌企畫，這次的主題是使用沉睡在倉庫的「剩布」，在大量生產與大量消費的循環裡，珍惜與每一塊布的相遇。這個計畫除了兵庫的「播州織」之外，未來還預計要與更多的日本織品產地合作。

Daily　2015

這個Daily線香的設計並非「從0到1」的全新設計，而是「1到＋1」的改良式設計，也就是在現有的產品基礎上，加以優化、改良至更符合現代的生活。因此，Daily線香的設計即是注重調整大小、使用量，以及更貼近日常生活的包裝設計。

▼產品優化、產品包裝

圖／作者攝

傳統工藝

當堀內花費一年時間拼起了「兵庫工藝地圖」之後，
便埋下了TRUNK DESIGN與傳統工藝不解的緣分。

播州算盤推廣計畫　2015

二〇一五年，日本「MORE THAN PROJECT」之契機，讓TRUNK DESIGN協助傳統工藝品播州算盤進行品牌推廣。經過許多的資料搜集後，堀內發現，若是登高一呼「來買算盤吧」，無法獲得廣大的共鳴，於是他改成「來做一個自己的算盤吧」。換言之，並非透過「物品」的設計，而是透過「行為」的設計，來傳遞算盤的工藝與價值。後來，這個策略著實奏效，不僅在東京舉辦了一連三日的活動，更將算盤帶出海外，到台灣、新加坡、越南等地，進行「製作自己專屬算盤」的活動。

▼品牌推廣

王地山燒　2018

江戶時代末期開窯的王地山燒，曾經經歷廢窯的命運，又在昭和時期復興，只是近年銷售成績每況愈下，於是委託TRUNK DESIGN進行品牌的重整與行銷。在堀內經手之後第二年，王地山燒在商展上的表現突然受到眾多矚目，銷售成績一躍而上。

▼產品行銷

圖／作者攝

BEEK DESIGN 土屋誠

10 山梨

傳達的工作

獨立製作免費地方誌，凝聚公共意識、振興城鎮經濟

#地方刊物 #織品設計 #紡織町節 #移住 I-turn #關係人口 #關係人口 #產地旅行

會認識 BEEK DESIGN 的土屋先生是個奇妙的緣分。

因爲關注山梨縣富士吉田市爲了振興當地織品產業所舉辦的「紡織町節」（ハタオリマチフェスティバル），意外發現主辦單位邀請了攝影師濱田英明拍了一系列當地的照片與影片，影片裡模擬織機的旋律、輕柔的畫面一直在心裡盤旋，看著看著不禁讓人好奇這些宣傳的規劃是由誰統籌。然後，就發現了 BEEK DESIGN，以及設計師土屋誠。

三十四歲那年舉家從東京回到家鄉山梨，土屋誠做的第一件事也是一直以來最想做的事——辦一本雜誌，從採訪、攝影、排版、設計通通一人包辦！《BEEK》看起來是一本土屋的任性之作，不過他很清楚這是一個「具有公共意識的媒體」，從議題選定到免費的策略等等，讓公共的球越滾越大，也帶來更多爲了地方公眾的委託案。

圖片來源／BEEK DESIGN及其官網

⇧ 土屋誠於山梨縣的紡織町節活動現場。（圖／作者攝）

BEEK DESIGN

●成立：二〇一三年十一月
●駐地：山梨縣韮崎市
●負責人：土屋誠
●事業規模：土屋與助手一人（助手是山梨縣的地域振興協力隊畢業生）
●主要事業：地方刊物編輯委託、活動策劃與宣傳

> 免費是為了更多的溝通。
> ——土屋誠／BEEK DESIGN

設計是傳達的必要手法：
免費刊物《BEEK》，轉化為凝聚山梨發聲的利器

為辦雜誌的夢想儲備實力

土屋誠（以下簡稱土屋）出身山梨縣石和（現為笛吹市），大學畢業以前都在山梨境內的學校就讀，大學畢業之後，自稱沒有夢想也沒有希望的土屋過著打工的「飛特族」（フリーター）生活。這段期間，熱愛雜誌的土屋開始自學設計，沒有受過專業的訓練，而是由看書、適應軟體介面開始，之後則是在縣內地方雜誌的工作中，一邊實作一邊累積設計技能。

二十五歲時，因為想要學習正統的雜誌製作，因此離開山梨到了東京。這一待，就是十年，十年間在雜誌圈的不同工作機會中遊走，雜誌社、承接雜誌社內容外包的編輯製作公司，或是設計主業的設計公司，編輯、取材、設計的能力都被磨練過一輪。在東京的最後三年，因為逢金融危機的市場變化，土屋以設計師的身分自原本的公司獨立，成為自由接案的工作者。

忙碌的生活開始變得越加繁忙，身體也越加不堪負荷，再加上雜誌產業專業分工的狀態下，無法獲得讀者的反饋，沒有來自市場的反應，讓土屋開始迷惘，到底是為了誰而設計、而編輯，有沒有更有「實感」的可能。二〇一三年，三十四歲那年，二兒子出生、長子要入幼稚園的時機助推之下，土屋帶著一家四人，回到了山梨，因為遇到一幢一見鍾情的房子而在北杜市定居了下來。

U-turn之後，土屋做的第一件事，也是一直以來最想做的事——辦一本雜誌。不只是一本雜誌，還是一本紙本雜誌，更是一本沒有接受廣告、而且免費的Free Paper，甚至是一本採訪、攝影、排版、設計通通一人包辦的「獨立製作」雜誌。

「當初就是為了學做雜誌才去東京的。」沒有要在東京久居的土屋，在階段性任務完成之後回來山梨。「恐怕是只有現在才能做的事」，於是，回來山梨兩個月後，《BEEK》的計畫就這麼開始了。

⊕《BEEK》有著高濃度設計感。

㊦《BEEK》第三刊以「週末」為主題，報導山梨人們度過週末時光的方式。封底攝影作品（上圖右）出自山梨當地友人亦是紡織業第三代的渡邊竜康之手。

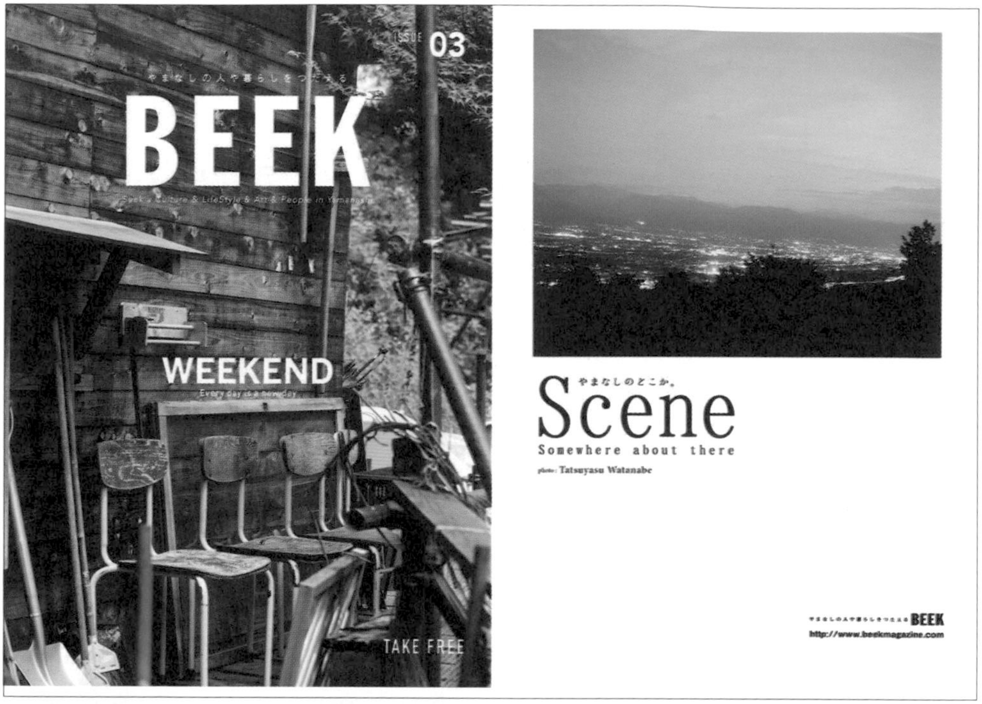

藉雜誌讓人地物的魅力被理解

在這上京的十年中，山梨也經歷了世事變遷，出現了好多想認識的人，於是土屋就藉著採訪的名義，認識了久居當地的人們、移居的前輩們，而這些關係與情感的建立，成了日後工作上的重要人際網絡。

籌備《BEEK》的當時，正是日本各地的免費地方誌盛行的時期，而山梨正巧還未出現代表性的地方誌，於是土屋就以「山梨縣」爲假想的客戶，以「傳達山梨人們的生活」爲《BEEK》定調。

「因爲不知道、不了解，讓我們以爲一個地方很無聊、不有趣。」但其實，知道和不知道的差別非常的大，當我們認識、理解一個地方之後，好奇心一旦被打開，一個不有趣的地方就轉身成爲一個充滿魅力的地方了。

有別於一般地方公關宣傳的雜誌，放著大尺寸的景點地圖、羅列必吃必玩推薦，《BEEK》卻是每一期都有預定的主題，而由主題延伸出地方人們的臉譜與故事。從第一刊「我的工作」、第二刊「喜歡的書」等，每一期都讓人在有趣的主題裡看得津津有味，最後發現這些都是在山梨登場的人們與故事。眞是幽微又高超的誘惑呀，不大張旗鼓的吆喝「來吧來吧，來山梨玩吧，來山梨移居吧」，而是在照片的光線中，在文字的細微處，藏著讓人想去山梨走走看看的線索。

「傳達的工作」，這是土屋給自己的工作定位詞彙。對土屋來說，設計的重點正是傳達，用設計、也就是容易被理解的方式，將原本未知、不知的內容更輕易的傳送與理解。所以，設計並非目的，而是一個必要的手法。

奇葩雜誌創新局：

從公共角度出發，帶動地方上更多好玩的事

《BEEK》是一本奇葩雜誌。從經營面來說，這是一本不收錄廣告、完全自費出版、還免費贈閱的Free Paper。既不是企業廣編或宗教刊物，也不是

政府補助金資助下的政令宣導，而且還是一本高濃度設計感、採訪編排攝影都面面俱到的雜誌。

《BEEK》滾動出人際網絡與委託緣分

「因爲當時就覺得這本雜誌一定會跟未來的工作有關。」於是什麼也沒有多想，就一股腦的費盡心思製作。一年兩刊的頻率（雖然近年有點拖稿）、一次一萬份發行量，對於心神與財力都是不小的支出，但最後證實土屋的直覺沒有錯，因爲《BEEK》而開啟了許多往後的工作機會，目前約有八成的委託案循線到最後都是《BEEK》而來的緣分。就像是山梨縣產業技術中心的技術職員五十嵐哲，就是因爲看到《BEEK》感到驚艷，於是委託土屋以「傳達山梨縣織品魅力」爲目標，製作宣傳免費刊物《LOOM》。而富士吉田市市公所的勝俣美香女士，則是找土屋來共同策劃振興織品產業的「紡織町節」。如前所述，正是因爲這個活動的宣傳影片，我才有機會認識土屋；或許可以說，正是因爲《BEEK》，輾轉讓我有了與土屋結識的緣分。

⊕ 催生紡織町節的核心夥伴：土屋（左上）、赤松（右上）、藤枝（左下）、勝俣（右下）。

而這樣從《BEEK》隱形滾動出來的人際緣分，也出現在土屋於山梨縣富士吉田市的重要工作夥伴身上：

城鎮振興關鍵青年／赤松智志——

出生千葉、慶應大學畢業的赤松智志，在大學時即因研究室的活動而多次到富士吉田市。畢業後，以地域振興協力隊的身分，協助市內多處空屋改造，更打造了古民家改建的青年旅社SARUYA。

← 渡邊竜康。

目前在富士吉田市內的移住中心就職，亦與土屋共同策劃「紡織町節」。

織品背景移住青年／藤枝大裕——

服裝專門學校畢業後，曾在紡紗生產商工作，並曾經加入手紙社參與東京最大的織品博覽會「布博」的創立，不管是織品的相關知識，或是活動舉辦、媒體編輯等經驗都十分豐富。之後移居至富山吉田市，並成爲地域振興協力隊的長住夥伴，與土屋、赤松三人，加上當地富士吉田市公所勝俣美香，共同策劃「紡織町節」。

建築家織品設計師／渡邊竜康——

山梨縣富士吉田市出身，織品家業第三代。建築背景的渡邊竜康，兩年的建築工作之後，回家承接織品家業，在原先只接受委託生產的工廠中，自創品牌Watanabe Textile，從織品設計、商品設計、形象攝影、展示空間設計，全都一手包辦。熱愛攝影的渡邊，更是《BEEK》雜誌每期封底照片的御用攝影師。

帶著公共意識作溝通

但爲什麼《BEEK》是免費的呢？日本書店裡也有很多美美的、很有設計感的、有著定價標籤的雜誌不是嗎？土屋給了帥氣的回答：「爲了更多的溝通。」因爲如果標了價，就成了只有會買書的人才會買了，這樣能看到的人就變少很多。而且免費的話，能放的地方也多了很多。

雖然《BEEK》看起來是一本土屋的任性之作，不過土屋很清楚的知道，與部落格、社群媒體不同的是，《BEEK》不是「個人的」恣意創作，而是一個「具有公共意識的媒體」。媒體意味著，有著一貫的中心思想，然後是爲了讀者而作的產物。也因此，從議題選定、到免費的策略等等，從公共的角度出發，而最後也意外的讓公共的球越滾越大，帶來更多爲了地方公眾的委託案。土屋說，現在約有一半的工作來源是當地政府的計畫。

夜市
にらさき
NIRASAKI NIGHT-LIVE-PARK-MARKET
2019 06/01 (sat)
TIME 17:00-21:00
夜市屋台
ナイトフリマ
どんなの中継

→ 土屋為每個月的韮崎市夜市活動設計LOGO，夜市地點就位在Americaya旁邊的停車場。

↘ 土屋認為做有趣的事就會吸引有趣的人來，然後就有無限可能。圖為紡織町節活動一景。

做開心的事就會吸引大家來

因爲《BEEK》，土屋因而受到地方政府的注意，也參與了不少地方上公私部門的計畫，像是在協助富士吉田市的織品產業振興上，宣傳文宣、活動舉辦，土屋都扮演重要的角色。問他對於活化地方的方法上有沒有什麼特別的想法，有沒有什麼經驗歸納的鐵則，他只是說「想要做有趣、開心的事」，做有趣的事，自然而然就會吸引有趣的人來，一但聚集了有趣的人們，就有無限的可能會出現。的確，就像是《BEEK》一開始只是自己想做、做得很開心，就意外滾動了許多想都沒想到的發生。

《BEEK》在紙本地方小報盛行的二〇一〇年初開始，近十年過後媒體的生態有了巨大的變化，土屋最熱愛、最欣賞的一些紙本雜誌也幾乎紛紛停刊，但土屋依舊秉持著讓《BEEK》持續出刊（雖然有越來越緩慢趨勢）的信念。問他網路媒體盛行的今日，怎麼還有這樣的執念，他說因爲雜誌的名稱和設計事務所同名爲BEEK，所以「如果沒有出《BEEK》，就不是BEEK了」。而且不只是紙本媒體，土屋也運用各種社群媒體進行訊息的傳達，近期更主持廣播節目，有老派的媒體也有現代的媒體，多管齊下同時進行，自己玩得開心，也意外滾動許多鎮上潛在的生氣。

設計心法 Q/A 土屋誠

——在地方從事設計的優點？

1—直接的反饋

設計的作品能直接收到回饋，獲得工作的肯定與價值。

2—與業主一起成長

地方雖然相較之下較缺乏對於設計專業的理

解，因此需要從設計概念的根本與業主溝通，但同時也能感受到與業主一同成長的成就感。

3｜長遠的關係

無論受委託與否，能與業主保有更長久的關係。

——在地方從事設計的心法？

再三確認受委託的項目之必要性。試著從企業的角度試想、到現場去觀察，是否有什麼是更重要的工作項目。

日本設計之旅推薦｜山梨篇

Americaya
（アメリカヤ）

由U-turn的建築師千葉健司所整修的老房子，原本荒廢多年的整棟五層樓老屋，現在搖身一變成為咖啡館、個性商店、出租空間與事務所。在Americaya之後，千葉先生更以街區營造的觀點，陸續改造老屋，例如Americaya對面的連棟長屋，在二〇一九年九月以居酒屋街「Americaya橫丁」變身登場；鄰近的茶行則是在同年十二月變成以登山為主題的「chAho」青年旅店。順帶一提，土屋的辦公室就位於Americaya的五樓，而且Americaya的視覺設計就是出自土屋之手。

●地點：山梨縣韮崎市中央町10-17。自韮崎站徒步約2分鐘。
●營業：依各店有不同營業時間

Hostel SARUYA

由I-turn青年赤松智志和設計師八木毅所打造，建築的內裝外裝設計、家具設計、店內所提供的在地推薦地圖，都出自八木先生之手。因為鄰近景點富士山，加上懷舊又富設計感的氣氛，讓住宿的遊客絡繹不絕。除了本館之外，從後門走出去半分鐘之地，八木先生又整修了兩幢老房子為別館，以及另外一個提供藝術家駐村的創作空間。

●地點：山梨縣富士吉田市下吉田3-6-26。
自富士山站徒步約17分鐘。
●營業：9:00～22:00

《BEEK》主編土屋誠熱愛的雜誌清單

▼地方刊物

①《てくり》／岩手縣盛岡市

二〇〇五年創刊，以盛岡市之日常生活為題，並以創造「咖啡館式」的氛圍、一年出刊兩期為目標的地方生活物語雜誌。雖然並非免費雜誌，但備受土屋推崇，《BEEK》雜誌創刊之時，就曾以TeKuRi為參考範本。

②《雲のうえ》／福岡縣北九州市

二〇〇六年由福岡縣北九州市所發行、一年兩刊的Free Paper。推出之初，其超脫地方政府發行之刊物的印象就令人跌破眼鏡，而至今十多年間不間斷的持久發行更是令人驚奇，目前二〇二〇年的二月刊已來到第三十二期。

③《のんびり》／秋田縣

秋田縣政府請來住在關西、曾經著手偶像團體「嵐」出版物的總編輯藤本智士，再加上縣內外的創意人、設計師、攝影師，自二〇一二年至二〇一六年發行的季刊。

▼全國性刊物

④《Ku:nel》

由指標性雜誌社Magazine House自二〇〇三年創刊的雙月刊，內容著重生活風格、飲食生活、時尚等。

⑤《Studio Voice》（スタジオボイス）

以藝術設計、流行文化觀察為主題，被譽為日本傳奇雜誌、日本次文化代表的雜誌。一九七六年九月創刊，發行至二〇〇九年八月，期間共出刊四百多期。停刊多年後於二〇一五年四月復刊，自月刊轉為一年兩期的出版頻率，一度造成話題，現仍持續出刊。

地方設計櫥窗
×
BEEK DESIGN

「要再三確認受委託的項目之必要性，試著從企業的角度試想、到現場去觀察，是否有什麼是更重要的工作項目。

——土屋誠／BEEK DESIGN

代表作品 1

《BEEK》

獨立製作免費刊物，傳達山梨人們的生活

二〇一三年創刊，以「傳達山梨人們的生活」爲軸心，由土屋誠一人規劃、採訪、攝影、編輯、設計之自費出版免費小報，可於山梨多處個性店家免費索取。

靠編輯創意「把大家捲進來」

土屋說，《BEEK》這份刊物「不是個人的恣意創作，是一個具有公共意識的媒體」，聽到的當下覺得非常抽象，但細看之後，就能夠明瞭其中的意義。

雖然是一本獨立製作的媒體，但土屋盡量把「大家捲進來」，與山梨土地上的人們、團體、店家產生各種連結，例如透過第五刊的「照片與日日」（写真と日々）攝影主題，向山梨的許多攝影師、攝影素人們搜集照片，或是組織一個BEEK攝影部，在山梨縣的甲府一起外拍，並做成特輯。又或者，每一期的刊尾都會和在地的書店店員合作，依照當期主題提供推薦圖書清單。

第六刊的《BEEK》，與長野縣奥信濃地區的Free Paper《鶴與龜》合作，推出山梨版的「鶴與龜特輯」。或許看「鶴與龜」的名字就可以大致猜出，這是一個以「爺爺奶奶」爲主要取材對象的刊物，有別於一般滿是年輕少女少男的雜誌，《鶴與龜》是一本介紹地方上又酷、又時髦的爺奶的免費雜誌，逗趣的照片、誇張又新鮮的設計與配色，大大推翻了一般人印象中的爺奶形象。

至於怎麼會有「BEEK × 鶴與龜」的合作呢，這是鶴與龜的總編輯小林直博所提議的，「Free Paper

㊤ 右至左依序為《BEEK》第一到第六期。(圖/作者攝)

能不能也像是Hip Hop一樣，能夠有跨地域的跨界合作呢？」於是，便促成了這個「山梨×長野」的特輯。這一期的《BEEK》，是以《鶴與龜》的視角，挖掘山梨的有型爺爺奶奶們。或許，帶著像是「都是老人們，有什麼好看的？」這樣疑問的人應該不少，但實際翻閱之後，就發現不管是錢湯（即公共澡堂）的掌櫃奶奶、老顧客爺爺，或是每天一定上咖啡館的爺爺奶奶，這些生活感十足、也滿滿故事性的人物們，真的太可愛、太迷人了。有別於亮麗的觀光景點誌，《BEEK》提供的正是這樣樸實但又親切感十足的山梨。

案例特點

綜合土屋的故事內文與代表作品的介紹，可以歸結《BEEK》有以下的特點。

(1) 公共性：雖然是一本自費出版的個人之作，但土屋卻將其定位為一本「具有公共意識的媒體」，讓雜誌不只是個人創作，而能因為其公共性而達到更廣泛的觸及與傳遞。

(2) 連結性：雖然是一人雜誌社，但土屋善盡「把大家捲進來」，像是貼近在地的選題、地方攝影好手的委託、甚至是對外的跨界聯手，把「我」的雜誌最大化為「我們」的雜誌。

(3) 延續性：並非出版發行之後就船過無痕，而是將刊物定位為一本實體作品集，開展後續更多的合作邀約。

㊤《BEEK》第五刊是「照片與日日」攝影主題

㊦ 第六刊是「BEEK × 鶴與龜」的合作。

紡織町節

打開紡織廠大門，地方產學總動員

代表作品 2

㊤ 紡織町節的成功催生了後續一波波振興行動。

土屋是催生紡織町節（ハタオリマチフェスティバル）的策劃人之一。當時，山梨縣的紡織產業二代接班人們，有感於產業每況愈下的危機，因此與當地的山梨縣富士工業技術中心合作，共同推出了許多振興策略，像是與東京造型大學織品系進行產學合作（富士山テキスタイルプロジェクト）、舉辦山梨紡織產地巴士小旅行（ヤマナシハタオリ産地バスツアー）讓東京來的買家們更認識紡織產業。如同總動員般，當地的富士吉田市公所的富士課（觀光課）也在這樣的背景下，構思了打開紡織廠大門的紡織町節。

啟動活化地方的持續性力量

或許大家可以立刻感受到，這個案例特別的地方在於，這是一個公部門主辦的活動。有趣的是，雖然是公家單位主辦，但負責此活動的富士課職員勝俣美香女士，將自己定位爲「黑子」角色，即舞台表演時負責搬運道具、布景的角色，意即幕後推動、引發的角色，其餘都交由三位一時之選的夥伴

圖／作者攝

爲活動進行規劃：擔任藝術指導的土屋誠、織品專業的藤枝大裕、對於地方熟稔的赤松智志。

活動自第一屆二〇一六年開始，便是以「打開工廠大門」（Open Factory）爲主題讓人參觀與體驗的「紡織工場祭」，以及老物與個性小店組成的「吉田市道具市」爲主，而自二〇一八年以後，更有東京造型大學與當地業者產學合作的成果展「織品大學展」。二〇一六年，原先僅有四十家當地業者參與，至二〇一八年，成長到破百個團體共襄盛舉。

自舉辦紡織町節之後，富士吉田市開始動了起來，許多的活動和改變接連發生。像是主辦人之一的赤松智志受東京企業邀請，開始了以「MEET A TEXTILE」爲名的小旅行，讓想到富士吉田市開店或移居的人能夠透過小旅行更認識地方。此外，也催生了另一個新組織的出現——「紡織町的印記」（ハタオリマチのハタ印），該組織由地方上的五個組織與當地的商工振興課共同集結而成。除此之外，二〇一八年的日本「打造產業觀光城市大賞」的評選中，富士吉田市榮獲了銀獎的大獎，評審對於當地不管是商品開發設計或是事業設計等面向，以及紡織町節與後續的企畫，都給予極高的評價。

案例特點

比起說紡織町節是BEEK DESIGN的代表作，更貼切的說法是，這是整個富士吉田市的代表作。地方政府、在地青年、地方紡織業者、相關大學科系，都共同在活動的目標下齊心努力。而最值得注意的是，這是一個地方政府所規劃的活動，但由於主事者對於自身「黑子」的定位，因此得以給共同籌備者極大的空間發揮，進而促成了一個「最沒有公部門包袱」的紡織町節。

設計案例選輯

《LOOM》

山梨縣產業技術中心的技術職員五十嵐哲因為看到《BEEK》感到驚艷，於是委託土屋以「傳達山梨縣織品魅力」為目標，製作一本以山梨的紡織產地為主題的Free Paper。這本《LOOM》就像土屋繼《BEEK》之後的第二個孩子，在接受委託的半年間，從刊名的發想、LOGO設計、內容企劃、編輯、採訪、裝幀設計等，全權都由BEEK DESIGN負責，並得到充分的發揮空間，因此這就像是一本透過《BEEK》眼睛來看山梨紡織產地的刊物，充滿了濃厚的《BEEK》風格。

《甲州LIFE》

同樣是Free Paper，由山梨縣立大學所企劃，由完全沒有編輯與出版經驗的大學生進行採訪，再由BEEK DESIGN進行設計、攝影、編輯之共同完成之作。

《tobira》

這是一本促進移住中北地域的手冊，由山梨縣中北地域縣民中心發行，以成為移住者的指南為目標。BEEK DESIGN負責手冊的整體構想、設計、攝影與編輯。

手冊刊物設計

由刊物《BEEK》起家，開啟了許多慕《BEEK》之名而來的委託，因此本章節鎖定土屋最主力的守備範圍——編輯，介紹土屋所經手的手冊刊物設計。

YARDWORKS ORIGINAL ZINE

植栽工程公司「YARDWORKS」的商店「SOIL」的成立一週年紀念，是一本特製的ZINE（自製刊物）。週年紀念日是八月八日，有別於台灣在此日是父親節，在日本這天是「葉之日」，因為樹葉（葉っぱ）的發音和八八相近。因此這本ZINE，就充滿了SOIL植物的葉子。

澤田屋商品目錄

以甲府代表性甜點「黑玉」（くろ玉）聞名的澤田屋，委託BEEK DESIGN協助製作自家商品目錄。而土屋的提案是，除了商品之外，更提供閱覽者能夠一窺製作工程的「幕後公開」單元。

澤田屋百年紀念誌

創業超過一百年的澤田屋，為了紀念新社長就任以及新店鋪開張，因此委託BEEK DESIGN製作紀念誌。不管是自家當紅產品「黑玉」的祕密故事、澤田屋老員工的對談、和洋菓子的製作現場等，都收錄在這本百年大集之中。

鰻魚的睡窩 白水高廣

11

福岡

地域文化商社

運用設計思考，促進土地、人、經濟的好循環

#地域文化 #現代風工藝 #天線商店 #本土地景 #選品店 #產地體驗

圖片來源／鰻魚的睡窩及其官網

連續幾年，都在表參道Spiral(1)的「手手手見本市」上看到「鰻魚的睡窩」（うなぎの寝床）（以下簡稱鰻魚窩），因為名稱太有趣，加上一整個展位都是傳統的日系山袴褲「Monpe」（もんぺ），鰻魚窩＝山袴褲，是我對它的第一印象。

後來，才知道原來除了山袴褲之外，鰻魚窩是個以「地域文化商社」自居的福岡在地企業，爆紅式的發跡、極其成功的經營模式，但又帶著深深的地域文化傳承之責任感，每一段經驗都是精彩的篇章。或許，放在一片做著「典型設計」的設計事務所案例中，鰻魚窩的案例顯得些許不同與特別，會讓人有點懷疑，這究竟是不是一個「設計事務所」，但其實創辦人白水高廣一開始便是做設計起家，而其台柱商品「Monpe」的歷程故事，以及目前所開展的業務，都充滿了飽滿的設計思考與觀點。

註(1) Spiral是一幢以「藝術與生活融合」為目標的建物，內有展覽空間、手工藝設計商店、餐廳等多用途文化設施。

↓「鰻魚的睡窩」創辦人白水高廣。(攝影／藤本幸一郎)

鰻魚的睡窩(うなぎの寝床)

- 成立:二〇一二年天線商店「鰻魚的睡窩」創立,二〇一五年法人化
- 駐地:福岡縣八女市
- 負責人:白水高廣
- 事業規模:約三十人
- 主要事業:自家原創商品「UNA PRODUCTS」系列開發、選品店經營與銷售、活動企劃與舉辦、設計與顧問等
- 理念:以「地域文化商社」為自居,進行(1)地域文化的探求與研究、(2)地域文化的經濟循環、(3)創造支持地域文化的消費者、(4)地域文化的保存建檔、(5)地域文化間的交易促進。

攝影／藤本幸一郎

創立「鰻魚的睡窩」：補地方機能之不足，拉近使用者與製作者的距離

因設計結緣工藝盛地的結晶

這次的舞台在福岡縣八女市的福島地區。十六世紀時，這裡是福島城的城下町，是個自古繁榮熱鬧的街區，即使廢城之後，這裡還是因爲聚集許多的商人和職人而充滿元氣。由於這樣深厚的歷史，這裡因而有許多工藝的匯聚，佛壇、燈籠、手抄和紙、石燈籠等傳統工藝，亦有木工、陶瓷等個人創作的工藝，是九州最大的工藝集散產地之一。

現在走在八女市的街道上，有許多自江戶、明治、大正、昭和時代留存的町家建築，儘管時代變遷，但建築仍保存著歷史的過去與懷舊的氣氛。而其中，有一棟垂掛著白色暖簾的町家⑴特別顯眼，正是「鰻魚的睡窩」本店，而這裡正是一切故事的起點。

鰻魚窩的負責人白水高廣（以下簡稱白水），其實並非在地人，而是鄰縣的佐賀縣出生，大學以前都在佐賀長大，大學時則越過了福岡到九州的另一頭大分縣，在那裡主修建築。大學畢業之後，因爲到福岡就讀設計專門學校，才與福岡結下不解之緣。

在就讀專門學校期間，白水便與後來一起創立公司的友人春口丞悟一同參加設計比賽，因包裝設計作品獲獎而受到福岡縣政府的注意，應其邀請擔任「九州筑後元氣計畫」（九州ちくご元気計画）的核心夥伴。這是個爲了要讓九州筑後地區的農業、工業、商業恢復元氣，而開展的僱用創造計畫，在兩年半的計畫期程中，白水經手不同產業、不計其數的計畫，媒合五十位設計師等外部專家成爲導師與當地業者合作。後來，這個僱用計畫獲得二〇一一年日本設計優良獎的特別獎，並成爲白水的代表作。

成立統合在地資訊的天線商店

計畫期間，白水深刻感受到當地手工業的魅力與豐富，而且當地至今仍保有這麼多還持續運作的

註⑴　「暖簾」是日本商店門口垂掛的小布簾，上面通常印有商家的店名、家紋、商標等，懸掛於店外代表營業中，非營業時段則收入店內。「町家」是日本傳統民居建物，可以從其空間一窺日本傳統生活文化，現今有許多成爲餐館、商店、旅館等營業場所。

註⑵　「天線商店」是地方政府或地方企業行銷推廣自家商品並測試市場水溫的一種商店，販售當地特產，也會擺放宣傳觀光的展示板、小冊子等。（詳見本書「關鍵字小辭典」）

Ⓥ鰻魚的睡窩店鋪有著八女町家特有的深邃空間。（攝影／藤本幸一郎）

うなぎの寝床

工坊，讓他深信這些絕對是地方資源的瑰寶。但另一方面，儘管在計畫中他們在東京、福岡創造了許多通路，但是相對的，在地卻沒有一個彙整當地生產者、介紹製作者的地方。他感到惋惜：如果沒有一個統合資訊的地方，就算到達當地了，都有可能與這些寶藏失之交臂，錯過身邊就有這麼多在地的結晶。

建築背景的白水，因著都市計畫學的訓練，讓他在一切開始之前習於針對地方的機能做調查，並檢討機能不足的部分，而在八女市的現況中，他看到的是，在地缺乏一個資訊整合的平台。因此，經過許多觀察之後，便決定要創立一個屬於八女展示間形式的「天線商店」(2)。

房租七萬、粉刷等修繕五十萬、基本的陳列架等十三萬、商品採購一百萬，白水砸下兩百萬的資本金，在二〇一二年七月，天線商店「鰻魚的睡窩」掛上暖簾開幕了。八女的町家的共同特徵是，門面狹小但內部卻意外深邃，因而有著「鰻魚的睡窩」稱謂，而天線商店的店名便是原封不動地移植借用。

㊤鰻魚窩合作的工坊和選品眾多，圖為舊寺崎邸二店。（攝影／藤本幸一郎）

開店新手扛住商業考驗

說起天線商店鰻魚窩的創立，白水的想法很簡單，不僅是販售，更要把製作者的背景、文化一併傳達，拉近使用者與製作者的距離。

起初，他心想這樣有著遠大抱負的行動，必定會獲得在地製作者的大力支持，甚至銘謝，但事實卻沒有那麼如意。一個突然橫生的商店、幾個沒有販售實績的年輕人，大家的反應都是半信半疑。

剛開店的兩個月，也讓他開始面臨殘酷現實的考驗。最初的店內選品完全依自己的喜好優先，因此只選高價位的商品，結果是慘澹、幾乎為零的業績。白水當下覺得慘了，只能趕緊接下幾個設計工作應急，並深刻體會到在個人的喜好之前，還是必須有商業營運的考量，才能談抱負的實踐，因而開始調整選品的方向與範圍，納入了更融入生活使用的品項。

要說鰻魚窩什麼時候真正上了軌道，那大約是開業第二年之後。第一年一千萬、第二年三千萬、第三年五千五百萬，每年業績以一．三至一．五倍逐步穩定成長，到了二〇一九年，則是來到近三億的年度成果。回首這一路的成長，白水感受到了商業經營成功所帶來的社會認可，起初大家半信半疑的狐疑，在鰻魚窩一次次交出亮麗成績單之後，眾人的質疑漸漸轉變成聚集的力量，目前鰻魚窩的合作製造者，就高達一百二十位。

山袴褲Monpe發跡：現代風改良版，兼善地域文化與產業利益

大家一定會好奇，究竟鰻魚窩是如何達到年年俱進的成長，而這個問題的答案，與白水意外開啟的「Monpe」（もんぺ）事業有著密切的關係。

Monpe，這個中文或許可以翻譯成「山袴褲」，是曾經在二戰期間於全日本普遍存在的服裝樣式。來由是空襲演習時，因爲穿著和服不好逃難，因此在一九四二年時，政府把Monpe指定爲標準的婦女衣服，於是Monpe的製作與穿著便在全日本擴展，即使戰爭結束之後，Monpe也成了農作時的工作服。

㊦現代風Monpe。

把令自己心動的好物推廣出去

而鰻魚窩和Monpe結下不解緣分的故事背景是，福岡的傳統織品工藝「久留米織物」（久留米絣）。一說到久留米織物，普遍的印象都是百貨公司的專櫃，那種單價高、鎖定年齡層較高婦女的女性服飾。有次，白水偶然在八女市物產館的久留米織物展示會場內，在幾乎清一色的女裝中，試穿了場內唯一一件男性也勉強能穿的Monpe。

結果，白水就這麼愛上了Monpe，不僅舒適好穿，更有著便於工作等機能，還有多種的顏色與圖樣，文化的背景也十分迷人，而且重要的是，不管任何性別、風格都能夠駕馭。身爲一個設計師，最厲害的是，除了自己被生火之外，他還打算讓更多人被Monpe生火，因而在八女市的傳統工藝館，企劃了「Monpe博覽會」。短短五天的展售會，竟然創造

⊕ 現代風Monpe工作機能強，
不分性別年齡都適穿。

二百五十萬銷售額，原本只是單年的活動，因爲迴響太熱烈，接連辦了幾年，更變成每年的慣例活動。

原本只是不甘自己被生火，而企劃了「Monpe博覽會」，沒想到這一燒，燒出了燎原之火。第一屆博覽會後，因爲許多在地人家裡有久留米等和服的布料，而出現了想要自己在家裡做Monpe的聲音。於是，白水與太太便開始研究出品「Monpe版型的紙型」，而由於不想要在製造過程中產出多餘的布料，因而修改了既有的Monpe版型，成爲腰部與臀部更收斂、褲管更收縮的「現代風Monpe」。

推出之後，大家接受度甚高，更出現了「拜託生產現代風Monpe」的購買需求，因此白水便開啟了家庭手工生產線，推出鰻魚窩自家商品——現代風Monpe。上市後頗受好評，並在一次NHK報導之後人氣飆升，再加上許多商店開始想要洽談批發，家庭手工生產線已不堪負荷，因此白水只好開始找尋縫製工廠，而鰻魚窩也就意外在天線商店之外，殺出了另一個事業版圖——Monpe製造商。目前，全日本約有八十個Monpe寄賣合作店鋪，二〇一九

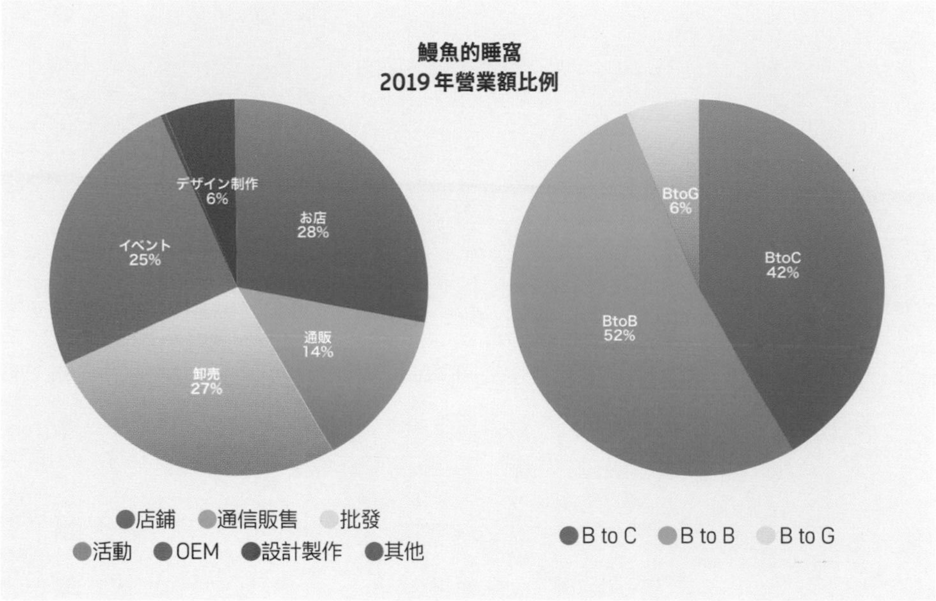

年的銷售量高達兩萬多件，光是Monpe事業就占了鰻魚窩整體營業額的六成。

尋找社會性經濟可能

在一連串耀眼的銷售成績中，不知道會不會帶來一種銷售至上、利益至上的商業主義誤解，但鰻魚窩並沒有被漂亮的數字迷惑，相反的，他們一直以來都保有自己踏入商業世界的初衷。

「儘管鰻魚窩是『店鋪』，但一開始並非想要從事販售才開始，最初是因爲想要傳遞地方的文化訊息而開始。」在許多的經驗累積之下，白水發現，若是要維護地域文化、維護在地產業，經濟的流動是必要的，因此他不但沒有迴避商業的考量，更是直接面對、肩負起經濟課題的挑戰，並在確保經濟的能力之後，再將成果帶回地方、增進文化的價值，讓土地、人、經濟一同進入好的循環。

經濟說穿了就只是手段之一，而商業機能無法支援的資源，則是藉由圖書出版、影片製作來保存紀錄，目標是「爲了讓地域文化的繼承與延續，讓地域資源顯化，並帶著其價值叩問社會」。經濟能解題的，就用創造好的銷售來面對，而商業無法回應的，就用其他的方式回答。

乍看文化與商業難以兩全的命題，乍看充滿矛盾的天秤兩端，但爲了地域文化的可持續性、爲了傳承地域文化，鰻魚窩無疑是嘗試找出融合文化與經濟的社會性商業可能。因此，儘管從外部來看，「購買」是消費者的具體行爲，但只要消費者來到店裡，就會進入鰻魚窩的情報空間，而店裡的一切便在各種細節中直接傳達產地現場的魅力，並誘導大家實際到產地拜訪。

為製作者價值賦予時代新解

鰻魚窩店內所販售的九州產品，多是車子行駛一小時左右便可到達產地的選品，理由之一是製作者與使用者若能有更近的距離，雙方就更能共同成長，二來是這些生活器具的商品，若是有任何的損壞都能夠快速獲得修理。修繕，是鰻魚窩十分重視、也十分強調的價值。但面對未來，白水不諱言，製作者（作り手）的價值正在、也將會大幅的改變。

技術多麼的精湛、多麼的獨特，這些製作者技術層面的論述，是過去也是現今最常被強調的層面，只是時至今日，不僅國外的技術日益精進，機器的生產技術也越來越純良，因此若製作者的價值只是建立在技術上，那麼可預期的是，製作者的處境將越來越險峻。

面對這樣的時代背景變遷，白水的做法是試圖把製作者的價值進行分解，在技術之外，找出製作者的其他價值，像是精神性層次上的智慧等。例如，鰻魚窩現在就與沖繩手織布的創作者合作，以購買專利的方式承接創作者設計的布樣，再帶到久留米的工坊進行生產。

或許在時序變遷的轉換期，手工業製作的價值該如何轉換，大家都還沒有一個完美的解方，但鰻魚窩選擇用實踐與實驗，在這樣的轉換期中，持續摸索與嘗試。

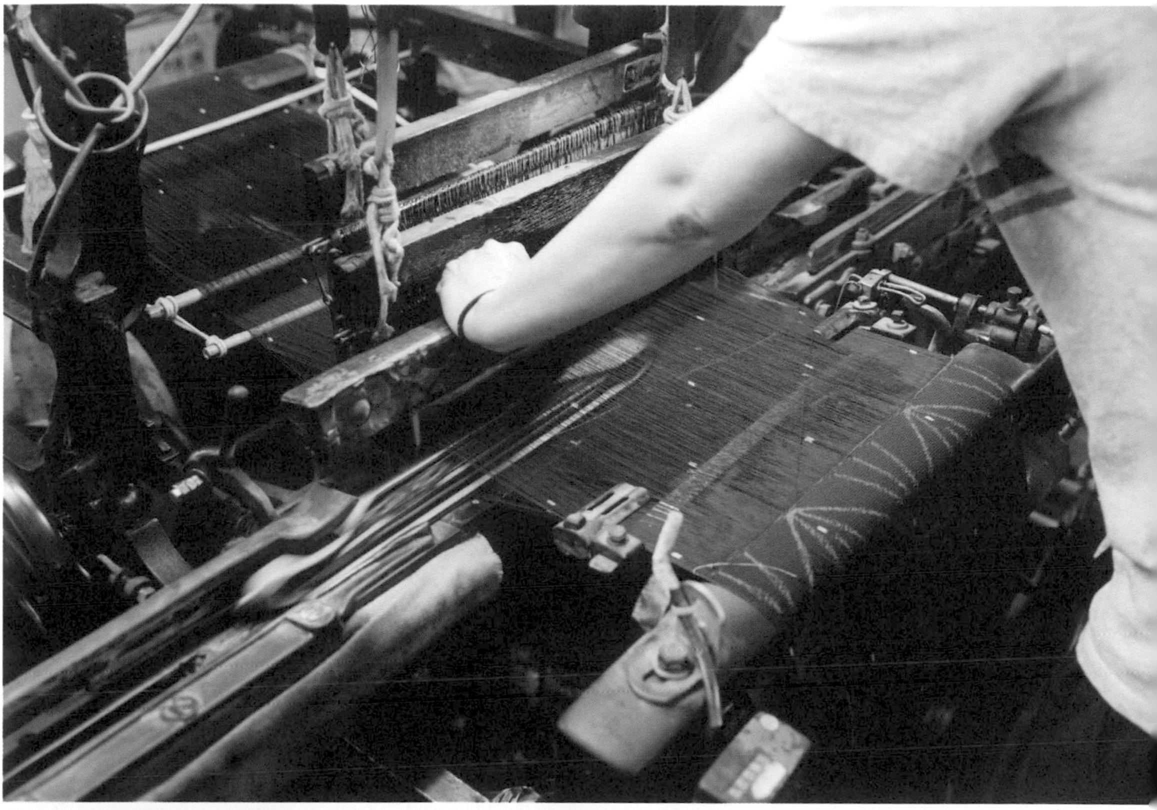

㉀ 鰻魚窩以久留米織品為主軸，持續實驗手工業製作價值的轉換。

展望「本土地景」願景：

穩固觸角多元的事業體，為地方持續創造社會價值

問起都市也有越來越多的「天線商店」，白水怎麼看呢？他說都市裡的店鋪，通常會落入工作或是營業的限制當中，但鰻魚窩因爲坐落地方上，因此能「在地方上思考地方」，一邊和地方的人們相處與交流，一邊觀察這裡少了什麼、需要什麼。「就像是一開始是因爲發現這裡的製作者不太擅長傳遞訊息，因此我們才會擔起這樣的機能。」

奉行「Local→Native→Nativescape」哲學

而也因爲在地方上、在地方深耕，和製作者的距離非常近，因此能有許多機會和地方的人們一起進行各種實踐與挑戰。另外，都市的組織通常龐大，就算一個人的能力再怎麼高，也不太會去探究一個人的價值；但地方因爲人口少，每一個人所創造的社會價值便相對較高，「只要有個有能力的人進到地方，事情面貌瞬間改變的例子著實不少。」

生根地方八年，二〇二〇年因遇到新冠肺炎疫情而被迫休業兩個月，但這兩個月鰻魚窩不僅沒有空轉，相對的反而利用這一段意外的暫停，重新調整店鋪定位、翻新網站，也開啟了鰻魚窩新一頁的論述：Local（鄉土）→Native（本土）→Nativescape（本土地景）。

從Local到Nativescape的系列論述，是鰻魚窩的自家哲學。Local（鄉土）指的是相對都市的鄉村地方；Native（本土）是跳脫旁觀者的身分，成爲本土者並找尋地方性；而再更踏進一步之後，是Nativescape（本土地景），這是鰻魚窩自創的字彙，來自「Native Landscape」，意指在當下的風土與風景，並透視時間軸的流動，例如地方過去歷史的加疊，除此之外，也在繼續保有相同風景的願景下，展望未來的藍圖。而這個「Nativescape」便是鰻魚窩目前的目標，即是在整理在地的地方性、文化性之外，更回溯過去，也試圖讓本土地景能夠在未來持續長存。

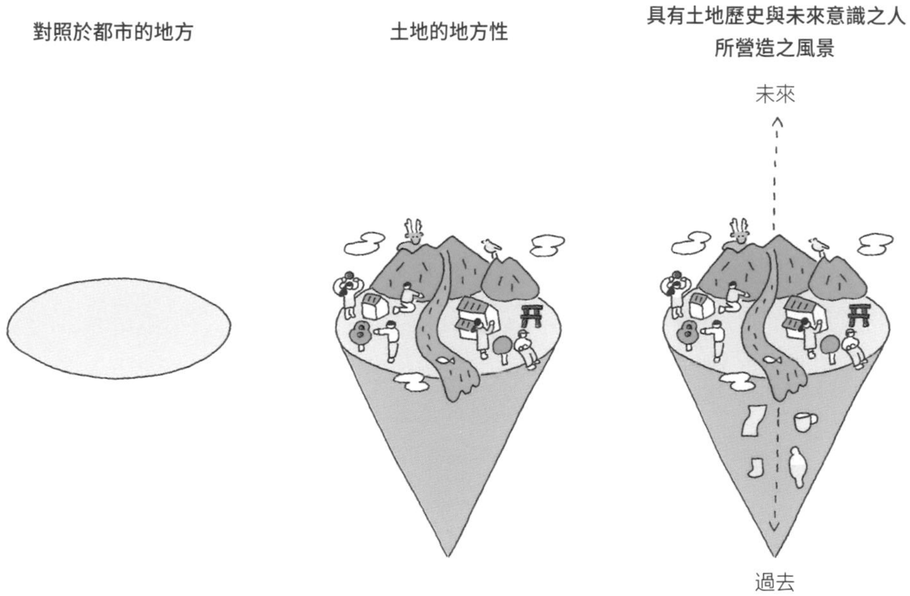

事業發展因勢利導

白水說，要形容鰻魚窩的發展，或許都市計畫的形容更爲貼切：這裡有個漏洞，導致某方面的不足，那麼就動手把洞補起來，把不足填補起來。

起初，地方缺少天線商店，那麼就創立天線商店；地方的久留米布藝需要統合的製造商，因而誤打誤撞成了Monpe的製造商。而爲了Monpe的海外宣傳需求做了影片，結果影片的製作邀約相繼出現，影片之外連同網站等其他多元的委託也逐漸浮出。

目前，鰻魚窩在批發、店鋪、活動、網路銷售，這四大主要事業軸心之外，還有設計與顧問、翻譯等多方觸角，而目前這一大事業體，創造一年近三億的年度銷售額。儘管乍看觸角多樣，但追根究底起心動念都是一樣的：爲了要守護在地的文化，而扛起了商業機能的角色，並且在穩固商業基礎之後，回頭回饋予地方。

「有人說我們是Monpe製造商，有人說我們是民藝店、手工藝店、生活雜貨店，另外，我們也是

Ⓛ UNA Laboratories成員。（攝影／藤本幸一郎）

製作內容、影像、設計、網頁、還進行研究、顧問的公司，或是對公部門來說，我們也是從事著街區營造的工作。」要說鰻魚窩究竟是怎樣的一間公司，白水也坦承有點難一言以蔽之，所以他反而樂得放手讓大家從不同的角度去判斷、解釋。

UNA Laboratories 提供體驗產地的入口

爲了讓遊客可以在八女的街區裡更深入旅遊，鰻魚窩出資成立當地腳踏車製造商，並在二〇一九年五月開始了腳踏車租借的服務。七月，則是和「Re:public」共同創立了從事研究出版、涉及旅遊業的「UNA Laboratories」（UNA ラボラトリーズ），首次的作品是二〇二〇年一月出版了日文與英文的雙語在地文化旅遊指南《TRAVEL UNA》，提供可買、可吃、可住、可以體驗的產地入口，創造一個能傳遞第一手資訊的媒體。

不久的未來，更要開啟古民家改建的旅宿事業，讓來到店裡的人，將整個城鎮視爲體驗的場域，走近製作者的生產現場，更深入的體驗當地。目前加上UNA Laboratories的鰻魚窩，彷彿拼起了一塊過去缺失的地圖，著重於「物」與都市對話的鰻魚窩，以及透過「體驗」來傳遞價值的UNA Laboratories，兩個事業體彼此互補，更互相創造新的價值。

一直以來，鰻魚窩都不斷隨著地方的需求與轉變持續增生與演變，因此或許要有個明確的定義，眞的不是一件易事。白水說，他們現在以「地域文化商社」自居，或許更貼切的是「地域文化『綜合』商社」。不管方法有多少種、鰻魚窩有多少種面貌，但只要有關地域的、有關文化的，都是他們持續耕耘的守備領域。回到創業故事的初端，鰻魚窩一開始是平面設計起家，只是地方的問題不是只靠平面設計就能輕易解決，因此就漸漸演變成了現在多重功能與角色的「地域文化商社」。

如果設計的核心是解決問題，那麼鰻魚窩正是一個貫徹設計核心價值的「設計」事務所，毫無疑問。

**鰻魚的睡窩與
UNA Laboratories之關係**

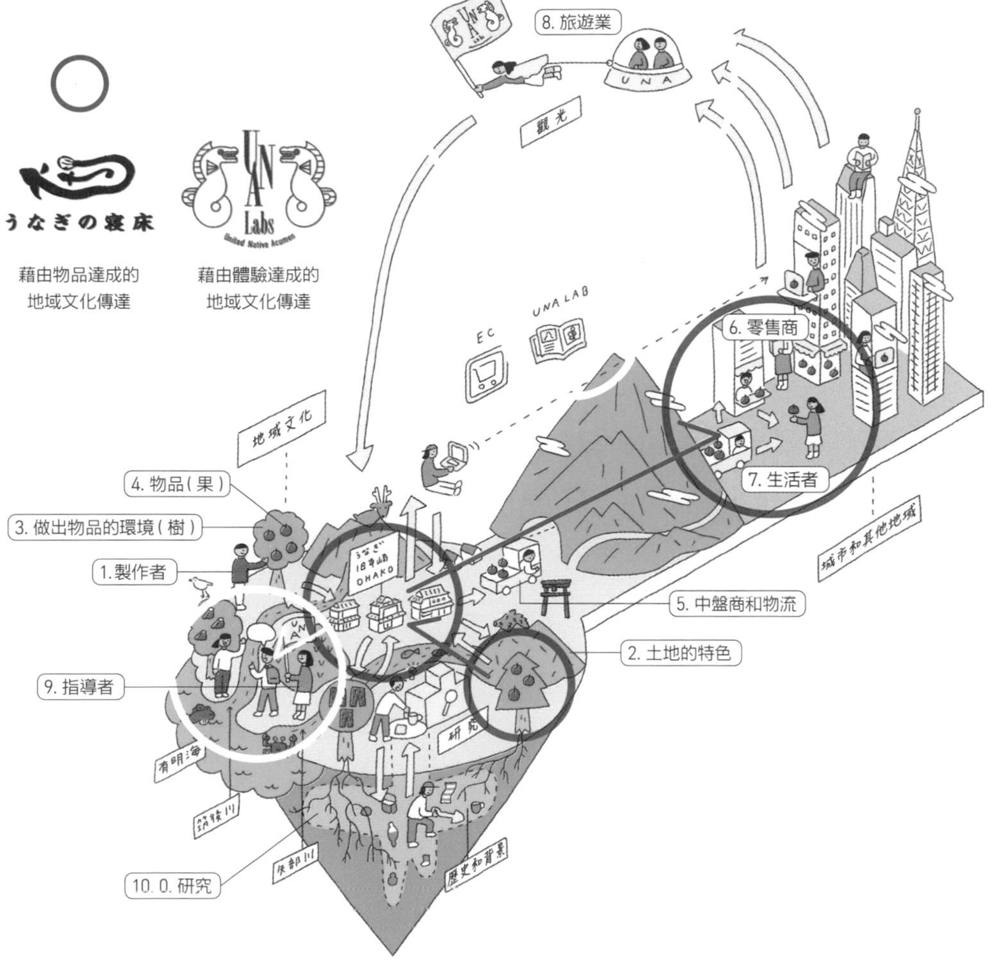

設計心法 Q/A 白水高廣

——在地方從事設計（相關事業）的優點？

1—宜居。

2—在地方能夠有許多管道，能與地方文化的人事物直接對話，獲得只有在當地才能收集到的第一手資訊。

3—或許可以從反面來說，網路的便利化，讓地方生活的不便感逐漸減少，地方與都市生活的差距漸漸縮小，在地方上有網路、有zoom就能做到許多事。換句話說，地方的缺點變少了，也就是優點增加了。

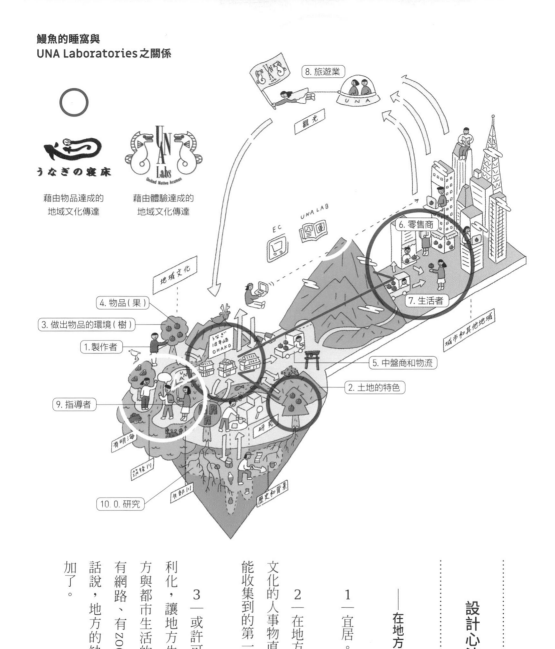

“

在地方能夠有許多管道，能與地方文化的人事物直接對話，
獲得只有在當地才能收集到的第一手資訊。

——鰻魚的睡窩／白水高廣

——在地方從事設計（相關事業）的心法？

1—金錢上的往來要果斷明白。

以日本的批發商來說，自古許多都是以「票據」（手形）進行買賣，而製作者多要在票據開立過了數個月之後才能收到現金，但我們並不這樣。舉開天線商店爲例，我們從最一開始就有覺悟，不僅不倚賴這樣的票據傳統，在店面經營上也不是寄賣制度，而是買斷所有商品。我想這是在地方上展開事業最重要的覺悟，這樣一來，不但能展現實實在在的誠意，開啟未來合作的對話，對方也能就此感受到這個事業「是玩眞的」。

2—不把話說得太滿太白太直接，保留許多曖昧之處「矇混」過去。

例如鰻魚窩到底是一個什麼樣的公司，我們都不把話說得太白，更不會說「我們是爲了這個小鎭而做」等這樣直白又樹大招風的話，相反的，雖然不說大話，但老老實實的做事，然後保留許多曖昧，保留讓大家想像與揣測的空間。

3—創造一個讓許多人都能夠被捲入的環境。

我一個人，是沒辦法完成這麼多事的，所以就要把不同的事委託給不同的人，像是選物的人、製作的人、發想的人，因此就要創造一個網羅大家的環境。

公司裡面有許多厲害的人，像是耶魯大學、倫敦政經學院人類社會學系的畢業生。要把這些人捲入，加入鰻魚窩，或是與鰻魚窩一起開公司，首先是要確立好公司的宗旨與概念、畫好公司與產地未來的願景、設定好目標，然後每天和不同的人遊說「這個產地未來如果能夠這樣是不是很棒」，讓大家感生共感；再來就是經濟與經營的部分，不管是薪水、商品的銷售，或是公司未來獲利的前景等。願景以及經濟的部分打理好，人就這麼聚集而來了。

日本設計之旅推薦｜福岡縣八女市篇

鰻魚的睡窩——舊丸林本家

二〇一二年開幕的「鰻魚的睡窩」選物店，在走過八年歲月後，二〇二〇年因遭遇新冠肺炎疫情而被迫停業長達兩個月。在這兩個月間，不僅將官網大舉翻新，更重新定義店鋪定位，同年自七月起，本店「舊丸林本家」成為鰻魚窩原創商品的展售空間，販售如MONPE等「UNA PRODUCTS」（うなプロダクツ）。

●地點：福岡縣八女市本町（モトマチ）267。
自久留米車站搭巴士約40分鐘。
●營業：11:00～17:00　●公休日：週二、三

鰻魚的睡窩——舊寺崎邸

二〇一七年開幕的二店，延續二〇一二年創業至今的天線商店事業，以鰻魚窩獨創的「NATIVESCAPE」（本土地景）視角，嚴選九州之文化代表性商品，選品的合作工坊近兩百家，品項更高達四千多種，簡直是九州在地物產的百貨店。

●地點：福岡縣八女市本町（モトマチ）327。
自久留米車站搭巴士約40分鐘，自本店徒步約3分鐘。
●營業：11:00～17:00　●公休日：週二、三

OHAKO 舊大坪茶鋪

為了地方的傳統產業能增加新的刺激與觀點，於是有了以設計與藝術為主軸的藝廊式展售空間——OHAKO 舊大坪茶鋪，於二〇二〇年七月開幕。相較於其他兩間店較為生活取向的商品品項，OHAKO則是展示與設計師或藝術家共同合作的作品、藝術家利用當地素材所創作的作品。

●地點：福岡縣八女市本町（モトマチ）21-1。自本店徒步約10分鐘。
●營業：11:00～17:00　●公休日：週一至週五，僅週六、日營業

UNA Labs的在地小旅行

二〇一九年九月，鰻魚窩與其他志同道合的朋友合資開設「UNA Laboratories」（UNAラボラトリーズ）公司，透過文化旅遊指南《TRAVEL UNA》的出版，以及在地小旅行的方式，來傳達九州文化。因此若有機會到福岡、到八女，或許可以透過UNA Labs參加當地小旅行，來一趟文化深度之旅。　●網址：https://unalabs.jp/tourism/

NIPPONIA YAME By UNA Laboratories

鰻魚窩與翻修老屋經營旅宿的公司「NIPPONIA」合作翻修的兩棟八女市老屋，預計於二〇二一年開幕，因此屆時到八女除了逛三間店鋪、參加小旅行之外，還能夠住進當地的老房子中。

●網址：https://unalabs.jp

代表作品 1

Monpe

台柱商品山袴褲，以商業基石守護在地文化

地方設計櫥窗

×

鰻魚的睡窩

"

我們不是以「賣Monpe」為目的，而是因為希望久留米布料的文化能夠延續，而開始了生產的工作。

——白水高廣／鰻魚的睡窩

福岡縣南部的筑後地區，有著傳統的久留米織品工藝，生產的棉織品質地柔軟又十分牢固堪用。過去盛況時曾經有上百家的工坊，如今只有二十多家工坊還持續不綴地生產。

鰻魚窩的台柱商品山袴褲「Monpe」，便是由久留米織品所製成。最初，白水是驚艷於Monpe舒適的穿著觸感、被背後的文化內涵所吸引，進而聯想到牛仔褲之於美國的代表性，便直覺Monpe有機會成為「日本的牛仔褲」。牛仔褲是由礦工工作褲演變而來，而原本是戰爭時指定服飾、農作服的Monpe，亦同樣有潛力從工作服轉換為日常休閒服。因此在二〇一一年，便開始了一系列有關Monpe的穿搭以及布料的開發試驗，並於二〇一四年正式發表Monpe系列，更在二〇一六年獲得日本

現代版的Monpe兼具舒適、機能與美感，也是傳統文化的再延續。

優良設計獎。而Monpe看似爆紅的發跡，背後其實有許多用心的軌跡。

將「Monpe博覽會」做為PDCA實驗場

二〇一一年，白水在八女市的傳統工藝館，企劃了「Monpe博覽會」，原先的設定是「展覽會」，也就是只有展品沒有商品的展覽，但試賣性質的試驗之後，反應出乎意料的好，五天內創造兩百五十萬銷售額，而且還賣到商品來不及補貨。原本預計一次性的活動，受到工藝館與織品工坊的要求，隔年又再度舉辦，第二年備好充足的量，創造了五百萬銷售額；第三年則是推出了不浪費布料的「現代版Monpe」，銷售額又再度翻倍，來到了九百萬；第四年在澀谷的Loft開展，因為受到電視台的介紹，銷售額更衝到一千六百萬。

最初只是試驗性質的單次活動，卻受到熱烈的市場反應，於是每年的「Monpe博覽會」，就像是進行試驗的實驗場一般，包括新產品系列的登場、從

↓ 有著獨特圖樣的久留米織品印象深植人心。

福岡轉戰東京的試驗。一路走來，沒有一步登天，也沒有一蹴可及，在這樣的軌跡中就可以看到不斷累積的循環式品質管理「PDCA」：Plan（計畫）、Do（實行）、Check（評價）、Act（改善）。

設計視野不拘泥於傳統

說到久留米織品，腦海裡浮現的就是布料上傳統的花紋，「久留米織品＝風格強烈的圖樣」，這樣的聯想根深蒂固般的存在，彷彿沒有了那些圖案，消費者就沒辦法指認出是否爲久留米織品。因此市場上既有的久留米商品，都必定出現如商標般的花紋。

但白水並沒有被這樣的概念限制住，相反的，他一反過去的定律，捨去做工較複雜的花紋款，優先生產極簡的無花紋款。他最先主打的，是穿著的舒適性與機能性，因此不僅吸引了過去從來不是「久留米織品」目標族群的消費者，或是對於傳統圖樣有抗拒心理的消費者，更打開了不同性別、不同年齡層的客層。此外，更因爲做工簡化，大幅降低Monpe的入

← 鰻魚窩合作的久留米織品工坊。（攝影／藤本幸一郎）

手價位，打破了久留米織品高貴不可攀的印象。

策略性設定中間價格定位

白水不諱言，最一開始，Monpe是久留米織造工坊爲了消耗多餘布料而作，因此幾乎是零利潤的製作。而鰻魚窩推出的Monpe系列，定價則是當時的三倍左右，價格區間訂爲一萬至一萬五日幣。

這個價格的訂定落在高級品牌與平價品牌的中間位置，對高級品牌來說，屬於相對便宜好入手的低價位，而對於購買兩、三千價位服飾的一般消費層來說，因爲傳統工藝與舒適等機能性功能的附加價值，也願意多花一些錢購買。

收攏各面向的需求

單單一件Monpe，卻收攏了許多不同面向的價值，因而能夠和追求不同價值的消費者，產生許多不同層面的對話。因爲穿起來很舒服、因爲圖案可愛、因爲是傳統工藝久留米織品、因爲有歷史文化背景，大家或許因爲不同的理由而購買Monpe，而在實際穿上並且更加認識之後，又再度發現Monpe其他的故事與價值，像是個挖不完的寶庫般，在一次次的再認識中，加深了對於Monpe的愛惜與愛用之情。

而這些不同的價值，又剛好對照到不同的群體上，例如一般消費者重視機能性，而新聞等媒體報導則是好奇於其文化要素。以機能、文化、視覺三種要素滿足這兩個重要的群體，造就了一項人見人愛的無敵產品。

或許也因爲Monpe涵蓋了許多價值的關係，寄賣的商店也十足多樣性，有麵包店、美容室、和服店、民藝商店、咖啡館、百貨公司、商店街的服飾店等，多變的Monpe，在多元的場合裡伸展不同的觸角，接觸著來自四面八方的人。

完善久留米布料的知識系統

鰻魚窩的內部，有著兩位倫敦政經大學與耶魯

㊧㊦ 針對久留米織品「絣」的技術，從工具到圖案設計、棉線染色等等，鰻魚窩在研究與保存上不遺餘力。

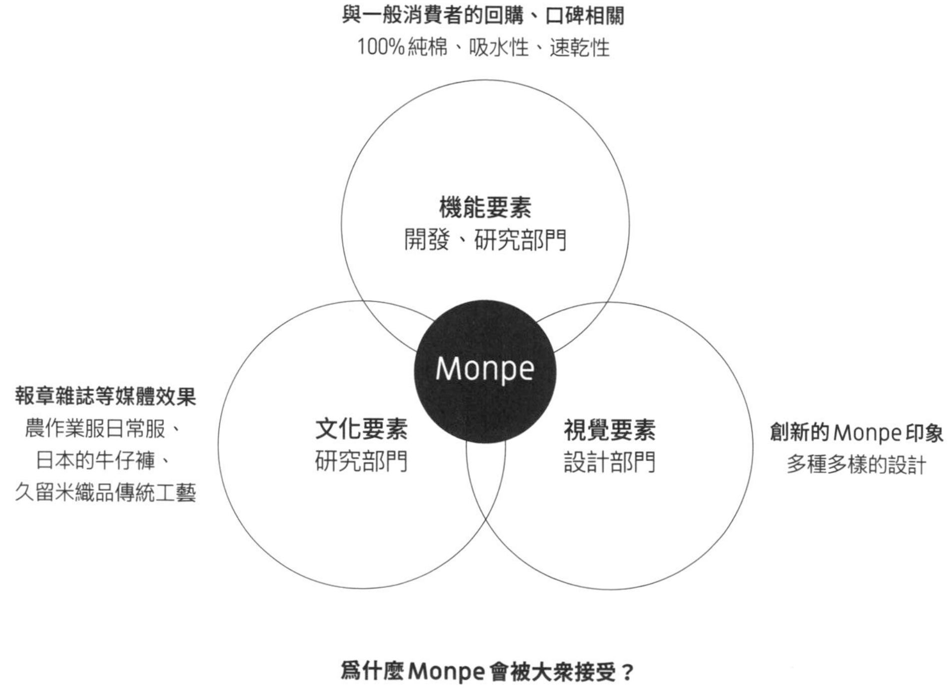

為什麼Monpe會被大眾接受？

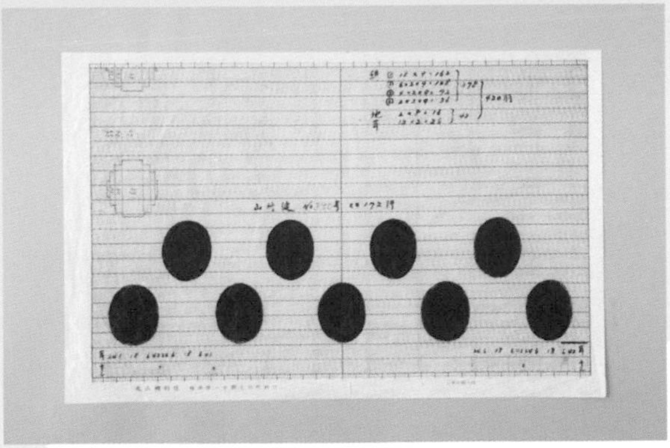

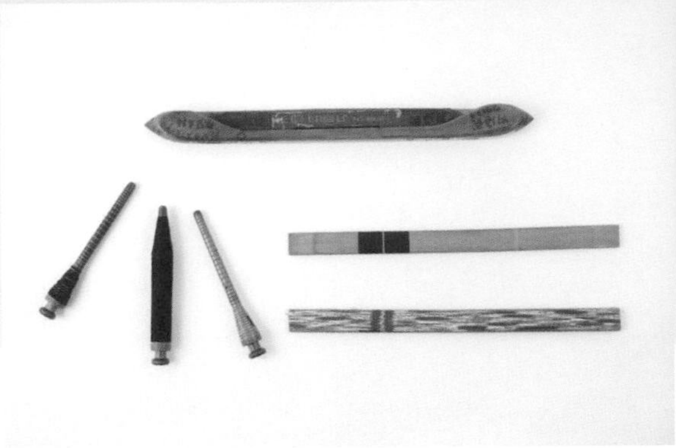

大學人類學背景的夥伴，除此之外，還曾有一位研究者進駐，在一年的時間中研究久留米織品「絣」（かすり）這項技術，針對海內外的資料進行調查，最後的研究發現是，原來絣最初誕生於印度，後來傳至歐洲，甚至出現在法國瑪麗皇后的衣著中。除了鰻魚窩企業內部之外，九州大學還有一個集合心理學、法學、數學、街區營造的研究者所組成的研究小組，針對久留米織品的各種面向進行研究與調查。

記得採訪白水的時候，爲了解釋「絣」，他打開的簡報有一個個的圖表說明絣的演變歷史、日本各個產地的分布，簡直是學術研究的精細程度。藉由內部與外部學者的調查成果，鰻魚窩建立關於久留米織品、Monpe的知識系統，在商業販售時，知識庫的累積更成爲說明產品價值、解釋產品文化的重要靠山。

「半開放原始碼」氣度延續織品文化

儘管推出了自家的Monpe系列商品，但鰻魚窩的Monpe版型的紙型依舊持續販售。大家或許不禁懷疑，這樣不就是洩露了商業機密，不就讓人能輕易模仿、複製，有心人士不也可以另起爐灶賣起Monpe搶生意嗎？

但白水卻不是這樣直線思考。他想到的是，若是自己有久留米織品的人按照紙型動手做的話，完成之後會在社群網站或是部落格上分享、擴散，這樣一來也是一項宣傳；而若是想要做Monpe、販售Monpe的人，鰻魚窩就會想辦法除了紙型之外，也把久留米布料一同出貨給他；如果是企業的話，鰻魚窩就會考慮和企業合作共同推出商品，像是要讓鰻魚窩承接縫製的代工，或是專利權的授權等。

白水說：「我們不是以『賣Monpe』爲目的，而是因爲希望久留米布料的文化能夠延續，而開始了生產的工作。」因此「我們都把大家當作要『推廣Monpe的人』來思考」，他更相信，「若Monpe也

⇩ 現代風Monpe版型的紙型持續販售。

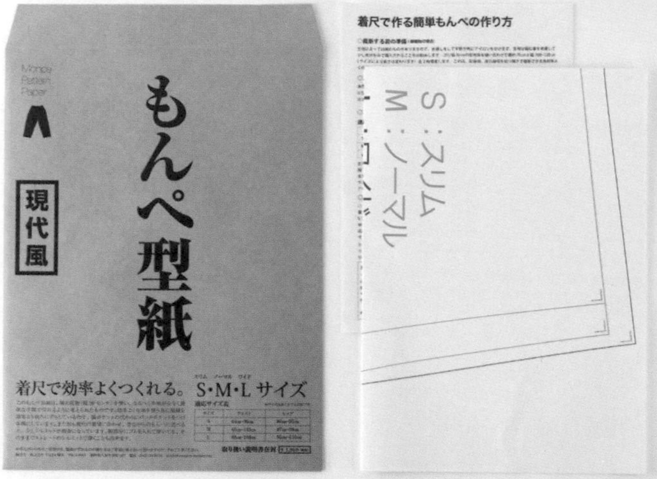

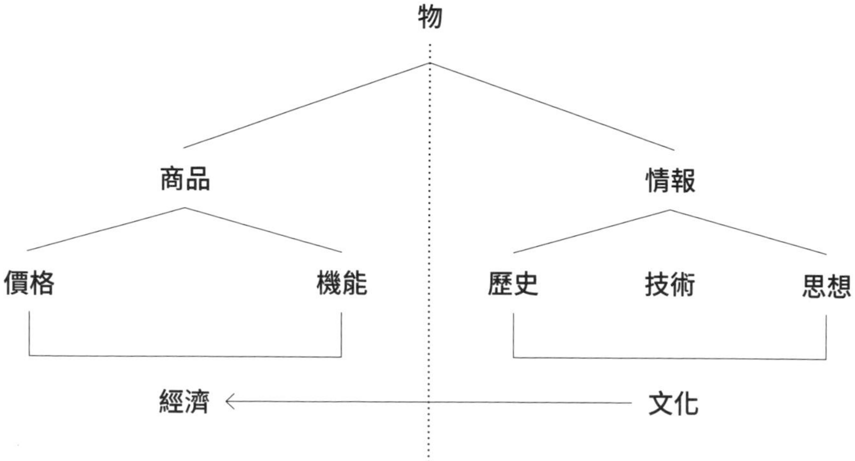

Monpe兼具商品和資訊傳達的雙重性

能因此被更多人知道，最後也會回饋到我們這裡。」

能有這樣「半開放原始碼」（Open Source）的氣度，也是做足了準備。具體來說，鰻魚窩創建了網址是monpe.info的Monpe網站，因此他們相信，就算是被模仿，但只要有人在網路上搜尋Monpe，就會有一定的量回到鰻魚窩的網站，進而購買鰻魚窩出品的產品。

追求體質健康的商業平衡

一年兩萬件的Monpe，所使用的久留米織品約是目前生產量的十分之一，但有別於想要拿下百分之百收購量的野心，白水反而設下了一個「不能收購超過三分之一生產量」的自我限制。因爲有別於商業利益的擴大，他更在意的是當地久留米織品產業的健康狀態，若是Monpe占了高額比例，當有一天鰻魚窩不行了，那麼生產布料的工坊也會跟著倒下，因此比起太過度的擴大，他更偏向於在適度的量的前提下營運。

因此鰻魚窩的Monpe不僅只是使用久留米布、和久留米布的工坊合作，更和日本的其他織品產地合作，除了增加商品的多元性，更期待能夠健壯日本各地的織品產業。

案例特點

不管是在日本或是台灣，「傳統工藝新設計」的案例並不少，但能夠長年專注一項工藝、鑽研其技術與文化背景，並透過不斷研發與調整進行創新，創造逐年進步的銷售成績，這樣兼具文化意涵與商業成績的作品，恐怕並不是多數。

而Monpe的經典之處，或許就是在商品的「設計」層面之外，也在價格訂定、販售方式、知識庫建造等面向上都投注許多心力，讓工藝商品並不是只是「再設計」（Re-design）成一個美美的商品、拍完形象宣傳照後就結束，而是後續的商業策略、知識與價值傳遞計畫、網站導流系統等，都進行了全方位構思，因而能夠為老工藝新設計的商品開創出新局面。

設計案例選輯

地方傳統工藝行銷推廣

在有了經典代表作Monpe之後，開始有許多工藝品牌的行銷計畫找上鰻魚窩。而創造了經典「現代風」Monpe的鰻魚窩也不負眾望，試圖在工藝的傳統價值之外，尋求工藝的「現代意義」。

佐賀縣New-Normal（佐賀県ニューノーマル）2019

面對傳統工藝普遍存在的「聽過、卻不會買」「買了、卻沒有在用」之問題，佐賀縣的傳統工藝推廣計畫「New-Normal」聚焦「物品使用」的觀點出發，藉由「品嚐、遊戲、工作」等六個主題分類，來探討傳統工藝融入現代生活的當代使用哲學。

▼專案規劃、展覽策劃

攝影／藤本幸一郎

MONO JAPAN 2016

攝影／藤本幸一郎

自二〇一六年開始，鰻魚窩開始帶著日本的工藝走出國境，年年來到荷蘭首都阿姆斯特丹舉辦展售會。過去，在歐洲流通的多是日本傳統風格的工藝品，但鰻魚窩則是一改過去的路線，挑選符合歐洲生活風格的當代工藝產品，傳達日本工藝的另一面世界觀。

▼專案規劃、展覽策劃

琉球紅型推廣計畫 2017

琉球紅型，為沖繩代表的染色織物，自十四至十五世紀時的海洋貿易時期開始發展，其獨特的染織技術與日本本州大相逕庭。由於明治維新與世界大戰的戰火，琉球紅型曾一度消失，所幸於戰後重新復興。而鰻魚窩則是在政府的委託之下，擔當起了琉球紅型文化保存與傳承的重責，透過影片拍攝、品牌化等工作重新構築琉球紅型的新頁。

▼工藝品牌化、行銷影片製作

產品・網站・刊物・旅宿設計

鰻魚窩在既定的傳統模板中，持續開創產品設計的新局；同時在具有地域文化特色的網站與刊物設計之外，更與志同道合的朋友合組新的事業體「UNA Laboratories」，踏足全新的旅宿以及出版版圖。

佛壇設計（八女福島仏壇組合） 2020

這是少數的產品設計委託，業主是福岡八女市的福島佛壇組織，但鰻魚的睡窩不僅僅只是為佛壇進行外在形態的設計，而是藉由設計帶出探索「現代祭祀型態」的思考。

▼商品設計、展場設計

攝影／Yuki Katsumura

副島園 2017

最初，白水與副島園主人的初識，並不是為了網站的設計。而是在朋友的介紹下，白水來到了佐賀縣嬉野市，拜訪了當地的旅宿、製陶所、茶園，聽這些當地的在地人們介紹著嬉野的過去，以及對未來的想像。在這一連串聚焦於地方未來的議論之後，才孕育了這個茶園品牌網站的設計委託。

▼網站設計

網頁照片攝影／藤本幸一郎

《TRAVEL UNA》 2020

「UNA Laboratories」的第一個作品，是自二〇二〇年出版的文化旅遊指南《TRAVEL UNA》（トラベルユーナ）。這本刊物以九州為基地，每期鎖定一主題，以探究九州土地的智慧，並挖掘九州的魅力。二〇二〇年一月出版的第一刊，主題是鰻魚窩的強項——織物；九月的第二刊則是聚焦九州的稻米。

▼刊物編輯與設計

瀨戶內工藝 ZU　　村上 Moriro

12
香川

在地創意團體

自發性集結的力量，多元回應最在地的設計需求

#藝術祭 #策展 #設計師媒合 #地方營造 #地方創意徵件

二〇一〇年開始舉辦的瀨戶內國際藝術祭，爲日本瀨戶內海地區的島嶼帶來了眾多注目，三年一度的展覽，爲這一帶增添了許多藝術、創意的氛圍，更帶來了大批觀光客，創造了不少瀨戶內迷。但另一方面，在當地人心中，「爲什麼整個藝術祭淨是國外、或是外地的藝術家？」「怎麼都沒能看到本地的創意工作者呢？」類似的疑惑開始浮現。

如此的疑惑促成了一群設計師、攝影師、建築師、庭園師、插畫家等創意工作者、生活在當地的十四人團體，把國際藝術祭的眼光轉向在地，用小型社團的聚會方式，立志「把瀨戶內變更有趣！」

圖片來源／瀨戶內工藝ZU及其官網

瀨戶內工藝ZU（瀨卜内工芸ズ）

●成立：二〇一三年三月
●駐地：香川縣高松市
●負責人：村上Moriro
●團體組成：十四名成員
●部長：村上Moriro（設計師）
●主要事業：瀨戶內紀念品開發、設計師媒合活動舉辦、縣內活動支援
●成員：第一排左起：村上Moriro（設計師）、得丸成人（設計師）、山口Kazuma（皮件創作者）、多田弘（日式庭園景觀設計師）。第二排左起：吉川賢司（業務）、仁田慎吾（攝影師）、Uninoreona（插畫家）、秋山Kazuo（設計師）。第三排左起：豬熊信次（設計師）、滝龍馬（建築師）、柳田梨繪（會計）、松田享平（設計師）。第四排左起：星川雅未（設計師）、得丸美由紀（手工藝創作者）。

「藉由創意者的力量，
把瀨戶內變得更有趣。

——瀨戶內工藝ZU

在地創意者匯聚成團體力量

二〇一三年三月，對瀨戶內藝術祭抱持著違和感的當地設計師村上Moriro（以下簡稱村上），與高松工藝高校的學長、且同爲設計師的豬熊信次（以下簡稱豬熊）與得丸成人（以下簡稱得丸），心裡想著「如果在地的活動能夠是由在地人們一起創作的話……」「如果在大家紛紛飛奔外縣都市的同時，也能有些轉向在地的目光的話……」，因此四人一同組成了「瀨戶內工藝ZU」（以下簡稱工藝ZU）團體，希望「藉由創意者的力量，把瀨戶內變得更有趣」。

至今，工藝ZU已經成長成爲十四名成員的團體，成員雖以設計師爲主，也有攝影師、建築師、庭園師、插畫家等，大家在各自的工作結束後，每隔週週六舉辦一次會議，開發特有設計商品，或是策劃各種有趣的活動。因此，相較於正規的設計師事務所，工藝ZU的成員也說，這個團體比較像是一個設計創意者們的小型社團，雖然設計作品的數量、活動的頻率都相對較低，但可以肯定的是大家感情深厚，各個計畫都是在歡笑聲中共同完成。

多元活動協力家鄉變更好

說起工藝ZU的活動內容，都是成員們在週六會議中提出，並採自願者擔任負責人的方式進行，因此內容也是非常多元，有瀨戶內紀念品設計、設計師與企業主媒合的「瀨戶BCafe」，以培養縣內高中生認識創意產業的文案比賽「平賀源內甲子園」，最近幾年更是參與了二〇一六年與二〇一九年瀨戶內藝術祭的部分展覽。從對藝術祭充滿質疑，到加入藝術祭共襄盛舉，問工藝ZU這樣的身分轉換不會感到弔詭嗎？村上一派輕鬆地說：「本來就不是討厭藝術祭本身呀！」如果能夠一起在地方上的大型活動貢獻一點力量，也是美事一樁。

工藝ZU的十四名成員中，有多數成員都有著曾經因爲求學或工作移居到東京、大阪等城市的經驗，由於不同的際遇又各自在不同時間點回到家鄉香川，對於這樣的集體U-turn，或是回到工藝ZU

⊕ 工藝ZU希望藉由各種設計創意把瀨戶內變得更有趣。
⊕ 瀨戶BCafe的媒合活動現場。

的初衷而對於香川的各種出力，問他們是不是對家鄉有著什麼樣的情感，團體裡最資深的設計師大學長豬熊說：「我們沒有大喊著『啊我超愛香川、熱愛香川』，之所以做這些事，是因爲我們就生活在這裡，所以希望這裡越來越好。」也因此，工藝ZU的成員們也不是打著「來一起做地方創生吧」的旗幟而行動，但若是這些行動被視爲地方創生的部分實踐的話，那也只是個「剛好的結果」。

日本設計之旅推薦｜香川縣高松篇

高松中央商店街

由兵庫町、片原町、丸龜町等許多街區組成，因長達二．七公里而號稱日本最長商店街的高松商店街，共聚集一千多個商家，從大型百貨公司到個人小店、西洋進口品到日本在地民藝品，以及各種日式居酒屋與食堂，更有少不了的香川縣名物——烏龍麵店等，這裡絕對是認識香川的一大入口。

●地點：自高松站徒步至商店街入口約10分鐘。
●公休：據說一九九〇年代週一公休的店家有高達九成，現在則是約半數。

北濱alley（北浜アリー）

原本是高松港貨物的暫存倉庫，二〇〇〇年重新整修改造為聚集藝廊、咖啡館、美容室、雜貨店等個性商店的「北濱alley」。除了主要的四棟倉庫群之外，鄰近街區的商店群也十分吸引人，因此若有時間造訪，務必不忘留點時間給周邊的區域。

●地點：香川縣高松市北濱町4-14。
自高松站徒步約12分鐘。
●營業與公休：依各店有不同營業時間

圖／作者攝

代表作品

1 烏龍麵筆記本

地方設計櫥窗

×

瀨戶內
工藝ZU

“ 之所以做這些事，是因為我們就生活在這裡，所以希望這裡越來越好。——豬熊信次／瀨戶內工藝ZU

烏龍麵迷專屬，用創意為日常飲食行為添樂趣

說到香川的特產，絕對不能遺漏的就是烏龍麵了。在這裡，烏龍麵有著如同米飯一樣主食地位的存在，在地人每週都要吃上好幾碗。

而工藝ZU就在一次與筆記本廠商的合作中，設計了一款烏龍麵筆記本，讓對烏龍麵挑剔的香川人，或是各地的「烏龍麵通」，能有一本專屬的筆記本，評點各家吃過的烏龍麵。不管是烏龍麵的形狀、硬度、黏度，或是湯汁的特徵等，再加上烏龍麵店家的風格、特色等，都能夠一一記錄、一一給星級評比，還留有空白速寫區，讓星級、文字記錄還嫌不夠的烏龍麵專家能夠更仔細評賞。

二〇一三年推出之後，雖然受到不少媒體的刊載報導，但販售的通路卻遲遲打不太開，直到二〇一五年有位神奈川的客人在推特上發布了烏龍麵筆記本的照片之後，獲得了高達兩萬多次的爆炸性轉發，烏龍麵筆記本才一改默默無名的身世，成爲全日本烏龍麵迷搶著收藏的專屬筆記本。

案例特點

由香川縣的特產「烏龍麵」出發，再借助烏龍麵在日本各地的普遍性，打造出一個既有地方脈絡，卻又不被地方侷限，還成功吸引全日本烏龍麵達人與愛好者注意的香川紀念品。有趣的是，對烏龍麵專家而言，這是一本平時記錄的品評筆記本，但對烏龍麵外行人而言，則可以透過筆記本上的欄位，來一窺內行人如何評比一碗烏龍麵：麵體的粗細與軟硬、湯汁的調味與風味、搭配的單品、店家整體的氛圍等等。看來，只要累積出一本烏龍麵筆記本的紀錄，外行人也有機會變成內行人！

↑ 烏龍麵迷搶著收藏的筆記本。

香川之設計創意產業營造

志工性質投入，為提升地方設計意識打基礎

代表作品 2

相較於都市地區對於設計產業的熟稔，非都市地區對於設計產業的認識程度普遍較低，因此當從都市返鄉的設計師們要在家鄉以設計爲業時，常常需要更多的說明與溝通。工藝ZU的成員亦是紛紛面臨如此狀況，因此，當後輩們回到香川、開始思考要如何接設計案時，較早回香川的大學長豬熊便成了橋接業主、轉介設計案的引路前輩。工藝ZU進而在二〇一六年開辦「瀨戶內BCafe」，針對設計工作進行簡介與說明，並在咖啡館的輕鬆氛圍之下，降低設計高不可攀的形象，介紹當地的設計師以及當地的企業，媒合兩者進行合作。

不只如此，爲了讓香川的青少年也能對於設計創意產業有所認識，也爲了傳承設計產業予下一個世代，工藝ZU在二〇一五就開始舉辦一年一度的文案徵求比賽「平賀源內甲子園」，從第一屆收到兩千件報名作品之後年年成長，到了二〇一八年，爆增收到一萬三千件徵選作品。

一個沒有立案、社團性質的組織，舉辦了這麼多理念性質的活動，讓人不禁好奇活動的資源都是從

以香川縣內高中生為對象的文案徵求比賽「平賀源內甲子園」迴響熱烈。

哪裡來。資深成員得丸說：「多是要找企業贊助，但企業贊助的部分之外，大家都是志工性質的投入。」

D&Department的長岡賢明曾說，當大家集合在一起的時候，就開始做點什麼吧，如果只是聚在一起的話，很快就會結束了。拿著這段話對照工藝ZU，好像就稍微理解了爲什麼這個團體明明不是一個正式組織，單純只是一個大家聚集的小團體，卻能夠從二〇一三年一直活躍至今了。

案例特點

為了在香川打造一個更好的設計創意產業圈，工藝ZU成員在繁忙的正職工作之外，花時間、投入心力，並持續了一段不算短的年月，未來也將這麼持續，在令人敬佩的同時亦感到欽羨，因為在家鄉有這麼一群志同道合的夥伴，對彼此、對地方都是一件多麼幸運的事！

備後設計沙龍　上田昇辰、宗藤利英

13

廣島

充電的交流社團

促成製作者、設計師、販售者相遇，共同尋找解決方案

#商品開發#媒合平台#工作坊#商店街#食育

備後地區，指的是廣島的福山、尾道一帶地區，其中的尾道不僅因爲《東京物語》等電影，而成爲電影巡禮聖地，近年更因爲空屋再生計畫、跳島自行車旅遊等面向，在日本受到許多矚目。

走一趟尾道，就會明瞭爲什麼電影導演、旅行者、移住者都這麼對尾道癡迷——這裡的海風、靜浪、還有山坡的老房子，都是這麼的黏人。十多年前左右，也有一群尾道青年們被黏回來，回到家鄉開創設計事業。

圖片來源／備後設計沙龍及其官網

⌃ 左起：副代表宗藤利英、代表上田昇辰。（圖／作者攝）

備後設計沙龍（備後デザインサロン）

●成立：二〇一〇年
●駐地：廣島岡山一帶備後地區
●負責人：上田昇辰
●事業規模：約十人左右
●團體理念：創造一個製作者（作り手）、設計師、販售者（売り手），三者相遇、共同學習、並一同解決問題的場域。

“

這裡沒有會員制度、也沒有規則，我們歡迎所有『想要在地方上開創有趣的事』的人。

——上田昇辰／備後設計沙龍

商品開發工作坊，生產者與設計師緊密搭檔

二〇一〇年，「備後設計沙龍」草創成立，這是一個促成製作者（作り手）、設計師、販售者（売り手）相遇認識也共同學習的團體，參加的成員定期聚會，分享手邊面臨的困境，並透過工作坊、演講會等方式一同找尋解決的方法。

當看到歷屆演講會邀請的演講者名單，不禁想問「這些設計大師都是沙龍團體成員本來就認識的嗎？」「當然不是」，沙龍代表上田昇辰說：「都是強行拉來的！」都是透過他們鍥而不捨地寫信、登門拜訪、千拜託萬拜託來的。但也因爲這些「強行」而來的邀請，開展了許多意外的緣分。

由於「備後設計沙龍」參與成員都有著各自的事業，因此這個團體就像一個充電的交流社團，活動的舉辦大多充滿隨興的自由度。特別值得一提的是，其中「The Taste Markets」是一個嚴謹的「商品開發工作坊」，讓生產者與設計師的雙人組合，在半年內針對既有品牌開發新商品，從最初的媒合與討論、商品設計定調、價格制定、展示方法規劃，到最後在自辦市集中實際測試市場反應（可參見本章「地方設計櫥窗」單元實例「藤本乾貨」）。在市集中，不僅可以讓新商品試試水溫，更能直接詢問消費者的意見，獲得新的靈感與啟發。

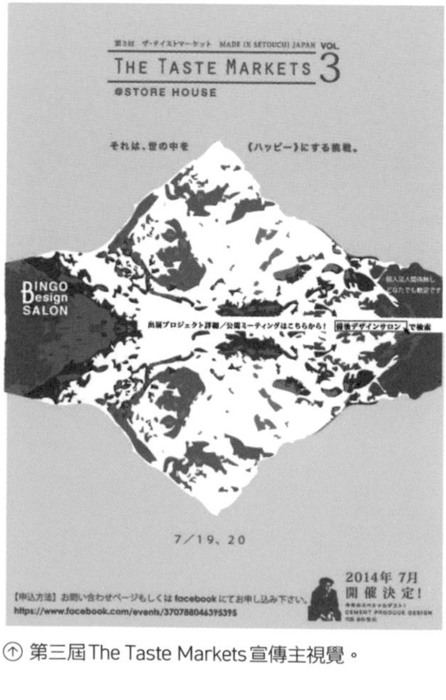

ⓘ 第三屆The Taste Markets宣傳主視覺。

日本設計之旅推薦｜廣島縣尾道篇

Chameleon Works

備後設計沙龍的負責人上田昇辰的事務所兼店鋪，是古民家改裝的建築，一樓是店鋪，二樓是事務所。一樓店裡不僅有自家品牌的產品、設計委託的商品、尾道紀念品，更有上田蒐集來的各式活版印刷器具與活字，因此也是個常態的活版印刷體驗工作室。

●地點：廣島縣尾道市東土堂町11-2。
尾道站出站之後左轉，沿著鐵道徒步約12分鐘。
●營業：10:00～19:00　●公休：無

尾道商店街

採訪當天，備後設計沙龍的兩位設計師帶著我漫遊了尾道商店街，一路上兩人不停地和店家打招呼，一下介紹這是委託製作官網的老闆，一下說這是曾經參加沙龍活動的老闆。總之，是一條非常有活力的商店街，充滿了個性十足的小店、麵包店、書店、青年旅社、公共澡堂改建的咖啡店！另外，設計師們推薦的尾道名產是「尾道拉麵」，到此一遊時也別忘了試試！

●地點：自尾道站徒步約3分鐘即可到達商店街入口。
●營業：依各店有不同營業時間

Onomichi U2

由於一條全長六十公里、自尾道可以橫跨瀨戶內海峽內各小島、直通愛媛縣今治市的自行車道，尾道成了自行車騎士們的旅遊天堂。而二〇一四年開業、由老倉庫改建的Onomichi U2，則是一個以「自行車旅遊」為主題的複合式空間，包含專為自行車騎士設計的旅店、捷安特自行車店、餐廳、咖啡店、麵包店、選物店、酒吧等。要特別一提的是，在選物店裡可以看到許多備後傳統產業再生的商品，像是丹寧等織品，另外，也可以看到不少設計師上田昇辰的作品。

●地點：廣島縣尾道市西御所町5-11。自尾道站徒步約5分鐘。
●營業：依各店有不同營業時間　●公休：無

NPO法人尾道空屋再生計畫（尾道空き家再生プロジェクト）

這不是一個景點，而是尾道的一個重要關鍵詞：「空屋再生」！現今尾道許多有趣的老屋再生案例，都跟這個二〇〇八年設立的非營利組織有非常深厚的關係。雖然很難從中挑選一個代表性的案例，但若是有經過尾道商店街，就可以看到尾道空屋再生計畫設立初期的經典案例：招牌非常顯眼的青年旅館「Anagononedoko Guest House」，由於此街屋內部非常非常的深，就像鰻魚一樣，因此被命名為「鰻魚（Anago）被窩（Nedoko）」。

●地點：廣島縣尾道市土堂二丁目4-9。自尾道站徒步約13分鐘。
●營業：16:00～21:00　●公休：無

圖／作者攝

代表作品 1

藤本乾貨

新產品小魚乾油漬橄欖油，經「The Taste Markets」開發成形

地方設計櫥窗 × 備後設計沙龍

“把正在面對的課題帶來吧，來這裡和設計師們一起探索解決的可能。

——上田昇辰／備後設計沙龍

自江戶時代，尾道就是日本海運重要的停泊港口，來自北海道的昆布、九州四國的海產物，都在這裡聚集，而藤本乾貨店就在這樣的歷史背景中創業，至今是個開業超過百年的魚產乾貨批發商老店。背負著老店的傳統招牌，接下繼承人之位的藤本有史社長因爲想要開發新商品而參加了「The Taste Markets」，在活動中與設計事務所Chameleon Works的設計師上田昇辰搭檔，一起接受半年的商品開發挑戰。

以下就以藤本乾貨爲例，介紹「The Taste Markets」的半年挑戰賽程。

第一彈（二〇一五年七月）：
以「麵包」爲早餐新商品的主攻目標

最初，新產品的目標情境鎖定「早餐」，但經過市場現有產品分析之後，便發現早餐的米食周邊商品已經佔據市場所有版面，於是兩人便在觀察完市場現有狀態之後，決定跳開米食市場，轉而將目光投向日本人早餐餐桌上越來越常上場的「麵包」。

第二彈（二〇一五年八月）：
試驗產品亮相做市場測試

在第一彈的階段確定好產品情境、產品定位之後，便進入了產品的實驗階段。把自家物產，加上瀨戶內盛產之檸檬以及橄欖油，做成兩樣試驗產品：櫻花蝦油漬檸檬橄欖油、小魚乾油漬檸檬橄欖油。

第二彈的會場上，新商品的味道、包裝設計初次亮相，讓在場的參與者試吃，並收集回饋意見。

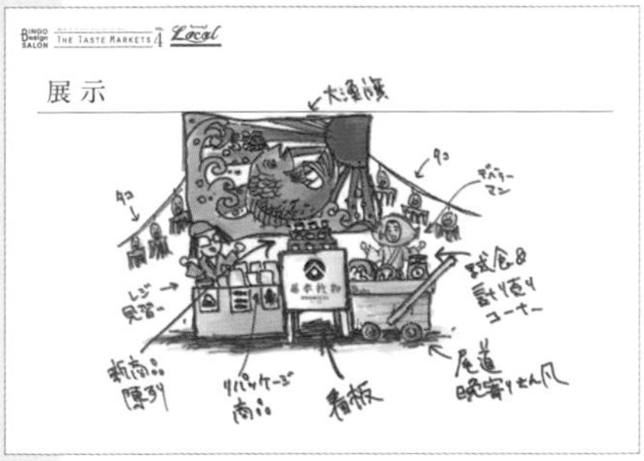

← 試驗產品的包裝設計與展示的攤位設計圖。

第三彈（二〇一五年九月）：

進入產品規劃細節

經過試吃、意見回饋、調整之後，產品的大致雛形即已確定。接著，便進入到產品規劃的細節：例如產品故事文案、價格制定、店鋪形象設計、合作通路搜尋等。

第四彈（二〇一五年十月）：

產品細節定案

在如期末考般的最終發表會「The Taste Markets」市集之前，第四彈的發表就如同上考場前的試前準備，包含：產品LOGO定案、價格確定、包裝確定以及展示設計。

第五彈（二〇一五年十一月）：

產品進市集做最後測試

第五彈就是「The Taste Markets」市集的主戰場了！通過這一輪的試煉，最後這款小魚乾油漬橄欖油就在市集上正式上陣。

案例特點

「The Taste Markets」的特點是，這是一個大家一同解決問題的成長團體，因此除了搭檔的設計師與業主，其他的參與者也都是消費者意見代表，在每一次的活動中針對不同的提案分享經驗與建議。或許一個人面對問題令人恐懼，但當大家都成為夥伴之後，自信與力量便能湧現。

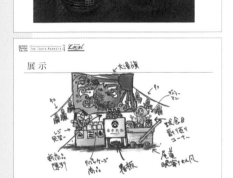

給食RUSK

代表作品 2

午餐麵包工廠的麵包餅乾，食育概念新出擊

昭和時代創立的「大和屋製麵包工廠」，是個專門生產營養午餐餐包的小型工廠。曾經，日本曾有一段時期，一講到營養午餐主食，大家浮現的是餐包的印象，那時的學校營養午餐餐桌上，餐包一週約有高達四次出場機會。後來因爲時代變遷、和食營養午餐成爲推廣重點，米飯漸漸取代餐包成爲營養午餐的霸主，餐包的出場機會一週銳減爲一次左右。

面對這樣的蕭條前景，「大和屋製麵包工廠」第三代的鹽出喬史（以下簡稱鹽出）也參加了「The Taste Markets」，和設計師宗藤利英一起搶救麵包工廠。鹽出在參加「The Taste Markets」之前，就曾和家裡的四個兄弟討論，大家的共識是想要開發「麵包餅乾」新商品，因爲麵包餅乾的製作不僅和餐包幾乎雷同，更有存放時間較長等優點。於是，鹽出與設計師宗藤利英的課題，便是產品的定位、命名、包裝、商業策略等實際層面的挑戰。

最後，這款「給食RUSK」（給食ラスク），遠遠超乎既有的麵包餅乾想像。除了能透過營養午餐麵包的聯想來喚起大眾的懷舊復古情懷之外，更結合食育概念，用在地生產的蔬果製成十五種的產品，包括孩童畏懼的紅蘿蔔、菠菜等，都透過麵包餅乾的親和力，一改令人懼怕的形象，變得充滿了吸引力。

案例特點……………………………………

設計委託的一般情境之下，設計師與業主是兩個截然不同的立場，設計師對業主提案是再理所當然不過的事，而業主對設計師的提案進行質疑與要求，也是再天經地義不過了。但是，從上述兩個代表性案例可以看到，在備後設計沙龍，設計師與業主是同一陣線的盟友，雙方一起並肩作戰、一起在發表時面對外界的評價與建言，設計師與業主也因而能夠成為超過工作領域的長遠夥伴！

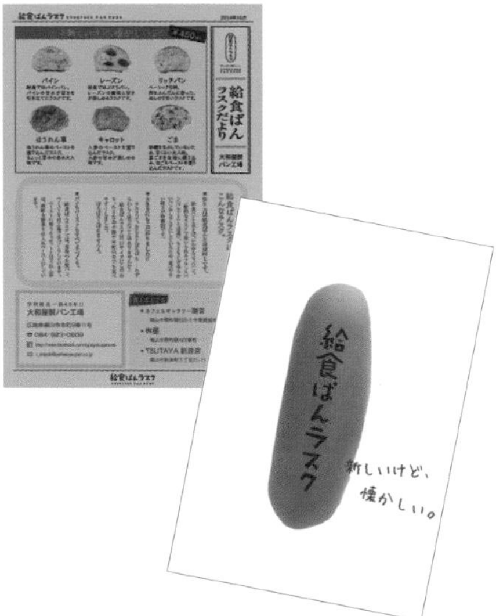

㊦「給食RUSK」以喚起復古情懷兼顧食育為策略，於市集上試售，針對包裝、口味等測試消費者實際反應。

地域編集室　簑田理香

14

栃木

編輯力的擴散

由編輯思考長出的地方營造，漫向無限領域

#編輯 #地方刊物 #地方營造 #地域振興 #藝術祭 #風土與風景

和陶瓷產地栃木縣益子町的緣分特別地深。二〇一五年，因想要一窺《社區設計》一書裡的藝術祭案例「土祭」，而初次到了益子，之後每年兩次的春秋陶器市等，更是讓人一次次的造訪。即便不在益子，在東京的書店、選物店，也會看到益子免費的風格刊物《Michikake》（ミチカケ）。

後來才發現，不管是土祭、由土祭而發展出的老屋改造社區空間「土之輪」（ヒジノワ）、或是《Michikake》，這些集結益子魅力的活動、刊物，都和一個人有關，《Michikake》的主編——簑田理香。

圖片來源／地域編集室

㊉「益子之歌」小組（左起）：歌曲創作者石塚明由子、平面設計師須田將仁、簑田理香。（圖／作者攝）

地域編集室 簑田理香事務所

●成立：二〇一六年
●駐地：栃木縣益子町
●負責人：簑田理香
●事業規模：個人工作室，外部協力團體約四人
●主要事業：企劃、編輯、採訪、調查、教育、研究等
●理念：以編輯力著手地方營造工作。

㊉《Michikake》主編簑田理香。（圖／作者攝）

“

大家都對地方有著深厚的感情，把在地的工作當作志業一般，借助設計的能量為地方發聲。

——簑田理香／地域編集室

陶瓷產地益子充滿自然與人文魅力。（圖／作者攝）

一人多能，偕同外部班底為地方發聲

以「地域編集室」爲工作室之名的簑田理香（以下簡稱簑田），是個多重身分的自由工作者，藝術祭活動辦理、刊物編輯、大學地域編輯課的特約講師、地域宣傳顧問、自主計畫的策劃執行等，看似多重的角色，但實際上都與益子、與益子的風土牽連。或許，也可以說是因爲益子，因而開展出無限多的領域。

和簑田深聊後，才發現原來許多的計畫和活動的背後，除了她一人之外，還有一群遠端支援的夥伴：平面設計師須田將仁、歌曲創作者石塚明由子、攝影師長田朋子。這一群人，被她稱爲「益子之歌」小組，原本各自與簑田有著個別的緣分與工作往來，在「益子之歌」計畫上，大夥首次被兜在一塊，成爲一個如固定班底般的小組，在公事上一同工作，私下也不時聚會交流。

不知道爲什麼，總覺得簑田以及地域編集室有種似曾相識的熟悉感，後來想一想，或許是因爲與

㊤「地域編輯課」探討如何以編輯力挹注地方營造。

台灣所認識的社區型組織有著相似的體質吧：大家都對地方有著深厚的感情，把在地的工作當作志業一般，身兼許多才能，編輯、規劃、整合，並不一定是設計出身，但是都看重設計的力量與重要性，因此總是與設計師們一同合作，借助設計的能量爲地方發聲。

地域編集室不是典型的設計事務所，但它別開蹊徑的地方營造實踐，或許也能帶給台灣地方的社區工作者一點共鳴與靈感。

地域編輯課傳承地方營造應用心法

除了參與地方營造，簑田理香也曾開班授課，系統性地將個人實務經驗傳承給年輕世代。二〇一六年四月至二〇二〇年三月底，簑田在宇都宮大學的「栃木工作學」部門擔任特聘副教授，負責開設校內「地域編輯論」一課。

這是一堂以「編輯性思考」爲基礎，探求健全的地方營造、自發性的情報傳遞爲核心概念的課程。課程分爲兩部分，第一部分是有關編輯技術的知識與手法的「編輯思考」，第二部分是在編輯思考的基礎上，重新檢視地方營造的方法、企畫。最後，修課學生也要針對自己的家鄉或喜愛的城鎮提出一份地域振興企畫書，並在期末發表會上發表與接受講評。

四年的課程進行下來，修課學生所提的企畫書，雖然有許多都鎖定學校所在地的栃木縣，但其他縣市的城鎮也備受關注，近乎涵蓋日本四十七個都道府縣，而提案的內容更是五花八門，不管是小旅行的提案、DIY咖啡廳、地方祭典舉辦等，可以看到學生在課程的刺激之下，展現了多元的創意。

多年的地方誌《Michikake》，以及多個地方營造專案的參與經驗累積之下，這門課的簑田老師對於以編輯力挹注地方營造領域有著深厚的心得。或許無法到宇都宮大學選修這門課，但是透過系統性的課程大綱，至少可以一窺點滴精華。

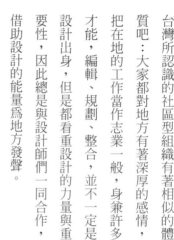

「地域編輯論」課程大綱

主題	內容
第一部 生活中的編輯論	
什麼是「地域編輯論」？什麼是「編輯」？	定義與生活中的編輯
「把訊息傳達給想要傳達的人」就是編輯思考的重點	思考適切與不適切的編輯
讀解「被編輯」的媒體（1）共感或是反感是如何產生？	以企業與地方政府廣告來思考引發共感或反感的編輯
讀解「被編輯」的媒體（2）地方政府應該要如何為地方發聲？	檢視地方政府的宣傳影片
第二部 地域編輯論「有助於地方振興的編輯思考之理解與應用」	
為什麼地方不加油不行？（1）從「地域的課題與可能性」來看	故鄉論壇大會
為什麼地方不加油不行？（2）從「地域自主與價值創造」來看	回顧戰國時代至今的中央與地方關係、檢證地方消滅論的可能性
立基於編輯思考的地域振興個案研究（1）地域振興步驟之思考	德島縣神山町 Food Hub Project
立基於編輯思考的地域振興個案研究（2）關於適切的課題設定	Peshawar之會在阿富汗的活動
立基於編輯思考的地域振興個案研究（3）關於地域資源	益子町土祭之「解讀風土 · 風景之企畫」
立基於編輯思考的地域振興個案研究（4）關於地方問題的解答	都會區與偏鄉地區的各種計畫
客座講師演講	（內容依邀請講師而異）
立基於編輯思考的地域振興企畫（1）	工作坊：企畫書需要什麼項目與內容之思考
立基於編輯思考的地域振興企畫（2）	工作坊：企畫書是為了什麼而存在？
客座講師演講	（內容依邀請講師而異）
地域振興企畫發表會	修課同學成果發表

日本設計之旅推薦｜栃木縣益子町篇

民藝店益子（民芸店ましこ）

想要了解益子與民藝的歷史，絕對不能錯過當地的「濱田莊司紀念益子參考館」。除此之外，簑田推薦「民藝店益子」，因為這裡是在益子民藝推手、陶藝家濱田莊司的鼓吹之下，於昭和二十七年創立的首間益子燒專賣店。

●地點：栃木縣芳賀郡益子町大字益子2901
●營業：9:00～18:00
●公休日：週二

starnet

土祭首屆總監馬場浩史於一九九八年所創立的店鋪，店內分為選品店與餐廳，選品除了當地陶藝家作品之外，更有當地生產的麵包、食品、蔬果等在地物產。馬場夫婦於二〇一三年左右相繼離世之後，starnet雖已易主，但店內所保有的風格依舊不變。

●地點：栃木縣芳賀郡益子町益子3278-1
●營業：11:00～18:00
●公休日：週四

土之輪（ヒジノワ）

為了二〇〇九年首屆土祭的現代藝術展覽空間，陶藝家、鎮公所職員以及許多志工來到這個有百年歷史的古民家協助空間的改造。而活動結束之後，若是就這麼結束了甚是可惜，於是志工們就成立了「土之輪」，由大家一同經營著。目前一樓是由志工經營者輪流「當老闆」的咖啡店，二樓是環境設計師廣瀨俊介的工作室。

●地點：栃木縣芳賀郡益子町大字益子1665
●營業：11:00～17:00
●公休日：不定休

Tsudzuri（つづり）

二〇一五年秋天開幕，由服裝裁縫師、布織品手藝者、陶藝創作者、料理人等七位各懷專長且育兒中的媽媽們，一同開設的雜貨屋與食堂。

●地點：栃木縣芳賀郡益子町大字益子4135
●營業：11:00～16:00（食堂11:30～15:00）
●公休日：週日、一、二

圖／作者攝

地方設計櫥窗

×

地域編集室

代表作品 1

土祭

藝術祭梳理地方生命之源，傳達在地風土觀

二〇〇九年，移居益子的前時裝品牌創辦人馬場浩史（以下簡稱馬場）受益子町委託，擔任益子藝術祭的總監，他提出藝術祭的主題「不應只局限於窯業或是農業，應該囊括生命之源的土」，因而成爲「土祭」的思想骨幹，讓土祭充滿了在地的「風土觀」。

三年一屆的土祭，在第二屆的二〇一二年時，簑田受馬場之邀成爲土祭事務局的一員。二〇一三年，馬場因病驟逝，鎮長本來想改邀外部「知名建築家」擔任總監，此時承繼馬場風土觀的簑田，則提出了「解讀益子風土與風景之計畫」，決定在一年間和益子住民一同梳理地方脈絡、盤點在地資源，並在此基礎上發展出第三屆的土祭。

“ 解讀益子的風土與風景，和住民一同梳理地方脈絡、盤點在地資源。

——簑田理香／地域編集室

案例特點

與既有的藝術祭最大的不同是，土祭強調透過藝術祭的策劃，和當地居民一起爬梳地方、整理地方資源、發展地方的風土觀。因此這是一個和在地居民有著深切連結的藝術祭，持續引發當地許多創新提案。

㊤ 歷屆「土祭」及「前．土祭」的核心概念已經超越窯業或農業局限。

㊤ ㊨ 土祭活動傳達的是在地風土觀。(圖／作者攝)

《Michikake》(ミチカケ)

地方誌指標刊物，呈現當地生活本質與風景

代表作品 2

第三屆的土祭，受到廣大的迴響，來自東京與首都圈的遊客們對益子開始好奇，甚或成了益子迷，而這樣的回饋，讓簑田在二〇一二年向益子町提案，於二〇一三年創辦了刊物《Michikake》。

在那個地方誌還在萌芽的時期，《Michikake》有別於單純的名勝觀光推廣誌，而專注於當地生活的本質與風景，像是每期都有的「陶藝家餐桌」專題等，出刊之後就受到雜誌圈內高度注意，成爲地方誌中的指標刊物。

其中，有別於一般多選照片當作封面背景的刊物，爲了讓《Michikake》更有收藏性，因此每期的《Michikake》封面，皆是委託在益子習藝的染色畫家安田麻由子創作。

案例特點

在介紹大眾景點之外，「以生活為題」的雜誌或許已經不稀奇，但《Michikake》特別的是，這是一本地方政府出版的刊物。民間的創新提案，再加上地方政府的支持，促成了這本有著濃厚「益子風」的刊物。

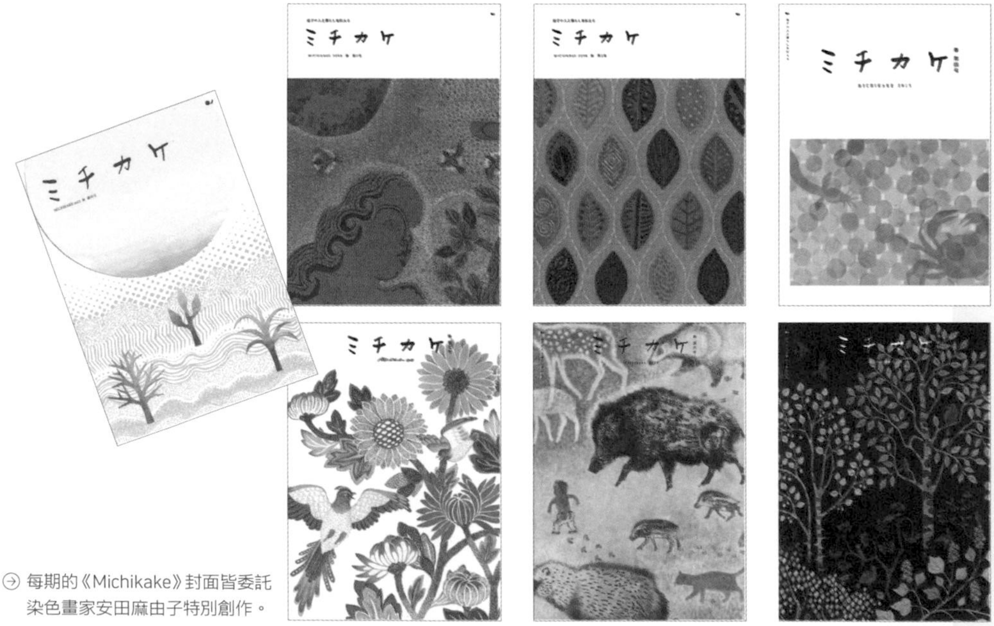

每期的《Michikake》封面皆委託染色畫家安田麻由子特別創作。

代表作品 3

益子之歌

對地方情感濃縮為詞曲，延伸出跨界創作與工作坊

歌曲創作者、同時是《Michikake》與土祭粉絲的石塚明由子（以下簡稱石塚），二〇一六年因為益子小旅行活動，與簑田相識相遇。在小旅行的兩天一夜中，石塚體驗了在陶藝家門下的弟子生活，深刻感受了益子的風土人情，這些點滴促使她創作了「益子之歌」（ましこのうた）。

聽到「益子之歌」的簑田深受感動，她與益子的緣分、情分以及投注的心力，彷彿濃縮在石塚的歌曲中。而這首歌不僅是個濃縮，更是個滾動的開始。簑田以地域編集室的角度，找來與益子有深遠緣分的平面設計師須田將仁、攝影師長田朋子，一起透過歌曲、詩詞、照片、影像、設計，創作「益子之歌」單曲專輯。

專輯推出之後，大夥也沒有停下來。有趣的是，簑田、石塚、須田、長田，這幾個原本各自與益子結緣的人，因歌曲而聚集，形成了一個以「益子之歌」為名的小團體。專輯之後，則是有演奏會、詞曲創作工作坊等活動，繼續牽繫大家，也牽繫大家與益子的緣分。

↑ 延伸的詩歌活動宣傳摺頁。
↓「益子之歌」單曲專輯是集合跨界創作的呈現。
（圖／作者攝）

案例特點

相較於以地方為名的各種創作，如刊物、產品、小旅行等，赫然看到以歌曲為載體的創作，著實讓人眼睛一亮！此外，不僅僅是歌曲，更加入詩詞、影像、設計等元素，網羅長年喜愛益子的創作者共襄盛舉，擴大了歌曲的豐富性，也讓再現益子的風景更立體。而因歌曲而舉辦的工作坊，也有別於一般的歌曲演唱會，而是讓大家在既有的曲子上填入新的歌詞創作，再由歌手石塚現場演唱，跳脫了既有模式，用新穎的方式拉近大家與「益子之歌」、與「益子」的距離。

特別收錄

中川政七商店

導入設計力和新經營方針，工藝品牌轉型的指標性典範

圖片來源／中川政七商店

中川政七商店並不是設計事務所，但要論日本地方設計這個主題，它絕對是個不能遺漏的經典案例。除了悠遠的傳統、設計力導入之後的華麗轉身等驚人事蹟之外，中川政七商店近期更是屢屢有令人讚嘆的創新，是個奠基於三百年歷史之上，又不斷突破自我的經典中的經典。

多年前第一次到關西，對於奈良的好奇不是東大寺，也不是鹿兒，而是中川政七商店，因此在日本友人的鼎力相助下，一到奈良就直奔中川政七的本店。自首間店鋪創立於一九八五年以來，中川政七商店已經是有多個自有品牌、多家店鋪的傳統工藝龍頭企業，以下就簡略介紹企業背景，以及與地方設計高度相關的事業體。

三百年工藝企業成功導入SPA經營模式

於一七一六年的幕府時代創業、以麻商品起家的「中川政七商店」，是個有著超過三百年歷史的企業。曾享有皇室御用的榮譽，也走過產業衰退的廢

㊀ 由水野學設計的中川政七商店LOGO。

㊀ 明治十六年發刊之「大和名勝豪商案內記」中所繪之明治初期的中川政七商店。

業危機，而老企業迎來戲劇性變化的契機是，二〇〇二年十三代社長中川政七回家接下家業之後，導入SPA模式（意指從商品策劃到零售一體化之整合銷售），爲傳統工藝注入設計力，提出符合當代生活風格的可能，並創作多樣加值產品、創立多個自家新品牌，更以東京爲轉身起點，在多個指標性地段拓展直營店，成爲工藝品牌轉型的指標性典範。

二〇〇七年立下以「讓日本工藝充滿元氣！」（日本の工芸を元気にする！）的願景，因此二〇〇九年便以自身成功經驗爲基礎，開始進行地方工藝品牌的顧問服務，二〇一一年開始號召接受顧問的品牌，一同參與「大日本市」聯合展示會。至今，中川政七商店已以顧問角色輔導多個工藝製造者轉型，成功的案例不在少數，而在自家企業之外，更於二〇一七年創立「日本工藝產地協會」。

二〇一八年三月，十三代社長中川政七做出了重大決定，破天荒打破家族企業的傳統，將家業第十四代的棒子交給了社內的工作夥伴千石Aya，自己則是以會長的角色，率領顧問團隊，全心投入家鄉奈良的地域營造、工藝顧問，以及教育的相關事業。

㊀ 十三代社長中川政七（左）與十四代社長千石Aya。

地方設計櫥窗
×
中川政七商店

「讓日本工藝充滿元氣，一起創造工藝大國的日本。」
——十三代社長中川政七

代表作品 1

日本市

伴手禮店品牌，強調地產地銷

中川政七商店自家經營的店鋪品牌有：除了以生活道具爲主的品牌同名店鋪「中川政七商店」，以及以麻織品爲主的雜貨品牌「遊中川」之外，還有伴手禮店品牌「日本市」。

「日本市」是個以「日本的土產」相關物品爲軸心、以「宛如在日本各地旅行般，能與在地的土產商品相遇」爲主題，集合日本具有各地的代表性、精湛工藝技術的土產。此外，更以「藉由土產讓當地充滿元氣」（土産もので地方を元気にする）爲目標，以工藝品土產界的「地產地銷」爲原則展店，因此目前日本的六家店會因所在區位不同，而有不同的設計，以及當地店鋪獨家的販售品項。

例如，日本市的奈良三条店匯聚了許多奈良地產的雜貨小物與工藝品，代表奈良不可或缺的小鹿

㊧ 日本市日本橋高島屋S.C.店。

圖樣設計土產更是令人目不暇給。而日本市日本橋高島屋S.C.店則從地方的歷史得到靈感：中川政七商店誕生於在三百年前的江戶時代，當時日本最重要、連接日本各地的道路「五街道」起點，正是日本橋。因此，日本市的日本橋店，便以此來由爲背景，以「街道土產」爲主題，收攏以日本橋爲出發點、旅途中所遇見之日本各地土產。

日本市
NIPPON-ICHI

㊤ 由設計師水野學所設計的日本市LOGO。

㊤ ㊨ 日本市奈良三条店。

大日本市

代表作品 2

職人品牌聯合展示會，橫跨傳統與創新

「大日本市」是個集合超過五十個日本職人品牌的聯合展示會。

在「讓日本工藝充滿元氣！」（日本の工芸を元気にする！）的宗旨之下，中川政七商店在自家商品的販售之外，更以自身成功經驗爲基礎，提供日本工藝品牌顧問等服務，而大日本市便是在這樣的背景之下誕生：爲了提供以「創造產地的一番星」爲目標的品牌在通路上的支援，因此在二〇一一年開始了「大日本市」聯合展示會，促進地方工藝品牌的自立與成長。二〇一八年起，出展的品牌大幅放寬，除了顧問輔導的品牌之外，一般的企業亦可參加出展募集。

在大日本市現場，可以看到在食、衣、住三個主題上，有許多傳統工藝創新的新商品，以及年輕接班人所開創的生活道具新品牌，日本各地的「產地」齊聚一堂，組成一個橫跨傳統與新穎的「大日本市」。

↑ 大日本市。（圖／大日本市提供，中里楓攝）

代表作品 3

仲間見世

夥伴商店計畫，拉起當地土產店與製造者的手

鑒於工藝品的土產產業日漸走下波，自二〇一三年起，中川政七商店推出「仲間見世」計畫，「仲間見世」意即「夥伴商店」，也就是與地方上的土產店結盟成為夥伴。由中川商店企劃與設計商品，交由地方上的小規模工藝工坊製作，再由夥伴商店土產店進行販售。

㊤ 中川政七商店協助夥伴商店「函與館」開發了不少原創商品。

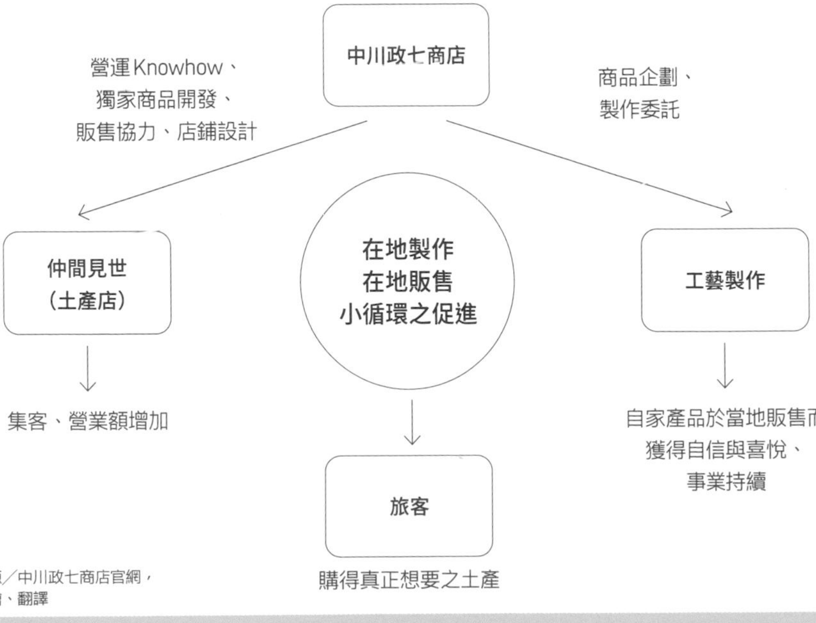

圖表來源／中川政七商店官網，作者重繪、翻譯

◎店例1

太宰府天滿宮的土產店——

仲間見世一號店／二〇一三年起

仲間見世的第一個夥件，是在全日本有著一萬兩千間神社的天滿宮總本山，在訊問處改建的契機之下，附設的土產販賣區也在中川政七商店的顧問指導下，進行品牌改造，並且開了仲間見世的先例。在品牌改造之後，來客數成長了三倍，營業額更成長了六倍之多。

●地點：福岡縣太宰府市宰府4-7-1

◎店例2

Esuko（えすこ）——

日本唯一「出雲型勾玉」

玉石企業的土產店／二〇一四年起

明治三十四年創業，現今日本唯一「出雲型勾玉」（一種特殊形狀的玉石）企業「株式会社Menoya（めのや）」，因著開創店鋪事業的契機，尋求中川政七商店的顧問指導，便順勢成爲了仲間見世的夥件，更共同開發如伊勢拭巾等獨家土產商品。

●地點：島根縣松江市嫁島町14-13

◎店例3

Kojinmari（こぢんまり）——
城崎溫泉旅館土產店／二〇一五年起

位於城崎觀光溫泉區，只有四個房間、小而美的小旅館Kojinmari，在進行一樓的新店鋪開發時，受到中川政七商店的指導，並成爲仲間見世夥伴。由於位於溫泉觀光區，因此空間、陳設、選品，皆以泡澡爲題，此外更以豐岡市當地特有的鳥類「東方白鸛」爲發想，設計吉祥物「Okenotori」（オケノトリ）以及周邊商品，是當地的人氣土產商店。

●地點：兵庫縣豐岡市城崎町湯島257

◎店例4

函與館（函と館）——
機場內的土產店／二〇一六年起

由營運函館機場的公司所委託，協助開設機場內的土產商店。爲了避免開設新的商店造成市場間的競爭，因此本質上著力於：讓更多觀光客來函館以擴大市場。商店之外，更爲了函館的地域品牌化，重新編輯與形塑函館的魅力之處。在土產店內，中川政七商店與當地製作者合力開發原創商品，更出版旅行指南《函與館》（函と館），多管齊下以提升函館的魅力傳達。

●地點：北海道函館市高松町511，函館空港

私房清單

日本地方設計考察

東京的天線商店．紙本雜誌．數位媒體

如果看了書裡的設計事務所案例還是覺得不過癮、如果除了推薦的日本設計之旅景點之外還想知道更多，那麼這份延伸清單，就是要提供給想更認識日本地方設計的重度使用者，從天線商店、紙本雜誌、數位媒體三類出發，不藏私地公開所有資料搜集、地方設計考察之旅的要點。

1 — 東京的天線商店

誠如本書「關鍵字小辭典」裡的介紹，天線商店基於不同的店址、不同的主題類型、不同的經營類型有多種樣貌。天線商店內販售的商品大多以食品、當地特產為主，此外更有許多附設咖啡店、冰淇淋店等複合設施，而展覽空間，或是當地旅遊與移住情報資訊，也能在許多天線商店中看到，有些更設有諮詢服務櫃檯，堪稱各地方政府在東京的宣傳窗口。

本篇就聚焦東京地區的天線商店，分別羅列三個網羅各都道府縣的綜合型店，以及有樂町一帶單一都道府縣型的天線商店。

◎東京綜合型天線商店

D47：展現地方個性之展覽、料理、選品的集結點

天線商店系列首推D47。有別於D&Department的店鋪多是點狀分布於日本各地，二〇一二年於澀谷「澀谷Hikarie」複合式商業空間的八樓，則是出現了集結d47 MUSEUM、d47食堂、d47 design travel store的「D&Department系列園區」，以各種四十七個都道府縣相關主題展覽、食堂、選品店，讓旅人在繁華澀谷的一隅，深入體驗日本地方之獨到個性。（D47相關介紹詳見第2章）

Marugoto Nippon：呈現日本各地風土的東京交流站

觀光客雲集的淺草地區，二〇一五年出現了一棟「完整呈現日本」的新景點——Marugoto Nippon（まるごとにっぽん，字意即為「完整日本」）。

地上四層樓超廣闊的空間中，每層樓都有著不同的定位。一樓是「日本食市場」，有集結日本逸品物產的自家直營超市「藏」，以及來自日本

↑ BEAMS JAPAN
●地點：東京都新宿區新宿3-32-6，B1F - 5F
●時間：11:00-20:00
●公休日：不定休

↑ Marugoto Nippon
●地點：東京都台東區淺草2丁目6-7
●營業：10:00～20:00
●公休日：無公休

↑ D47
●地點：東京都澀谷區澀谷2-21-1，澀谷 Hikarie 8F
●營業：12:00～20:00
●公休日：週三公休

圖／作者攝

各地食品職人的販售商店街；二樓是主打生活用品的「生活道具街」，搜羅了日本工藝品的品牌，包含木工、陶瓷、皮革等等；三樓定位為「體驗廣場」，以開放給日本各地申請攤位的行銷體驗區「家鄉推薦」為主，並另外設有地方情報區、料理教室等；最後，四樓是「家鄉食堂街」，集合了日本地方風土料理的餐廳。

對日本地方鄉鎮而言，Marugoto Nippon不僅是個通路，更是一個東京交流站，提供地方觀光、甚至移居的各種資訊。此外，這裡也是培育地方明星物產的試驗所，例如來自福岡縣柳川市的草莓辣椒調味料「AMANERO」，原先在四樓的行銷體驗區試賣，經過媒體報導竄紅之後，進而進駐一樓的「藏」超市，成為常態販售商品。

BEAMS JAPAN：選品介紹現在最有趣的日本

創立於一九七六年的BEAMS，以美式的服飾選品店起家，一九九四年將事業版圖擴張至生活雜貨、室內家居選品等領域。二〇〇三年，BEAMS集團中，以「設計與手工藝的橋樑」為題，成立手工藝品為選品的部門「BEAMS fennica」。於是，以BEAMS為首，以前從未出現的「在服飾店裡羅列手工藝選品」現象開始在日本發生。於是大眾對於「民藝」的印象逐漸轉變，原本被認為是老掉牙的古物，開始和流行、時尚沾上了邊。

二〇一六年，是品牌四十週年，這一年BEAMS JAPAN在新宿開幕，企圖把「現在，最有趣的日本」介紹給世界。在這一棟具有上下八層樓的超大旗艦店中，除了自家本領的服飾之外，BEAMS以經營服飾選品店所累積的審美慧眼，選出具日本代表性的人事物，從工藝、藝術、地方紀念品、再到和食，以及近年高人氣的猿田彥咖啡等，自許作為日本和世界異文化交流的節點。

◎有樂町天線商店之旅

位於東京都內的天線商店散落於都內許多地方，可能一天之內也無法全部仔細造訪，但若想要短時間內來一場天線商店散步之旅，首推有樂町一帶！

東京交通會館：天線商店首選聖地

被稱為天線商店聖地的東京交通會館，單單一座館內就集結了約十四個不同層級、不同形式的地方政府主導之天線商店，絕對是一覽天線商店的首選景點。

訪查重點①：北海道店

總是有著長長排隊人潮，年度入館人數破兩百萬、創下十億以上營收的「北海道道產子Plaza有樂町店」(北海道どさんこプラザ有楽町店)，堪稱稱霸天線商店界的第一名資優生。

↑ 市町村層級之天線商店
北海道美瑛町天線商店——丘之町。

↑ 德島．香川共同經營之天線商店
德島．香川TOMONI市場。

↑ 天線商店聖地：東京交通會館
北海道天線商店「北海道道產子Plaza」(畫面左下)就位於一樓。

訪查重點②：徳島・香川TOMONI市場、由村由町而來之館

除了單一地方政府的天線商店之外，更有兩個縣一起合開的天線商店，例如交通館內的「徳島・香川TOMONI市場」（徳島・香川トモニ市場），便是徳島縣和香川縣的聯手出擊組合。另外，由日本全國商工會聯合會所經營的「由村由町而來之館」（むらからまちから館），則是網羅了日本四十七個都道府縣的物產，除了調味料等特產品之外，更每日販售許多新鮮物產。

訪查重點③：市町村層級店

除了「都道府縣」等級的地方政府之外，近年更有縣級以下的「市町村」層級的天線商店出現！例如北海道美瑛町、長崎縣平戶市便在交通館內自立起門戶。

有樂町銀座附近一帶——天線商店一級戰區

步出交通會館步行約五分鐘，就可以再到達另一個天線商店的集中區，包含石川、沖繩、山形、茨城、廣島等。有別於交通館如百貨公司櫃位的室內空間，這些佔據銀座黃金地段一樓的路上店天線商店，使出渾身解術互別苗頭，在人來人往的銀座街頭吸引大家注意，彷彿一場銀座街頭活生生上演的人氣比拚大賽，此區也被認為是天線商店的激戰區。

訪查重點①：沖繩天線商店

全年入館人數超過一百五十萬人，店內總是人滿為患的沖繩天線商店「銀座私達Shop本店」（銀座わしたショップ本店），彷彿是東京街頭的南國綠洲。

訪查重點②：廣島品牌商店TAU

總是在四十七個都道府縣知名度排名資優榜上的北海道、沖繩等，因為先天優勢，天線商店也同樣人氣指數極高。而排名不特別顯眼的廣島，天線商店「廣島品牌商店TAU」（ひろしまブランドショップTAU）卻是異軍突起，與北海道天線商店為唯二達到年度營業額衝破十億以上的超資優生。

↖ 石川天線商店
← 廣島品牌商店TAU
↙ 沖繩天線商店
↗ 山形天線商店
→ 茨城天線商店
↘ 高知天線商店

圖／作者攝

2 紙本雜誌

《SOTOKOTO》（ソトコト）日本地方觀察指標性雜誌

一九九九年創刊以來，以「讓社會與環境更好、更有趣」為核心，關注慢生活、樂活、社會與地方的主題，定期擷取日本或世界各地的話題，向讀者傳遞時代當下的關鍵想法。二〇一二年五月，指出一正就任總編輯，自此開始出現許多有關地方或移住的主題，因而逐步成為日本地方觀察的指標性雜誌。

《TURNS》傳遞地方生存智慧與生活魅力

二〇一一年三一一震災發生之後，有感於理想生活形態的轉變，《TURNS》於二〇一二年創刊。創刊初期原為三個月發行一期的季刊，自二〇一六年開始改為雙月刊。雜誌以日本「地方」為題，傳達有關自然資源、生活風格、地方文化等「地方生活魅力」，並提供返鄉者、移住者實際制度資訊與移住支援的「地方生存智慧」。創刊至今，《TURNS》每一期的關鍵字都脫離不了「地方」，更擅長以充滿質感的生活風格照片以及筆調，讓大家對於移住地方的生活充滿嚮往。

《自遊人》關懷生態、創意的生活風格誌

二〇〇〇年十一月以「Ecological. Creative. Organic. We're designing lifestyles.」為宗旨而創刊的雜誌，雜誌主題橫跨溫泉、旅遊、料理、飲食文化等，近年則是多了許多地方相關之主題，例如地方創生、餐廳的地方時代等。紙本雜誌之外，創辦人岩佐十良有感於未來將朝「Real Media」發展，因此二〇〇二年自雜誌業跨足食品販售，二〇一四年更踏入旅宿業，開設位於新潟縣的「里山十帖」體驗型旅館。

特別說明：由於自家旅宿業受新冠肺炎疫情嚴重影響而缺乏餘裕進行雜誌採訪等工作，創辦人岩佐十良於二〇二〇年五月宣布自六月起《自遊人》雜誌將暫時休息，他應允一定會再回來，但復刊時間未定。

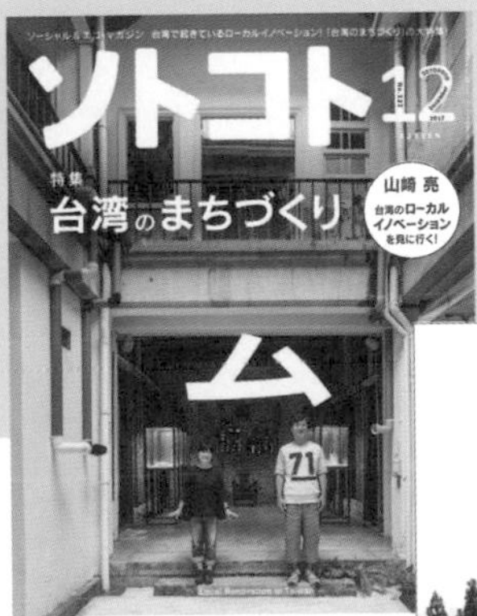

↑《SOTOKOTO》
圖片來源／SOTOKOTO

↑《自遊人》
圖片來源／自遊人

←《TURNS》
圖／作者攝

3｜數位媒體

設計訪談＋（DESIGN TALKS plus）：地方設計巡禮電視節目

這是由海外播放為目標的NHK WORLD-JAPAN於二〇一三年開始製作的節目，每次設定與設計相關的主題，並邀請相關來賓進行討論，但最想介紹的是其中以日本四十七個都道府縣為設計巡禮的「尋覓創意」特輯，可以跟著外景主持人到日本各地拜訪當地設計相關產業與設計師。

「尋覓創意」對於當地觀察之設計視角常常令人拍案。舉「山形縣篇」為例，就到訪了出產柳宗理蝴蝶椅的「天童木工」，接著自山形的氣候帶出因為農閒發展出的稻草工藝——藁細工，最後更拜訪了在本書也登場的山形縣小板橋設計師（參見第五章），每一個到訪的地點都是當地設計的經典spot。另外，除了小板橋設計師之外，兵庫縣的堀內設計師（參見第九章）也曾出現在節目當中。

由於是海外播放為目的，除了在日本國內的電視頻道可以觀看之外，更可以在網路上收看近一年內的歷史播出影片，最有趣也是最驚人的是這個節目沒有日文版，只有英文版，以及中文版！

colocal（コロカル）：地方生活風格網路雜誌

出版《POPEYE》、《Casa BRUTUS》、《BRUTUS》、《&Premium》等多本知名生活風格雜誌的雜誌社Magazine House，在三一一日本東北大地震發生之後的隔年二〇一二年一月，以「到地方學習、生活、旅行」為主題，成立網路雜誌媒體「colocal」，堪稱生活雜誌龍頭邁向地方的第一步。

由於屬於雜誌發行集團Magazine House，因此總編輯也多是集團內其他生活風格雜誌的總編輯接任，目前就是由曾歷任《Casa BRUTUS》、《POPEYE》總編輯的松原亨掌舵。因此，自網站的內容間，即可看到這些日本編輯專家們眼中的日本地方。

網站上的內容分為七個部分：飲食、手工藝、活性化與創生、生活與移住、藝術設計建築、旅行、娛樂，此外更設有colocal商店購物平台。

雛形：地方移住入口網站

「雛形」由編輯經驗豐富的OzmaPR公司於二〇一五年創立，以「移住的News Standard」為主軸的地方生活情報網站。「雛形」一詞的意義為「未完成、還繼續演變的模範」，因此網站裡面的內容都是給即將或想要移住的人的參考實例。

除了網路媒體之外，至二〇一八年止曾發行Free Paper年刊

⊕ 設計訪談＋

● www3.nhk.or.jp/nhkworld/en/tv/designtalksplus/

圖片來源／DESIGN TALKS＋節目網站

《hinagata》，二〇一七年的二號刊曾到台灣採訪《小日子》總編輯劉冠吟，並於台灣發送。

順帶一提，網站裡面可以看到許多本書的受訪設計師，此外LOGO、網站設計以及年刊《hinagata》等，都是由akaoni設計事務所的小板橋所設計！

real local：由在地報導在地的地方交流網站

由知名的「非典型不動產公司」R不動產為中心，號召R不動產位於各地的據點，以及日本他縣的友好組織，於二〇一六年十月所組成的地方交流網站，由在地組織帶領一窺地方現場。

藉由位於各地的「在地資訊組織」的眼睛以及報導，聚焦建築物件、人、工作、活動、據點、店家等情報，挖掘日本各地的「新在地風景」。「real local」不僅提供一個新的窗口給對地方有興趣、卻苦無管道接近的人們，更提供已經移居的移住者一個更接地氣的管道。

位於福島的Helvetica Design（參見本書第6章）也號召福井當地大學的同學們組成編輯小隊，一起成為此網站的「福島在地資訊組織」！

社會科（しゃかいか）：為日本製造業現場發聲網站

由網路媒體公司TAM於二〇一四年創立，以拜訪日本各地的工坊、工廠，並以一篇篇介紹文章作為紀錄，作為為日本製造業、手工藝發聲與加油的應援！

日本中小學的「社會科」一課，除了歷史與地理的授課內容之外，校外教學會到城鎮裡的工廠進行參觀，此網站就像是網路版的社會科校外教學，因而命名為「社會科」。

網站所介紹的產業無任何限制，而其中有許多針對手工藝產地、工坊、活動的專題與內容，亦注重與設計相關、地方振興等議題。

colocal
www.colocal.jp

圖片來源／colocal官網

real local
www.reallocal.jp

圖片來源／real local官網

雛形
www.hinagata-mag.com

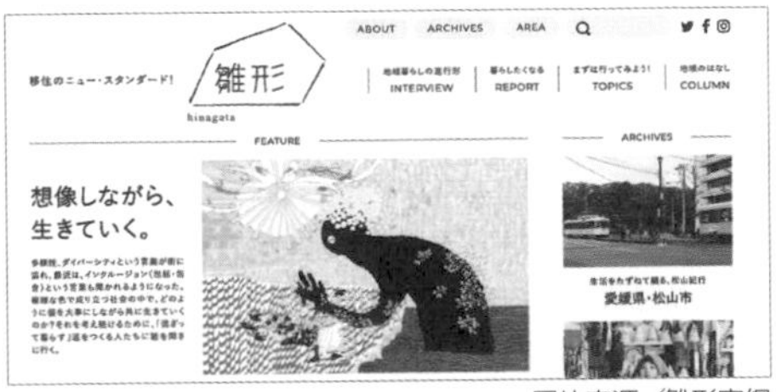

圖片來源／雛形官網

社會科
www.shakaika.jp

圖片來源／社會科官網

寫在最後——六千公里採訪之旅，探進地方設計的啟發光亮

如同本書前言所述，在日本「地方設計」是個新生的詞彙，不時有著「地域設計」、「在地設計」的分身，又常被類比為「社區設計」，又偶爾被拉向「地方品牌化」、「創意產業」等領域。不諱言，在開始採訪之前，我對於「地方設計」的理解大概是好奇大過於認識，因而才會想要透過實際的採訪，來拼湊出這個概念的意義。

而在書的最後階段，看似得在這一路累積超過六千公里的採訪之旅之後，試圖回答最一開始所拋出的問題。雖然身為一個外國人要回答日本的「地方設計是什麼」這樣一個壯大的問題令人誠惶誠恐，但就本書採訪案例的累積，就以現階段的觀察，作為當前地方設計的歸納與描繪。

找出「地方設計」的公約數

在構思本書企畫時，列了一個採訪的夢幻名單，又透過許多媒體陸續搜集了日本大大小小設計師事務所，在海量案例中逐一檢視與篩選。還有些是在展覽上意外的相遇或緣分使然的驚喜，最後，才長成這本書羅列的星級名單。

很多時候，就像是設計師梅原真說他總是靠直覺，我也是在各種媒體的翻頁轉瞬之間，就直覺感受這個事務所是否有著地方設計的氣質、有沒有特別的吸引力。其實一開始，說不上來這樣的直覺是什麼，是什麼元素透露著吸引的魅力；而漸漸地，在採訪的過程中，在許多受訪者間不斷重疊的言語與信念裡，似乎能逐步釐清那個「地方設計」的輪廓，慢慢描繪出這些地方設計師們公約數的特質。這些或許不是地方設計師必要的特質，但也許可以是地方設計的某一個特別面貌。

1｜沒有業主的設計

印象非常清楚，當Little Creative Center的今尾真也說出了「設計分兩種，有業主和沒有業主」之時，剎那間就明白，原來我總是深受吸引的設計，正是今尾口中的「沒有業主的設計」。

印象同樣很深的是，長岡賢明曾在一次受訪時提到自己設立D&Department的理由，他說，原本自己是對「建築家」這個職業充滿憧憬，相較於為業主工作的「建築師」，他更憧憬於面向社會的「建築家」。因此，自己在設計的業界中，也思考著有沒有不是依存業主的設計工作，而是面向社會的設計工作。最後他的答案，也是他力行的，就是現在的D&Department。

「沒有業主的設計」、「不依存業主的設計」，就是沒有任何人的委託，是自發性的設計行動。這本書所羅列的設計事務所，或多或少都有這樣的體質，總是不間斷的嘗試「若是有了這個，應該很棒」的想法。從這些沒有人委託、自主進行的設計行動中，反而意外能感受設計事務所的社會態度、核心價值，而常常這樣立場與態度的展現，設計事務所的個性便因而鮮明，在圖像等視覺的設計之外，大眾也更能夠深入了解事務所深層的一面。

或許，「沒有業主的設計」聽起來浪漫、恣意而為，但如何在沒有業主、沒有資源的狀況之下，讓計畫依舊能夠進行，或是把「對的人」捲入，找到理念相同的贊助者，抑或是透過營運的方式達到可持續性的運作，這些都是設計事務所展現設計思考的精湛之處。

2｜扎根於地方的設計

相較於在都市，鄉村地方的設計事務所明顯地有更多的機會接觸一級產業，不管是走進各種產地的距離，抑或是設計業務的委託涵蓋了農林漁牧業，或是一級產業所衍生的相關二級加工產業，以及地方工藝產業。

在進行這些一、二級產業的相關設計時，透過對一個品項、一個產業的認識，逐漸累積扎根於地方的深度，並在一個接著一個、一脈接著一脈的累積中，對於地方上的自然資源、社會資源進行梳理，便逐漸羅織成一張根植地方的概念圖。在這個逐步累積的過程當中，都市與鄉村地方的設計事務所差異便逐漸清晰了起來，鄉村地方事務所的獨特性也就應運而生。

3｜不刻意去找尋的「地方性」

「怎樣才是地方性的設計」、「怎樣才能展現出有地方味道的設計」，或許是許多人對於地方設計的最大疑問。曾經，我也帶著這樣的謎團到地方的現場，想要透過設計師的經驗來找解答，但越採訪

越深刻的感受到，那些被視為「有地方性」的設計，通常不以「追求有地方性」的設計為目標。這像是個弔詭的回答，不過後來就漸漸釋懷：地方性並非設定好目標之後即能一步掌握，並非單一的要素構建就能輕鬆達到的成果，而是需要許多時間的累積、經驗的累積，才能逐漸形成的一種「自然而然」。

所以，或許就像是akaoni的小板橋基希的建議，把那些對於展現地方性的執著或是包袱先放一旁，然後放鬆地回到設計的本質，創作一個「有趣」的設計吧。

4 — 廣義、多元多樣的「設計」

平面設計、LOGO設計、包裝設計、網站設計之外，還有活動設計、店鋪設計、募資專案設計、遊程設計等，多樣的設計呈現，反映的是設計思考廣泛運用於多種領域中的結果。

有趣的趨勢是，從具體的「物」（もの）之設計，有越來越多「事件」（こと）的設計，像是農夫市集的營運、地方工藝產業的祭典、地方的藝術雙年展、一場旅行的多角服務等，設計師們善用設計的傳達與溝通之能力，包裝活動事件的鮮明個性，並透過實際體驗的呈現，更加強化事件的獨特性。

5 — 傳達設計的極致：自家店鋪的經營

關於「事件設計」的趨勢，除了有期間限制的活動事件之外，本書案例的設計事務所意外的共通點是：經營自家店鋪。店鋪起家的D&DEPARTMENT、鰻魚的睡窩、TRUNK DESIGN不用說，設計事務所graf、TSUGI、Helvetica Design、Little Creative Center，幾乎半數以上都擁有自己的店，換言之，店鋪的經營便意味著擁有對外溝通的獨家管道。

而這樣的獨家傳達管道，由於事務所擁有完整的自由度呈現理念，也就能以全面的五感設計來傳達訊息，統整並傳達地方特色與魅力，還能打破設計總是「B to B」，無法觸及「B to C」的常態，更讓一般接觸不到設計事務所的大眾有著親臨設計現場的機會，因此是個「圈粉」的大好機會。

設立在都市的實體店鋪，是個一親鄉村的窗口；而鄉村地方上的實體店鋪，則是一個深入地方的資訊窗口。不同立基位置的店鋪有著不同的定位與角色，但事務所都竭盡所能透過設計的傳達性，發揮最大的傳遞之能力。

6 — 多元的角色與多元的團體

最後一點，或許與地方設計主題不直接相關，卻是本書案例一個有趣的普遍共通點，就是這些設計師們不只是設計公司的負責人，更創立或加入其他的NGO團體或是公司。例如梅原真就為了高知的森林議題創立了「84～Project」；akaoni的小板橋以「重新裝修建物來讓社區變得有趣」為理想，號召夥伴成立「maru-r」；Helvetica Design的佐藤以「透過設計來開始街區營造」為目標，創立「一般社團法人青鳥」；Little Creative Center的今尾參與了地方的「各務原市生活委員會」；鰻魚的睡窩的白水則是在自家公司之外，與朋友合資開創以地方旅宿為題的公司「UNA Laboratory」。

在地方上深耕，面對地方的議題總是多變又複雜，在設計之外，若能透過不同的方式，找到不同頻道但志同道合的朋友、組成不同的戰隊，便能發展出多元的切入點，面對地方上大大小小的議題。

「地方」的定義不畫地自限

在準備為這本書收尾時，因為收到長岡賢明先生的邀請，在線上收看了一場他與服裝設計師皆川明(1)的對談，其中一段皆明川的發言令我印象極為深刻，在這本書的最後和大家分享。

在那場線上對談的中段，長岡賢明提問：「在您minä perhonen的店裡，店員似乎不會強調這是在哪個鄉鎮產地製作的，對於這個皆川先生是有什麼特別的理由嗎？」皆川明回答：「說產地的話，不如把『整個日本』當作一大產地。」他接著舉織品為例，在日本能有「產地」這樣規模感的地方漸漸越來越少，因此就自然形成一個不同的工序由不同的地方互相協助、配合的狀況，因此就不如回到根本來說，把整個日本視為一個大產地。

或許，對於「地方設計」這樣一個命題而言，地方是一個模糊的詞彙，或許會有許多人想問，哪裡是地方、地方又有多大、地方該是怎樣的層級，而皆川明給我們的提示是，不需要追求在特定鄉鎮的產地製造，不需要過度拘泥於地方的範圍，更不需要為地方畫地自限，地方可以小巧，可以是一個鄉鎮、一個村落，地方也可以是一個縣市、一個地區，地方更可以是一個國家的層級。

至於在翻完整本書之後，大家心裡的地方設計，是在怎麼樣的一個地方、又有什麼有趣的設計，就留給大家自行演繹了。相信不久之後就會有一本專屬台灣的地方設計之書，期待著。

註(1) 皆川明，日本當代指標性服裝設計師，織物品牌「minä perhonen」創立者，舉辦過多次個展與聯展，並出版多本著作，其中《穿著mina去旅行》有中文譯本。「minä perhonen」品牌的特色是，從布料最初的誕生都親身參與，以及其獨創性十足的布樣設計，而其打破一般流行服飾的販售邏輯更是獨樹一格。

附錄：關鍵字小辭典

從六個層面介紹與日本地方設計高度相關的關鍵字，幫助大家對於地方設計的背景、轉折以及基礎字彙有基本的認識。

關於日本兩極化現況

◎**東京一極集中**——指政治、經濟、文化、人口等面向，以及社會資本、資源、活動都集中於東京都或首都圈（以東京都為首，包含神奈川縣、埼玉縣、千葉縣）。

◎**過疏地區（過疎地域）與限界集落**——「過疏」（過疎）意指因人口急劇減少造成地方社會機能低下，當地居民維持生活基本水準之困難狀態。於日本法律上，則是針對過疏地區，有著明確的地方財政要件、人口減少率、高齡者人口比率、青壯年人口比率等標準定義。另，限界集落指過疏程度相對高之村落。

延伸：想更認識限界集落現狀與現況翻轉案例的朋友，可以參考日劇「拿破崙之春」（二〇一五）、「限界集落株式會社」（二〇一五）。

關於地方創生

◎**地方消滅論**——二〇一四年八月，增田寬也、富山和彥的《地方消滅論》一書聲稱：若目前東京獨大的狀況無法遏止，全日本的人口會持續流向東京，而地方上能生育的女性人數過少，因此未來日本約半數以上、近九百個鄉鎮市將會消失。書籍出版之後，有關地方消滅的預言，引起了日本社會極大關注。

◎**地方創生政策**——二〇一四年的《地方消滅論》促使安倍內閣於同年成立「城鎮、人、工作創生本部」，並迅速通過〈城鎮、人、工作創生法案〉、〈地域再生法改正案〉，以克服人口減少問題，確保GDP成長力為目標。

◎**故鄉納稅（ふるさと納税）**——由於高度都市化的結果，造成許多在地方出生、受教育的人們，由於升學與就業等因素，最後離開地方移居至都市，而導致都市政府得以收到稅收，但負擔了幼時照顧等培育工作的地方政府卻面臨無法收到稅收的狀況。有鑑於此，二〇〇八年，在當時的總務大臣菅義偉的推動下，「故鄉納稅」制度開始實施，理念為：在地方城市人口減少，稅收日趨困難的情況之下，建立一個體系，讓工作就業後住在大城市的人們將繳納的部分稅款「回報給養育自己的故鄉」。

◎**地域振興協力隊（地域おこし協力隊）**——為了改善非都市地區人口減少、高齡化、年輕勞動力不足的過疏化現象，日本總務省於二〇〇九年訂定了「地域振興協力隊推進要綱」，只要是符合「過疏地區」定義標準的都道府縣、市町村，都可以申請招募「地域振興協力隊」。此制度的宗旨為創造首都移往地方的人口流動，目的是希望都市年輕人口進駐鄉間進行為期一至三年的工作，以地域振興協力隊的角色，協助各個地方進行各種地方振興的工作。

地域振興協力隊員的福利則有薪資補助及創業補助：每年最高四百萬日圓的收入（包含兩百至兩百五十萬的年薪，以及最高兩百萬的活動差旅費、研修、耗材等補助）。最長三年期滿後，若在當地持續居住且創業，則再追加一百萬日圓的創業基金。

自二〇一五年地方創生政策與「城鎮、人、工作綜合戰略」開始推動之後，「故鄉納稅制度」、「地域振興協力隊推進要綱」都一併被納入其中。

關於-Turn

相較於台灣常使用的「返鄉」一詞，日本則是把都市到鄉村的人口還流現象，依照不同的移動軌跡分成不同的類別。其中，較常被提到的就屬UIJ-Turn這三類型，近年則還出現O-Turn、孫Turn。有趣的是，UIJO的字首並非英文縮寫，而是在圖形上的移動意象。

◎**U-Turn（Uターン）**——非都市地區出身，到都市就學或就業之後，再回到家鄉居住。

◎**I-Turn（Iターン）**——都市出身，但隨後移住到非都市地區。

◎**J-Turn（Jターン）**——非都市地區出身，到都市就學或就業之後，到另一個非都市地區的中型都市移住。

◎**O-Turn**——U-Turn後又回到都市地區居住。

◎**孫Turn**——父母為非都市地區出身，但隨後移居到都市地區，而第三代的孩子雖然是都市出身，但選擇移居到父母的出身地，也就是祖父祖母居住的非都會地區。

關於天災人禍的轉折

◎**三一一東日本大地震**——二〇一一年三月十一日下午二點四十六分，日本東北太平洋海上發生地震規模九級的大地震，宮城縣、福井縣、茨城縣、栃木縣測到的震度高達六、七級。大規模地震帶來猛烈海嘯，以及引起福島第一核能發電所事故，造成日本東北與關東地方嚴重災害。三一一之後，日本社會開始出現反思核能發電的聲音，許多人開始思考巨大災害發生之後的生存問題。此外，在各種剎那的生離死別中，也有許多人開始思索人生意義等心理層面議題。於是，追求都市生活的主流價值開始鬆動，「地方」開始受到矚目，成為一個另一種人生的選項。

關於PR（Public Relations）

日文中常聽到的「自我PR」（自己PR）、「地域PR」，一開始都讓人以為PR是「Promotion」之意，但其實不然，PR的原意是「Public Relations」，也就是「建立和大眾的良好關係」，換言之即是國家、企業、團體、抑或是個人，為了獲得對自身的理解或是信賴所做的行動，包含廣告、宣傳等概念都涵蓋其中。

◎**Free Paper**——如同字面之意，Free Paper指的是「免費的紙媒體」，日本的Free Paper歷史可以追溯至一九四〇年代二戰期間的「團地新聞」，到了二〇〇〇年代約有一千六百種的紙誌存在，此後更是持續成長，二〇一二年度約有八十七種小報新創刊，約每四天就有一份刊物誕生。但近年因為網路媒體崛起，有許多刊物休刊，或電子化轉型為網路刊物。然而，近年地方自治政府的宣傳物有著「Free Paper化」的傾向，透過新穎的設計一改舊有宣傳物的古風，或透過新創的地方刊物來吸引年輕人口的注意。

二〇一一年創設的「日本城鎮誌・Free Paper大賞」，是日本紙媒體的選拔大賽，除了許多商業部門、觀光部門的競賽類別之外，更設有「地方創生部門賞」、「自治體（地方政府）PR部門賞」，以鼓勵促進地方營造的紙媒體。

◎**天線商店（アンテナショップ／Antenna shop）**——「Antenna shop」一詞為和製英語，即日本人自創之詞彙，原指企業或是地方自治政府以廣泛推廣自家產品、特產，以及試探消費者反應為目的而開設的店鋪。目前多指地方設立於都會地區，以行銷當地食品、工藝、特產為主要目的，部分附設吸引觀光客、移住者、企業等特殊窗口，如同「城市裡的鄉鎮接口」般的商店。此外天線商店不全然是由地方自治政府設立，有些天線商店是由民間企業開設。天線商店有不同的形式、經營者、地點，在本書的「私房清單：日本地方設計考察」內容、或各章的「日本設計之旅推薦」中可以找到。

根據地域活性化中心的調查，二〇一九年東京都內，由地方政府所設置的天線商店高達七十九處。其中，幾乎都位於山手線的車站附近，更有近半數的比例聚集於國內外觀光客注目的「銀座—有樂町—東京—日本橋」一帶，而與有樂町站鄰接的「交通會館」，更因為在同一大樓中聚集了多家天線商店，而被稱為天線商店的聖地。

關於PR的各種角色

◎**創意總監（CD，Creative Director）**——近年，日本的都道府縣或是市町村層級的地方政府有越來越多尋求「創意總監」或是「品牌化總監」（Branding Director）的實例。不僅僅只是觀光宣傳，或是創造吉祥物，地方的創意總監的任務多是找尋或孕育地方價值，為其發聲，並運用於構想地方新事業。創意總監的角色位於地方自治體與在地居民之間，也被認為是調和兩者溝通的要角。如同日本有句「社長旁邊要有個AD（藝術總監，Art Director）」，現在則是進化到「自治體首長（都道府縣的知事、市長、町長等）旁要有個CD」。

◎**創意人（Creator）**——創作者，領域十分廣泛且曖昧，廣義的理解包含編輯、設計師、企劃、插畫家、攝影師、藝術總監、作家等。

◎**製作人（Producer）**——負責某個專案的統籌負責人，類似總監、企劃執行、專案經理。

地方設計 Local Design

萃取土地魅力、挖掘地方價值，日本頂尖設計團隊公開操作秘訣，打造全新感動經濟！

作　　者｜蔡奕屏
美術設計｜郭彥宏
執行編輯｜吳佩芬
行銷企劃｜蕭浩仰、江紫涓
行銷統籌｜駱漢琦
營運顧問｜郭其彬
業務發行｜邱紹溢
果力文化總編輯｜蔣慧仙
漫遊者文化總編輯｜李亞南

出　　版｜果力文化／漫遊者事業股份有限公司
地　　址｜台北市103大同區重慶北路二段88號2樓之6
電　　話｜(02) 2715-2022
傳　　真｜(02) 2715-2021
讀者服務信箱｜service@azothbooks.com
果力Facebook｜www.facebook.com/revealbooks
漫遊者Facebook｜www.facebook.com/azothbooks.read
發　　行｜大雁出版基地
電　　話｜(02) 8913-1005
傳　　真｜(02) 8913-1056
地　　址｜新北市231新店區北新路三段207-3號5樓
初版一刷｜2021年1月
初版九刷(1)｜2024年9月
定　　價｜580元
ISBN｜978-986-97590-7-6

特別感謝 曾祈惟先生協助本書宣傳短片拍攝

國家圖書館出版品預行編目(CIP)資料

地方設計：萃取土地魅力、挖掘地方價值，日本頂尖設計團隊公開操作秘訣，打造全新感動經濟！/蔡奕屏作．─ 初版．─ 臺北市：果力文化，漫遊者事業股份有限公司出版：大雁文化事業股份有限公司發行，2021.01
320面；17x23 公分
ISBN 978-986-97590-7-6(平裝)

1.產業政策 2.區域開發 3.創意 4.日本

552.31　　109020014